从零开始学
量价分析

短线操盘、盘口分析与A股买卖点实战

第2版

杨金◎著

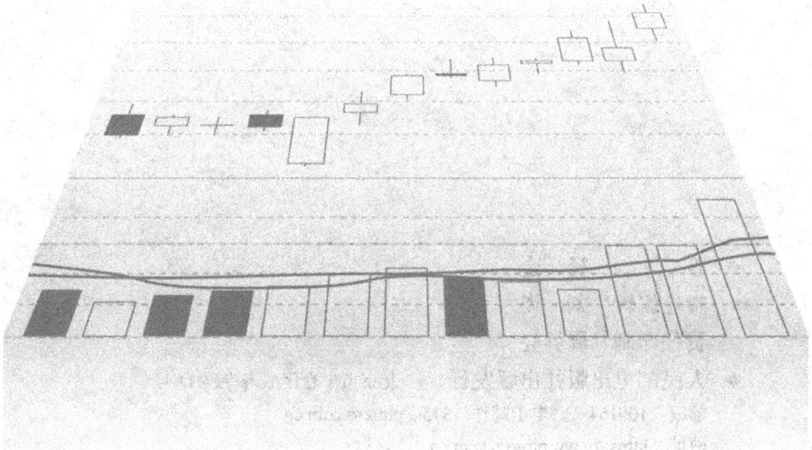

人民邮电出版社
北京

图书在版编目（CIP）数据

从零开始学量价分析 : 短线操盘、盘口分析与A股买卖点实战 / 杨金著. -- 2版. -- 北京 : 人民邮电出版社, 2020.6
ISBN 978-7-115-53677-8

Ⅰ. ①从… Ⅱ. ①杨… Ⅲ. ①股票交易一基本知识 Ⅳ. ①F830.91

中国版本图书馆CIP数据核字(2020)第045810号

内 容 提 要

“量价分析”的核心是“分析”，提高分析水平，掌握分析技巧，进而提高实战成功率，本书即以此为目标来组织编写内容。全书从基础学习、模式强化、趋势解读、主力参与、量价形态、黑马股启动等多个方面，全方位地展现了量价交易技术。

全书的重点章节是第3～8章，作者结合多年股市经验，从趋势、主力、日K线图、分时图、黑马股等角度讲解了多种量价形态，它们都源于A股的走势，更适于实战运用。

本书以实战讲解为核心，内容由浅入深、层层深入，既为投资者入门做好了铺垫，也对多变的股市实战进行了深层的阐述，是一本从入门到进阶的实用操作手册。

◆ 著　　　杨　金
责任编辑　刘　姿
责任印制　周昇亮
◆ 人民邮电出版社出版发行　　北京市丰台区成寿寺路 11 号
邮编　100164　　电子邮件　315@ptpress.com.cn
网址　https://www.ptpress.com.cn
北京虎彩文化传播有限公司印刷
◆ 开本：700×1000　1/16
印张：14.25　　2020 年 6 月第 2 版
字数：233 千字　　2025 年 10 月北京第23次印刷

定价：59.80 元

读者服务热线：(010)81055296　印装质量热线：(010)81055316
反盗版热线：(010)81055315

前言

量价分析是股票交易的核心技术

技术分析有四大要素——价、量、时、空。价，即股价走势；量，即成交量；时、空，即时间与空间。在结合时间与空间的基础上，股价走势与成交量是核心要素，而量价分析技术将这4种要素全部纳入其中，为我们指出了技术分析的正确方向。

很多投资者往往善于分析K线形态，熟知很多顶部形态、底部形态，如双重顶、头肩顶、双重底、头肩底、圆弧底等，但是在实战运用中往往会遇到以下情形。

1. 标准的K线组合形态很少见。

2. 相同的K线组合形态能够演绎出完全不同的后期走向。

可以说，仅从K线形态着手，我们只能“得其表象，不得其寓意”，最后的交易成功率也不高。然而，这只是我们对于技术分析片面解读的结果。在技术分析要素中，“价”与“量”是不可分割的一个整体，股价走势是外在表现，成交量则是内在驱动力，只有当驱动力与股价走势正确匹配时，我们才能准确预测股价中短线的运行方向。

量价的重要性，投资者或早已熟知。但如何正确地学习量价知识、如何运用好量价知识，如何从A股实际运行中总结出具体的、有效的量价形态，都是决定我们交易是否成功的重要因素。

量价分析的实质是动力与方向的分析，美国著名的投资专家格兰维尔曾经说过：“成交量是股票的元气，而股价只是成交量的反映罢了，成交量的变化是股价变化的前兆。”成交量是动力，股价走势是方向。如股价在上升，成交量也在放大，表示上涨势头仍在延续；如股价在上升，但成交量却在缩小，这意味着升势已到了尽头，是大势回头的前兆；如股价下跌，而成交量却大增，显示跌势初起；如股价续跌，但成交量越来越小，反映跌势已差不多无人敢跟了，这是大势掉头的信号。

理解量价分析的原理并不难，但是想要掌握量价分析技术却需要下一番功夫。我们既要储备关于量价的相关知识，也要了解主力风格及路线，还要结合大盘运行、个股特点、趋势方向来进行综合分析。其中，最为核心的分析点则是具体的量价形态，每一种量价形态都处于特定的运行阶段，体现了特定的市场含义。在全面理解了量价分析的原理之后，我们就可以解读这些具体的量价形态，以此来把握个股运行特点，进而预测股价走向了。

目录

第1章

量价技术基础

1.1 认识量价图

“量、价、时、空”是技术分析的四大要素。“量”是指成交量，“价”则是由 K 线图来表示，利用量与价的配合，再结合时间与空间两个维度，我们就可以展开技术分析了。由此也体现了量、价的不可分离性。量价图主要有两种，一种是以一个交易日为时间单位的日 K 线图，另一种是体现盘中实时成交情况的分时图。在本节中，我们先结合炒股软件的基本用法，来认识一下两种量价图。

1.1.1 什么是 K 线

K 线也常被称为蜡烛线、棒线、酒井线等，它起源于 300 多年前的日本，起初是用于记录米价涨跌情况的一种工具，因其直观、立体，并且具有东方人所擅长的形象思维的特点，后被应用到金融市场中，是投资者在证券交易分析中较早接触的技术工具。

以“一个交易日”为时间周期的日 K 线最常用，一条 K 线可以大体反映这一日的价格波动情况，它包含了 4 个价位信息，分别是开盘价、收盘价、最高价、最低价。

1. 开盘价：9：15 ~ 9：25 为集合竞价时间，确定开盘价。

2. 收盘价：这一交易日收盘时的价位。沪市以每个交易日最后 1 分钟的平均成交价来确定收盘价，深市则以每个交易日最后 3 分钟的平均成交价来确定收盘价。

3. 最高价：这一交易日盘中所出现的最高成交价。

4. 最低价：这一交易日盘中所出现的最低成交价。

图 1-1 为单条 K 线形态示意图，单条 K 线可以分为两种——阳线、阴线。阳线的收盘价在上方，收盘价高于开盘价，代表着股价上涨；阴线的收盘价在下方，收盘价低于开盘价，代表着股价下跌。阳线多用红色表示，阴线多用黑色或绿色表示。

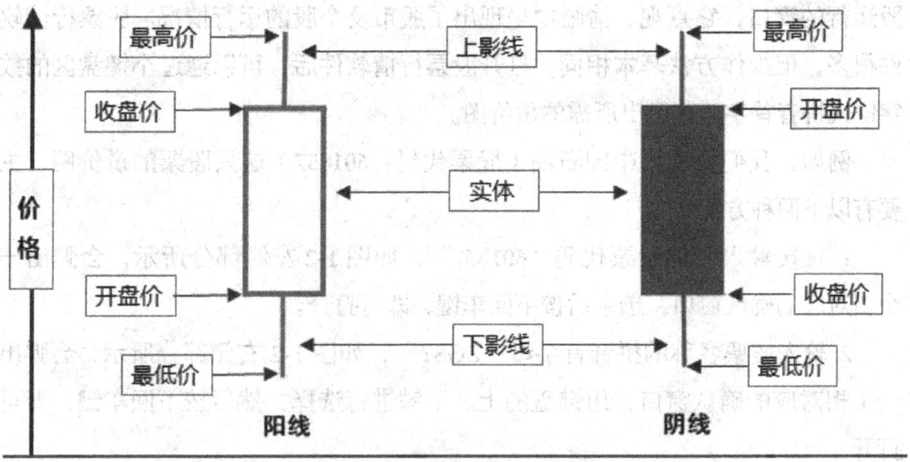

图 1-1 单条 K 线形态示意图

对于 K 线来说，开盘价与收盘价之间的矩形部分被称为实体，实体上方的线为上影线，实体下方的线为下影线。

一条日 K 线记录的是在一个交易日内的股票价格变动情况，将每个交易日的 K 线以时间为横轴、以股票价格为纵轴依次排列在一起，就组成了日 K 线图，这也是反映股票价格变动情况的图。

1.1.2 认识成交量

成交量以单边的方式进行统计。某只股票当日成交量显示为“100 手 =10 000 股”（其中 1 手 =100 股），这表示当日成交了 10 000 股，即买方买进了 10 000 股，同时卖方卖出了 10 000 股。

与成交量相关的概念还有成交额。成交额就是某只股票每笔成交股数乘以成交价格的金额总和。如果说成交量只是单纯地体现了这只股票的交投活跃程度，那么成交额则代表了这只股票所涉及的资金量。同样的成交量，如果股价越高，那买卖这只股票所需要的资金就越多。成交额常用于大盘分析，它排除了因大盘中的各种股票价格高低不同所形成的干扰，也直接地反映出了市场中参与股票买卖的资金量的多少。

1.1.3 调出量价图

在股票行情软件中，量价图也就是常说的日 K 线图，是我们了解大盘、个股运行的窗口，它直观、清晰地呈现出了股市及个股的运行情况。股票行情软件很多，但操作方法基本相同，打开股票行情软件后，可以通过小键盘区的数字键或拼音首字母来调出所需的量价图。

例如，我们要调出中国石油（股票代码：601857）这只股票的量价图，主要有以下两种方法。

1. 直接输入它的股票代码“601857”，如图1-2左侧部分所示，会弹出一个相对应的确认窗口，选中后按下回车键，即可打开。

2. 输入股票名称的拼音首字母“ZGSY”，如图1-2右侧部分所示，会弹出一个相对应的确认窗口，用键盘的上、下键进行选择，然后按下回车键，即可打开。

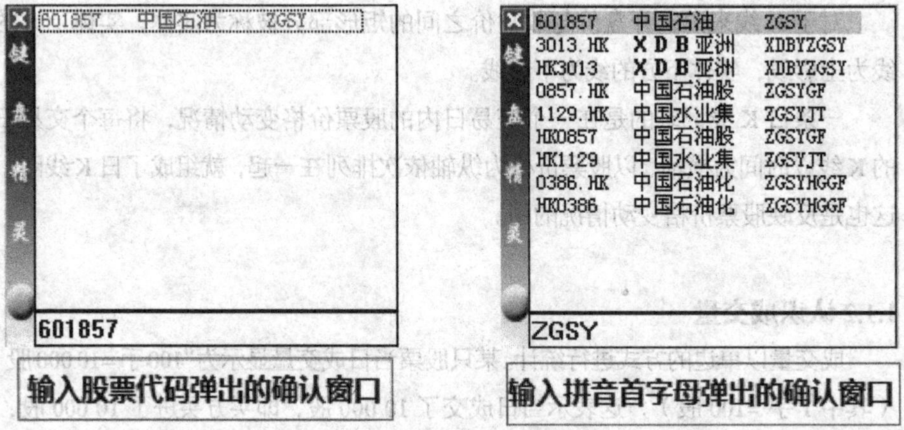

图1-2 调用量价图时弹出的确认窗口

图1-3为中国石油日K线图，每一条K线都代表着一个交易日的价格波动，下方有相对应的柱形成交量，柱形长短代表着成交量的大小。通过小键盘区的上下方向键，我们可以放大或缩小其显示的时间范围；通过键盘上的功能键【F5】，我们可以在此股的日K线图和当日的盘中分时图之间来回切换。

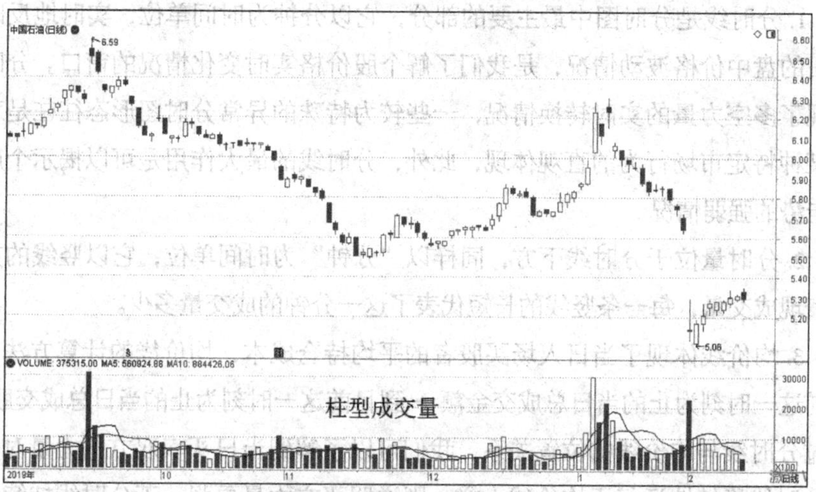

图 1-3 中国石油日 K 线图

1.1.4 分时图信息

K 线图一般以“日”为时间周期，它是我们用于查看股票价格历史走势情况的图。分时图则以“分钟”为时间周期，是我们用于查看每个交易日股票盘中价格实时走势情况的图。在打开 K 线图后，通过键盘上的功能键【F5】，我们可以将其切换为相对应的分时图。

图 1-4 为万里扬 2019 年 12 月 2 日分时图，图中左侧为该股的实时走势图，包括分时线、分时量、均价线，图中右侧显示该股的挂单情况、成交细节等内容。

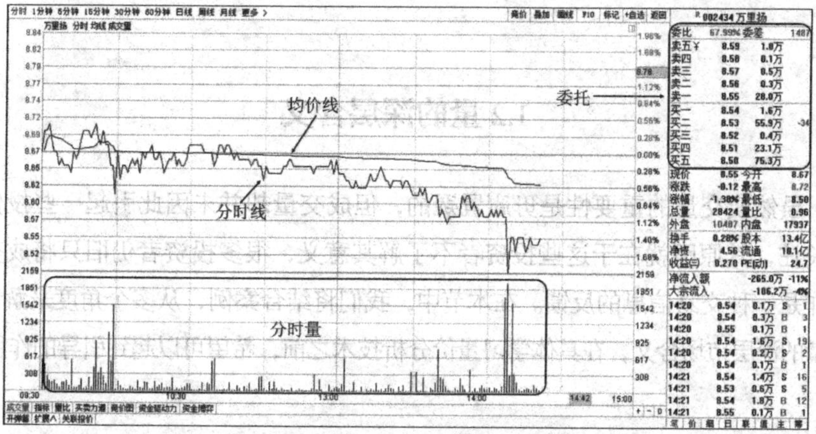

图 1-4 万里扬 2019 年 12 月 2 日分时图

1. 分时线是分时图中最主要的部分，它以分钟为时间单位，实时地反映出个股的盘中价格波动情况，是我们了解个股价格实时变化情况的窗口。分时线体现了多空力量的实时转换情况，一些较为特殊的异常分时图形态往往是对主力某种特定市场行为的直观体现，此外，分时线的最大作用是可以揭示个股价格走势的强弱情况。

2. 分时量位于分时线下方，同样以“分钟”为时间单位，它以竖线的方式来表现成交量，每一条竖线的长短代表了这一分钟的成交量多少。

3. 均价线体现了当日入场买股者的平均持仓成本，均价线的计算方法：到目前这一时刻为止的当日总成交金额 ÷ 到目前这一时刻为止的当日总成交股数。通过分时线与均价线的位置关系，我们可以了解到当日买卖双方的力量对比：若分时线稳健地运行于均价线上方，则说明买方力量更强；若分时线持续运行于均价线下方，则说明卖方力量更强。在分时图中，有的软件上方会显示“均线”，有的软件上方会显示“均价”，但它们都指代均价线。

4. 委托买卖盘窗口呈现了挂单情况，通过它，我们可以了解是压在上方的卖单更多一些，还是聚在下方的托单更多一些。就一般的情况来说，委卖盘中的压单多，代表上方压力较大，是股价上涨较难的体现；聚在下方的托单多，代表承接力量较强，是股价下跌较难的体现。就市场的自然交投情况来说，上方的委卖盘压单与下方的委买盘托单在数量上虽存在差异，但差异一般不会过大。

1.2 量的深层含义

虽然成交量的重要性是毋庸置疑的，但成交量却并未因此引起一些投资者的关注，其原因就在于这些投资者不了解其意义，很多投资者仍旧只将成交量看作是一种交易信息的反馈。在本节中，我们将结合案例，从多个角度来解读成交量的深层市场含义，在具体学习量价分析技术之前，希望可以起到引导的作用。

1.2.1 多空的分歧情况

很多投资者仅把成交量单纯地看作是交易量但其实，只要我们稍微深入分析一下，就可以得出这一判断：成交量是多空竞争规模、竞争力度的体现。

多空双方的竞争力度也代表着双方分歧的大小。同样的股价走势，多空双方的竞争力度不同，其所蕴含的市场含义自然也是不同的，预示的后期股价走向自然也不会相同。例如，同样处于横向盘整中，成交量放大说明多空分歧加剧，强烈的多空分歧势必导致股价的方向性选择尽快出现；而若是缩量情况下的横向盘整，代表着多空竞争力度较小，这种走势若无外在因素影响，持续的时间就会更久一些。又如，上涨走势中未出现放量，说明这种上涨仅是因为大量的持股者暂时稳定，股价在高位区的支撑力度就要弱一些；反之，上涨时有成交量放出，说明买盘入场力度较强，股价的支撑性就会更好一些。通过上面的分析可以看出，同样的股价走势，由于成交量的形态不同，其所蕴含的市场含义也是不同的，其所预示的后期股价走势往往也不同。

图 1-5 为巨星科技 2019 年 8 月至 11 月走势图，在股价的一波上涨走势中，股价于短线高点横向震荡整理，此时的成交量明显放大，这是此位置区域中多空分歧加剧的标志。在这个位置点，上攻明显受阻，剧烈的多空分歧将使股价走势再次发生变化。结合股价的短线上涨情况来看，股价走势反转回调的概率更大一些。

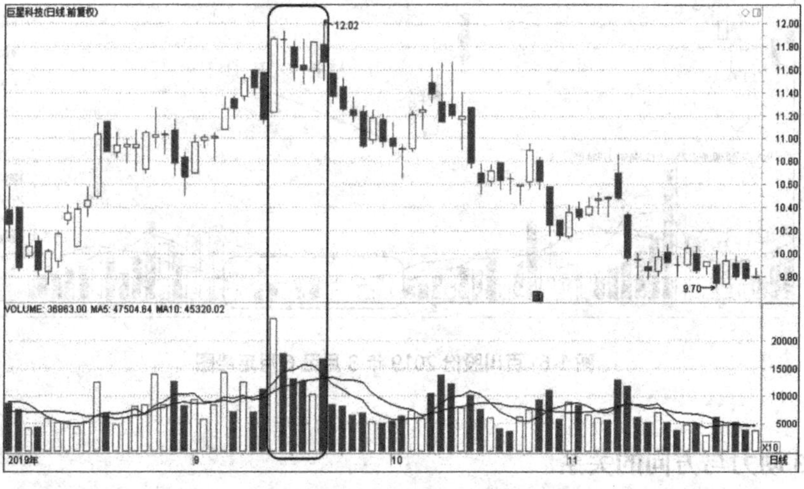

图 1-5 巨星科技 2019 年 8 月至 11 月走势图

股价走势无太大的变化，仅是横向整理，但成交量的放大却提示我们在此位置区域中多空分歧加剧，其隐藏的这一深层含义被揭开后，对于股价的走向，我们将会有一个更好的预测。

1.2.2 筹码的供求关系

成交量的直接含义仅是指成交的数量，但是如果我们把成交量与股价走势联系起来，它就有了更深一层的含义，即成交量可以体现市场或个股的供求状况。股价上涨但成交量却未见放大，说明卖盘少、抛压小，少量的买盘入场即可推动股价上涨，个股筹码“求大于供”；股价下跌但成交量未见放大，说明少量的卖盘就可以降低股价，入场接盘者少，个股筹码“供大于求”。当筹码供求关系较为明显时，则是趋势沿着这一方向持续运行的可靠保障；当筹码供求关系改变时，则应提防趋势的转向。

图 1-6 为百川股份 2019 年 3 月至 6 月走势图，在图中标注处股价震荡上行，量能未见放大，该股筹码处于“求大于供”的状态中。如果此时的震荡区间位于相对低位区，那这种筹码供求关系多预示着突破上升的走势。

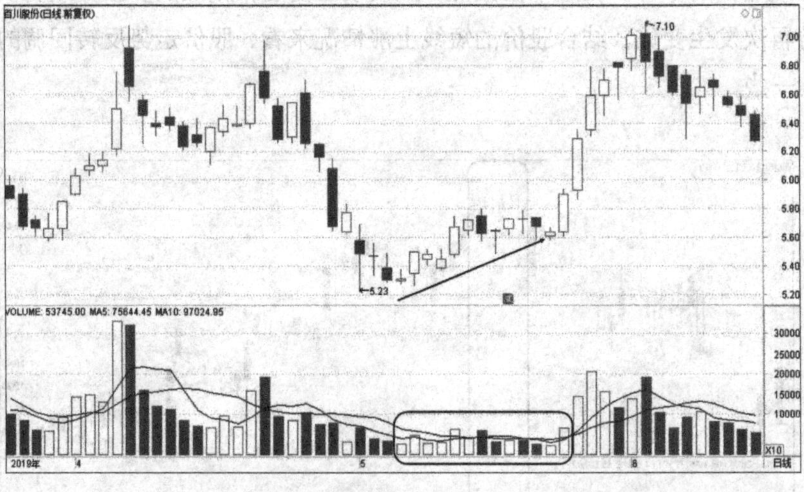

图 1-6 百川股份 2019 年 3 月至 6 月走势图

1.2.3 动力与方向的关系

汽车跑得快不快，主要看发动机，没有足够的动力，再漂亮的车也只能成为摆设。量价分析的实质就是动力与方向分析，成交量是动力，而股价走势则是方向，这种动力作用尤其会体现在股价的上涨过程中。一般来说，如果没有放大的量能作为股价上涨的动力，那么上升走势是难以维持的。

虽然公司的基本面情况、经济因素、政策因素等均会影响到股价的走势，但归根结底，决定股价涨跌的力量，还是来自市场本身的买卖活动。股价上涨时，量能稳步放大，这表示涨势仍在延续；股价上涨，但成交量却在缩小，这意味着涨势已到了尽头，是大盘回头的征兆；反过来，股价下跌，而成交量大增，显示跌势初起；股价持续下跌，但成交量越来越小，反映跌势将结束，这是大盘掉头的信号。

图 1-7 为长城动漫 2019 年 10 月至 12 月走势图，在图中标注处股价稳步上涨时，可以看到此时的成交量一直处于温和放大的状态。温和放大的量能代表着股价上涨时的动力，只要这种量价关系可以有效地保持，股价的上涨就具有较强的持续性。

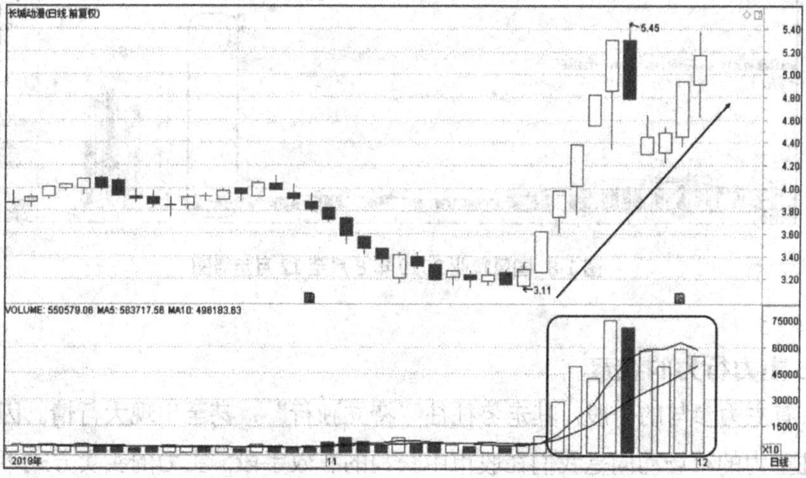

图 1-7 长城动漫 2019 年 10 月至 12 月走势图

1.2.4 股价走势的前兆

成交量蕴含了丰富的交易信息。尤其是多日成交量的不同组合，对于预测股价的后期走势起着极为重要的作用。

不同的量价关系蕴含了不同的市场含义，有一些经典的量价关系呈现着趋势的运行情况，也有一些量价关系反映着短期波动情况。利用量价关系的不同形态进行分析，无论是在中长线交易中，还是在短线交易中，都可以帮助我们更好地把握买卖时机。

图 1-8 为国风塑业 2019 年 8 月至 12 月走势图，股价在中短线大幅下跌之后，出现了企稳走势，此时的成交量大幅萎缩。结合股价之前的下跌情形来看，这是短期内做空力量消失的信号，股价中短线的连续大幅下跌已使得该股在短期内处于超卖状态。成交量的形态变化可以作为判断反弹行情的依据，可以提前预示股价运行方向。

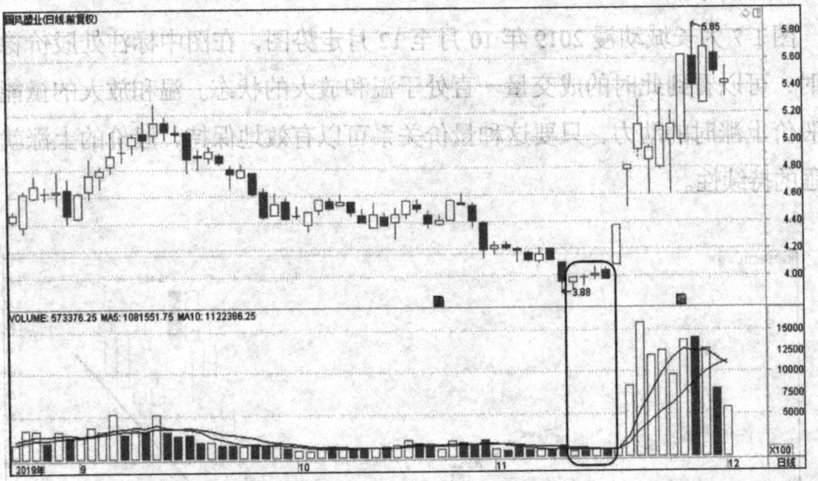

图 1-8 国风塑业 2019 年 8 月至 12 月走势图

1.2.5 主力行为的线索

有主力参与的个股，其走势往往“特立独行”，甚至出现大行情。因此，关注主力的市场动向是我们在股市中获利的有效手段。主力的买卖方式不同于普通的散户投资者，由于主力的加入，个股量能的放大与缩小会有一定的规律，发现这种规律后，我们就可以很好地把握主力动向了。

主力在参与个股时，会结合大盘进行吸筹、震仓、拉升、整理、再度拉升、出货等操作。

在这些环节中，吸筹、拉升、出货这 3 个环节是必然会出现的，其他几个环节是否出现，与主力的风格、大盘走势等因素相关。但是，无论哪一个环节，主力都会通过其买卖方式暴露其动向，而成交量就是反映主力动向的最重要的线索之一。

图1-9为东方钽业2019年4月至6月走势图，股价在经历了大幅下跌之后，先在低位区止跌企稳，随后放量上涨。结合随后短线高点的强势企稳、不回落的股价走势来看，这波温和放量上涨体现了主力能力较强、拉升阻力较小。由于股价的上涨走势才刚刚展开，因而，随后仍有较大的上涨空间。

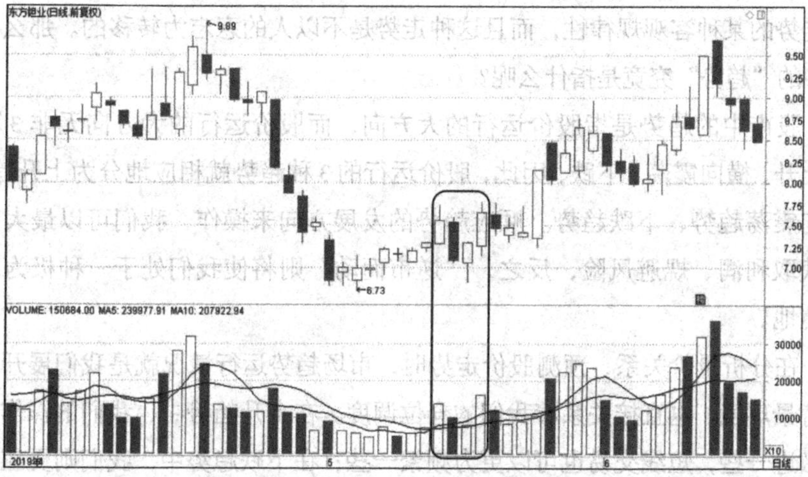

图1-9 东方钽业2019年4月至6月走势图

1.3 量价实盘交易流程

投资者在依据量价关系展开实盘交易时，不应只关注局部。对于刚刚接触这一技术分析领域的投资者来说，首先应建立一套较为完善的交易系统，在熟练掌握之后，就可以从量价图中轻松辨识出在交易系统中需提前关注的盘面信息，进而快速地依据量价关系展开实盘交易。一般来说，量价分析流程应是先进行全局分析，再看局部运行，最后进行细节化分析。全局分析主要是对于趋势的判断；局部运行则是关注股价的短期波动情况；细节化分析是结合个股的具体量价形态，依据它的历史表现来分析多空力量的变化情况，进而预测股价涨跌趋势。在本节中，我们将以流程化的方法来简单介绍量价实盘交易的各个环节。

1.3.1 市场趋势运行情况

“趋势”一词的字面意思为：事物或局势发展的动向，并且这种发展动向具有客观性、不以人的主观意志为转移。在统计学中，趋势具有时间性，主要是指时间轴上的某个可见的动向，是一种线性发展的客观规律。可以看出，趋势代表一种较为确定的发展方向。将“趋势”一词引入金融市场中，它是指价格走势的某种客观规律性，而且这种走势是不以人的意志为转移的。那么，股市中的“趋势”究竟是指什么呢?

股市中的趋势是指股价运行的大方向，而股价运行的大方向无非3种，即上升、横向震荡、下跌，因此，股价运行的3种趋势就相应地分为上升趋势、横向震荡趋势、下跌趋势。顺应趋势的发展方向来操作，我们可以最大限度地获取利润、规避风险，反之，“逆市而动”则将使我们处于一种极为不利的境地。

在分析量价关系、预测股价走势时，市场趋势运行情况就是我们展开交易的背景环境，也直接关系着我们的仓位调度。在上升趋势中，我们的操作可更为激进一些，短线交易也可以更为频繁一些；在下跌趋势中，我们则更应关注本金安全，更宜轻仓参与。

因此，在展开交易前，我们首先应判断市场趋势运行情况，判断当前的趋势是处于横向震荡之中，还是处于上升趋势或下跌趋势之中；是处于上升趋势的回调阶段，还是处于大幅下跌后的探底阶段。可以说，趋势分析是一项重要的工作，在1.4节中，笔者将结合移动平均线来进行详细讲解。

对于大盘指数来说，它反映的是市场多空力量整体对比情况，一旦多空力量对比格局形成，就具有较强的持续性。日K线的波动较为频繁，时间周期较短，就中线角度来看，采用周K线来观察多空力量对比格局是一种不错的方法。

一般而言，日K线时间周期太短，变化过于频繁，容易产生太多的杂乱信息，会误导投资者。但是周K线就完全不同了，周K线反映的是一周的交易状况，日K线上出现的较大波动在周K线上一般都会被“过滤”或“烫平”，因为股市的变化是有趋势的，趋势一旦形成，短时间内无法改变。就中长期来看，大的趋势是一般资金难以影响的，对于有的个股价格走势，用日K线可能难以判断，而用周K线则能一目了然。所以在判断趋势的时候，就K线形态而言，周K

线才是中线大波段的真正代表。

图1-10为上证指数2018年8月至2019年8月周K线走势图，利用周K线的走势及形态特征，我们可以很好地把握市场中的多空力量对比格局。

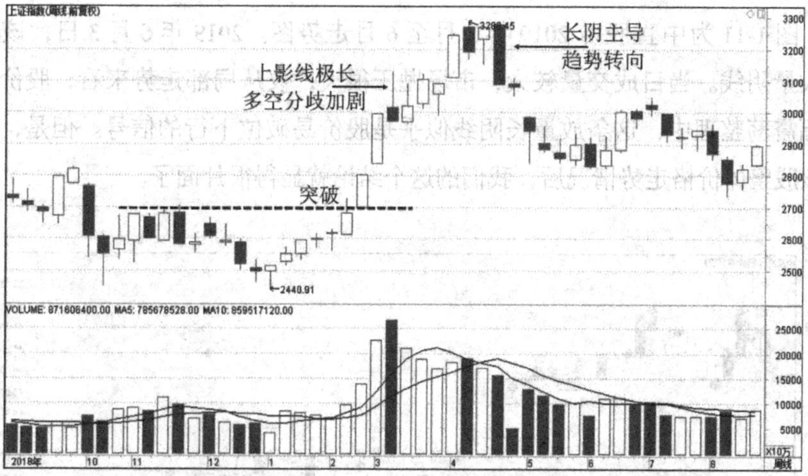

图1-10 上证指数2018年8月至2019年8月周K线走势图

如图1-10中的标注所示，上证指数在经历了长期的横向整理之后，周K线出现了长阳突破形态，这是方向性的选择，空方无力再将上证指数压低至原来的震荡平台区内，这也预示着上升趋势的出现。

在经历了长期的上涨之后，出现了一条上影线极长并且当周收阴的K线，这是空方抛压明显增加的信号，结合上证指数的长期大涨、市场处于历史上的高估值状态来看，这是大盘加速赶顶的信号。随后的长阴线则是趋势开始反转的明确信号。

可以说，利用周K线图的典型位置点及周K线形态特征，我们可以更好地判断趋势运行情况，进而展开顺势交易。

1.3.2 个股整体价格走势情况

个股在股市之中，虽然受到大环境的影响，但往往也有自己独特的运行格局，因此，在关注市场趋势运行情况之后，我们应把目光更多地集中在个股上，特别是当股市处于横向盘整的企稳态势中时，个股的价格走势差异十分明显，有的强势上攻、涨幅惊人，有的则走势平稳、涨幅不大。

在关注个股整体价格走势情况时，分析其历史运行轨迹、把握“高低点”至关重要。当个股价格经历了中线大幅下跌而进入低位区时，下跌动力减弱，反弹甚至反转的概率增加；在持续上涨后进入高位区时，则应提防突破后的快速转向风险。

图 1-11 为中直股份 2019 年 3 月至 6 月走势图。2019 年 6 月 3 日，该股收出放量阴线。当日成交量较大，市场抛压很大，仅从局部走势来看，股价处于窄幅震荡整理中，这条放量长阴线似乎是股价易破位下行的信号。但是，在查看该股整体价格走势情况后，我们的这个结论就显得很片面了。

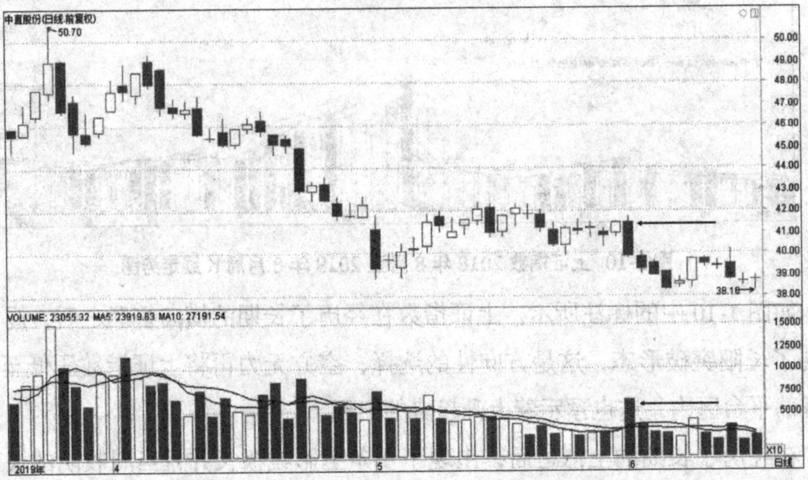

图 1-11 中直股份 2019 年 3 月至 6 月走势图

将日 K 线图的时间范围扩大，如图 1-12 所示，从这张中直股份 2019 年 3 月至 9 月的走势图中我们可以看到，股价经历了两轮大幅度下跌，当前正处于低位。因此，2019 年 6 月 3 日的放量阴线只能预示股价的短线回调，破位下行的概率很小。在操作上，我们可以在随后股价短线回落期间积极入场。

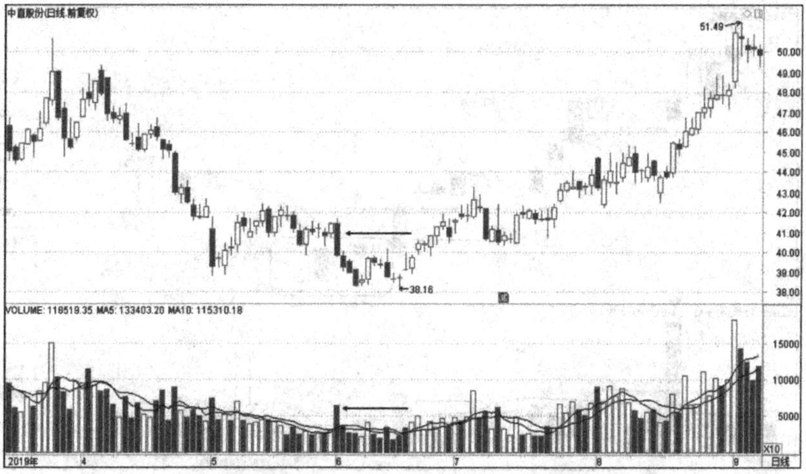

图 1-12 中直股份 2019 年 3 月至 9 月走势图

1.3.3 股价的短期走势

短线交易，要长短兼顾，所谓的“长”，是指趋势运行情况，“短”则是指短期走势情况、波段运行情况。

当股价经历了一波上涨而达到短线高点时，必然会有较大的抛压，易出现回落。在这种情况下，那些具有下跌含义的量价配合关系则更为准确。当股价经历一波下跌而达到短线低点时，会引发一定的抄底盘入场，市场承接力增强，在这种情况下，那些具有上涨含义的量价配合关系则更为准确。

将股价的短期走势与量价关系相结合，当其形成“共振”时，我们依据量价形态展开短线交易的成功率将大大提高。

图 1-13 为宁波联合 2019 年 10 月至 12 月走势图，股价以一条放量的阴线跌破了短期支撑点位，有加速下跌之势。但是，从短期走势来看，股价正处于箱体震荡区的低位，这是一个短期承接力较强的位置区，只要大盘不出现大幅下跌，在短线抄底盘入场承接的情况下，股价很难破位下行。在实盘操作中，我们不必恐慌抛售，可以等股价反弹后寻找一个相对高点再卖出离场。

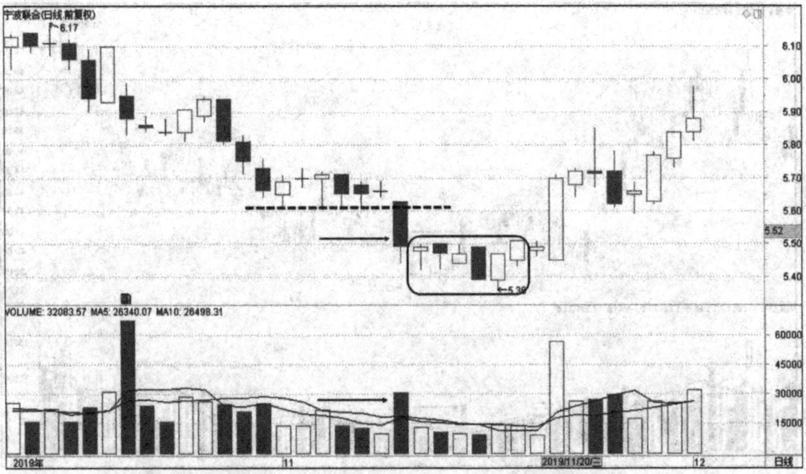

图 1-13　宁波联合 2019 年 10 月至 12 月走势图

1.3.4 异动量能的盘面特征

盘中的成交细节也是短线交易时需重点关注的一个要素，特别是主力在盘中参与，使得收盘价较高的个股。对于这类个股，若仅查看它的日 K 线图，利用量价配合关系来预测股价走势，很可能会得出错误结论。

图 1-14 为*ST 莲花 2019 年 1 月至 3 月走势图。该股在 2019 年 3 月 6 日、3 月 7 日连续两日放量，股价突破了长期的整理区间，这种形态多预示着上攻行情的出现。2019 年 3 月 8 日，即图中最后一根长阴线，股价低开低走，这是突破后调整的开始，还是应逢高抛售的止盈点？从日 K 线图的理想量价关系来看，此时应短线持有，但若查看 3 月 6 日和 3 月 7 日的分时图，就会得出相反的结论。

图 1-15、图 1-16 为*ST 莲花 2019 年 3 月 6 日、3 月 7 日的分时图，这两日的盘面有一个重要特征，就是尾盘上扬、收盘价较高。

真正的短线上攻行情，控盘能力较强的主力资金是不会以参与提高收盘价来实现拉升目标的。但主力短期内有意出货时，往往会参与拉高收盘价，为次日出货预留空间。经过全面的分析后，股价加速上攻的概率较小，因此，2019 年 3 月 8 日股价低开低走并且无力上冲时，我们的短线操作应是果断卖出、锁定利润。

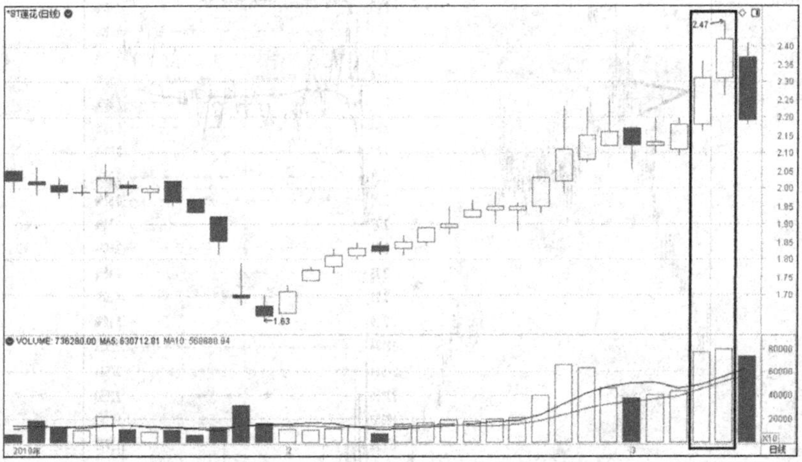

图 1-14 *ST 莲花 2019 年 1 月至 3 月走势图

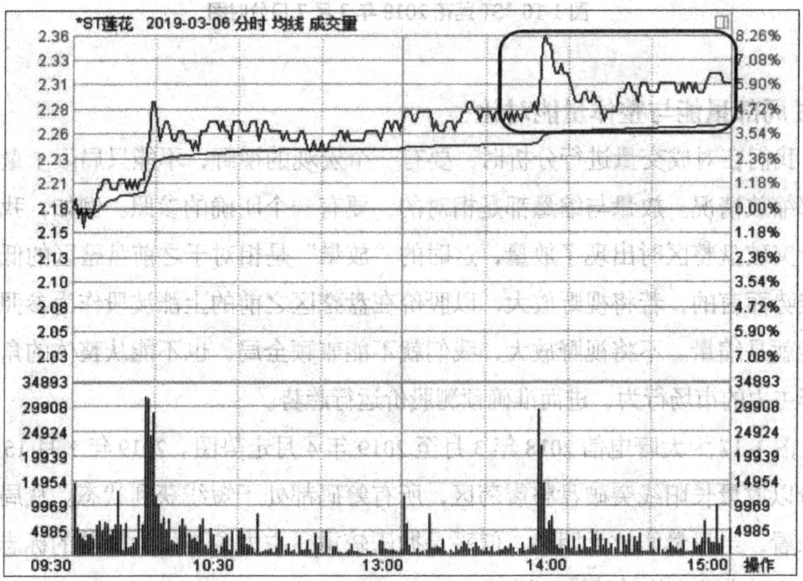

图 1-15 *ST 莲花 2019 年 3 月 6 日分时图

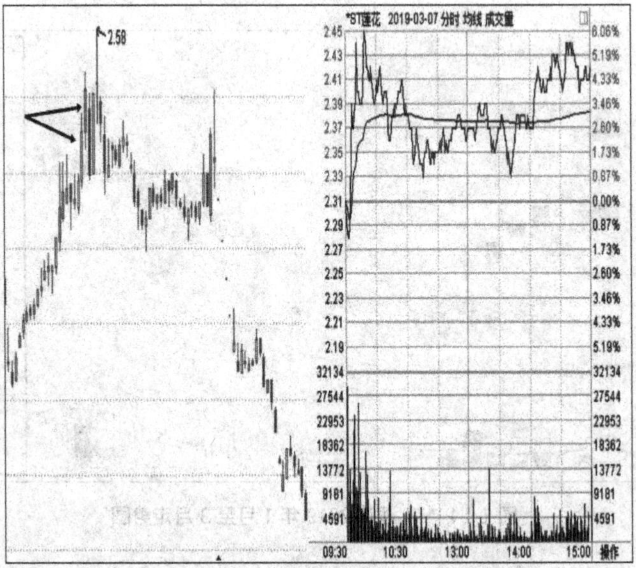

图 1-16 *ST 莲花 2019 年 3 月 7 日分时图

1.3.5 局部量能与整体量能对比

我们在对成交量进行分析时，要有一个宏观的视野，不能只局限于量能的局部缩放情况。放量与缩量都是相对的，要有一个明确的参照。例如，我们说股价突破盘整区时出现了放量，这时的“放量”是相对于之前盘整区的低迷整理走势而言的，若将视野放大，以股价在盘整区之前的上涨波段作为参照，则可能就是缩量。不将视野放大，我们就不能兼顾全局，也不能从整体的角度来解释主力的市场行为，进而准确预测股价运行趋势。

图 1-17 为大唐电信 2018 年 3 月至 2019 年 4 月走势图。2019 年 1 月 15 日，股价以放量长阳线突破盘整震荡区，所有筹码都处于短线获利状态。从局部走势来看，当日量能放大明显，似乎是抛压较重、主力参与能力较差的标志，股价的突破上涨走势并不被看好。

但是，将视野放大，对于 2018 年 3 月之后的运行趋势来说，2018 年 12 月 26 日的放量形态是较为温和的，而且，考虑到股价一举突破了长期的盘整震荡区间，在全盘获利的背景下，量能才放大到这样的程度，也从侧面反映了主力较强的参与能力。从短线走势来看，股价也许有小幅回落，但中线走势还是被看好的。

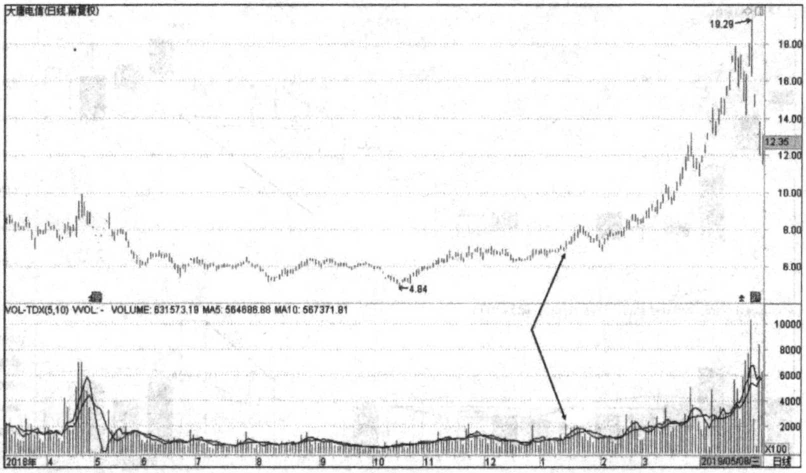

图 1-17 大唐电信 2018 年 3 月至 2019 年 4 月走势图

1.3.6 是否为典型量价形态

量价形态分析，既要考虑成交量形态，也要考虑股价走势。在 A 股市场中，有一些较为常见的量价形态，它们有着相对固定的市场含义，只要个股的盘面运行平稳、盘中大笔交易数量相对较少，即这种量价形态是市场真实交投的结果，则当相同的量价形态出现时，它们也预示着相同的股价走势。对于中短线交易的学习者来说，在深入学习、理解并且懂得分析各种不同的量价形态之前，熟悉这些典型的量价形态可以帮助我们快速找到突破口。在本书中，笔者既讲解了格兰维尔经典量价关系八大准则，也结合笔者的长期实战经验总结了近百种量价配合形态，力求帮助读者快速掌握量价分析之道。

图 1-18 为江苏吴中 2019 年 8 月走势图，该股在一波快速上涨走势中出现了递增放量，这就是一种典型的量价配合形态，对于这种量价形态来说，量能的峰值处也将是股价的短线顶点，而且，随后多会出现大幅调整。依据这种典型的量价形态，当我们预判该股的成交量无法再度放大时，应果断卖出、锁定利润。

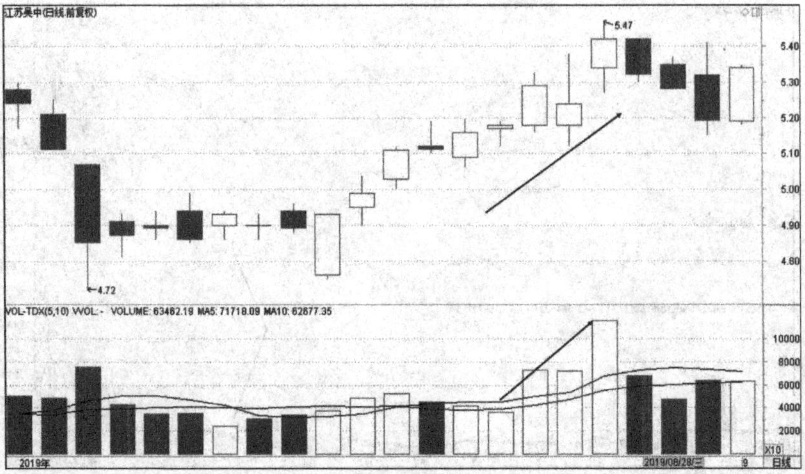

图 1-18 江苏吴中 2019 年 8 月走势图

1.4 均线与趋势运行

移动平均线（Moving Average，MA）是道氏理论的形象化表述，它以道·琼斯的“平均成本概念”为基础，采用统计学中的“移动平均”原理，通过由若干条不同时间周期的均线所组成的均线系统来体现市场平均持仓成本的变化情况，进而清晰地呈现股市及个股的趋势运行情况。在本节中，我们将结合均线系统的不同排列形态，来看看它是如何呈现趋势运行情况的。

1.4.1 均线的含义及原理

股价走势只是趋势运行的表象，市场平均持仓成本的变化情况才是趋势运行的内在本质。市场平均持仓成本，体现了多空双方的出入意愿及力度，这种意愿及力度具有明显的倾向性，可以维持较长的时间。一般来说，股价走势的变化主要取决于两点：一是市场平均持仓成本及其变化情况，二是场外投资者的买卖意愿，两者对股价走势的变化各有一半的影响力。

在具体设计上，移动平均线以每个交易日的收盘价近似地代表当日市场平均持仓成本。将最近 N 日的收盘价进行算术平均，就可以得到这一时间周期内的市场平均持仓成本的数值。

下面我们以 5 日作为计算周期，来看看移动平均线 5 日均线——MA5 的计算方法。

$$MA5(n)=(C_n+C_{n-1}+C_{n-2}+C_{n-3}+C_{n-4})\div 5$$

注：C_n 表示第 n 日的收盘价，在此公式中近似地代表这一交易日的平均成交价，MA5（n）表示第 n 日的移动平均值。

将每一日的MA5(n)连成平滑的曲线，我们就会得到移动平均线MA5。同理，我们还可以得到其他时间周期的移动平均线，其中的 5 日、15 日、20 日、30 日这 4 种时间周期较为常用，它们是中短期市场平均持仓成本走向的反映。在股票行情软件中，输入字母“MA”后按下回车键，或者单击鼠标右键，然后在弹出的快捷菜单中选择常用指标均线，就可以调出移动平均线。

1.4.2 中期主导的多头、空头形态

多头形态与空头形态是均线系统中最经典的形态，多头形态代表着升势的出现与持续，空头形态代表着跌势的出现与持续。

多头形态也称为“多头发散形态”。当股市进入上升周期后，后入场的投资者持仓成本更高，这将使得周期相对较短的均线运行于周期相对较长的均线上方，整个均线系统呈向上发散状，这种组合形态称为多头发散形态。

空头形态也称为“空头发散形态”。在整个均线系统中，周期相对较短的均线运行于周期相对较长的均线下方，整个均线系统呈向下发散状。空头形态是跌势出现、持续的标志，也是空头占据主动的信号。

当多头形态出现后，表明当前的市场处于多方占优阶段，是中期趋势向上的信号，只要多头形态未被明显破坏，我们宜以升势思维来交易；当空头形态出现后，表明当前市场处于空方占优阶段，是中期趋势向下的信号，此时，我们只宜参与超跌反弹的短线交易。

图 1-19 为生物股份 2019 年 7 月至 11 月走势图，图中的均线系统由 MA5、MA10、MA20、MA30 这 4 条均线组合而成。股价在经历了整理之后，开始上扬，此时的均线系统呈多头发散形态，这是多方占优并且发动攻势的标志，也是中期股价走势向上的反映，标志着升势的持续。

图 1-20 为 ST 罗顿 2019 年 3 月至 12 月走势图，股价持续震荡走低，虽然此时的中短线下跌幅度已经较大，但明显的均线空头发散形态提示我们此时的市场仍是空方占优格局，不宜过早抄底入场。

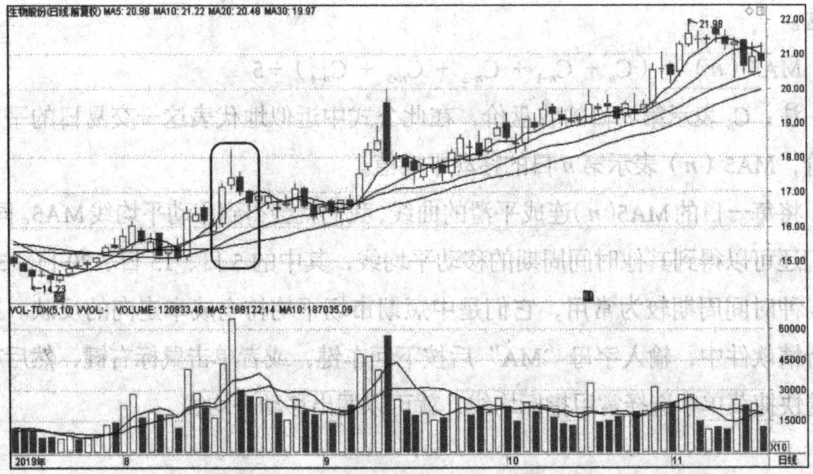

图 1-19 生物股份 2019 年 7 月至 11 月走势图

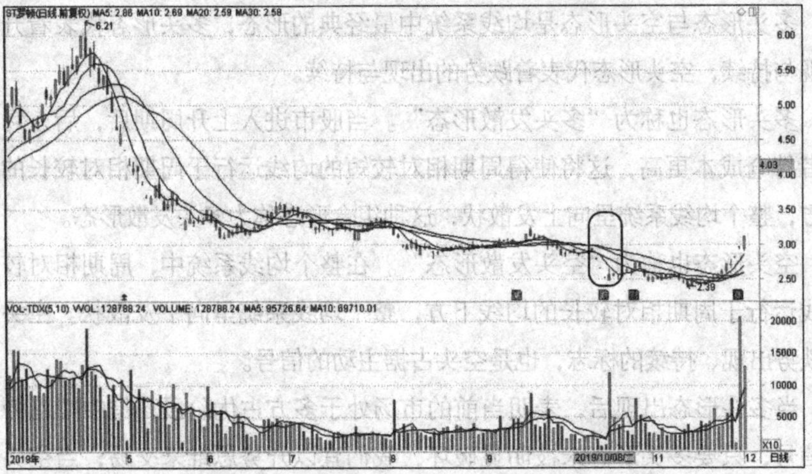

图 1-20 ST 罗顿 2019 年 3 月至 12 月走势图

1.4.3 途中整理的黏合形态

在股价上升（或下跌）途中往往会有整理走势出现，这不是趋势转折的信号，它仅是原有趋势运行中的休整。所谓的黏合形态是指在上升趋势中，短期均线向下靠拢中长期均线（下跌趋势中，短期均线向上靠拢中长期均线），使得多条均线黏合在一起。当黏合形态出现后，随着交易的持续进行，这种多空平衡状态会被打破，股价沿原有趋势的方向运行是个大概率事件。

图 1-21 为亚星客车 2019 年 2 月至 5 月走势图。股价在上升途中的回落、震

荡使得短期均线向下靠拢中期均线，多条均线之间的距离极短，呈黏合形态。但此时的 MA30 仍旧在稳健上行，这说明多方力量依旧占优。此时的均线黏合形态代表着当前的横向震荡走势为途中整理，随着整理走势的结束，股价仍将保持原有的上升趋势。

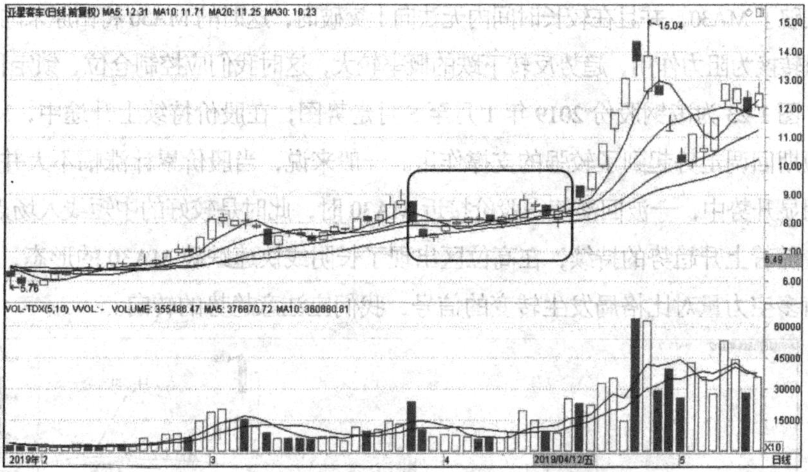

图 1-21 亚星客车 2019 年 2 月至 5 月走势图

图 1-22 为江苏阳光 2019 年 3 月至 8 月走势图，在震荡下跌过程中，股价的小幅反弹使得短期均线向上靠拢中期均线，这是下跌途中的黏合形态，也是跌势仍将持续的信号，我们此时不可抄底入场。

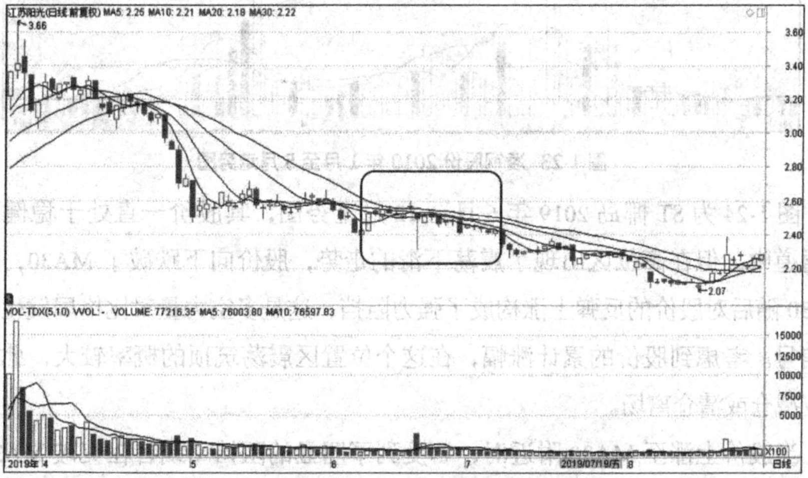

图 1-22 江苏阳光 2019 年 3 月至 8 月走势图

1.4.4 反转前的压力支撑转化

在上升途中的一波下跌走势后，原有的均线系统呈多头形态，随着这一波下跌，多头形态被打破。当股价下跌至 MA30 附近时，若受到有力的支撑（或者在跌破 MA30 后能快速反弹），则表明多方力量依旧较强，升势有望延续；但是，若股价向下跌破了 MA30，并且在较长时间内无法向上突破时，这时的 MA30 将由原来的支撑作用转换为阻力作用，趋势反转下跌的概率较大，这时我们应控制仓位、锁定利润。

图 1-23 为凌钢股份 2019 年 1 月至 5 月走势图，在股价持续上升途中，MA30 对短期回调走势起到了较强的支撑作用。一般来说，当股价累计涨幅不大并且处于明显升势中，一波回落使得股价接近 MA30 时，此时是较好的中短线入场点。

随着上升趋势的持续，在高位区出现了长阴线快速跌破 MA30 的形态，这是原有多空力量对比格局发生转变的信号，我们应注意趋势的转向。

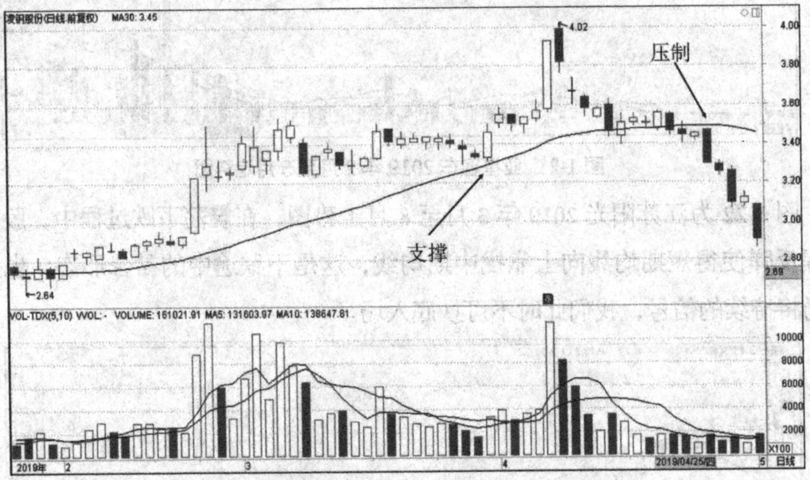

图 1-23　凌钢股份 2019 年 1 月至 5 月走势图

图 1-24 为 ST 椰岛 2019 年 6 月至 12 月走势图，其股价一直处于稳健上升的通道中，但在高位区出现了震荡下滑的走势，股价向下跌破了 MA30，并且 MA30 随后对股价的反弹上涨构成了强力阻挡，这是多空力量对比格局发生转变的信号。考虑到股价的累计涨幅，在这个位置区震荡筑顶的概率较大，此时我们应减仓或清仓离场。

当股价上涨至 MA30 附近时，若受到了明显的阻挡（或者在突破 MA30 后又马上回落到其下方），则表明空方力量依旧较强，跌势仍未见底。若股价向上突破了 MA30，并且在较长时间内站稳于 MA30 上方，这时的 MA30 将由原来

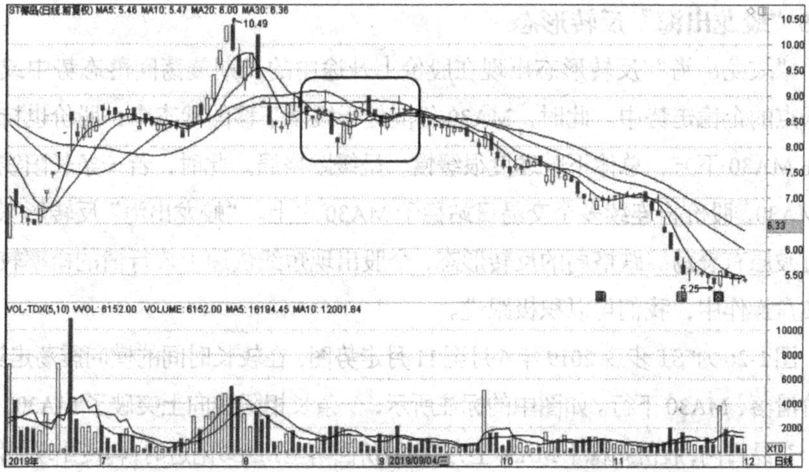

图 1-24 ST 椰岛 2019 年 6 月至 12 月走势图

的阻力作用转换为支撑作用，趋势反转上行的概率较大，这时我们就可以积极地在股价回调时加仓买入。

图 1-25 为嘉麟杰 2019 年 4 月至 9 月走势图，在中长期的低位区，股价企稳后，均线呈现多头形态，这是多方力量开始占优的信号，也是趋势有望反转上行的信号。随后，股价震荡上扬，多方力量明显占优，并且在股价的一波大幅调整过程中，MA30 起到了较强的支撑作用，这时 MA30 由原来的阻力作用转换为支撑作用，这也是趋势反转上行的一个重要信号。在实盘操作中，当股价回落至 MA30 附近时，我们可以进行中短线买入操作。

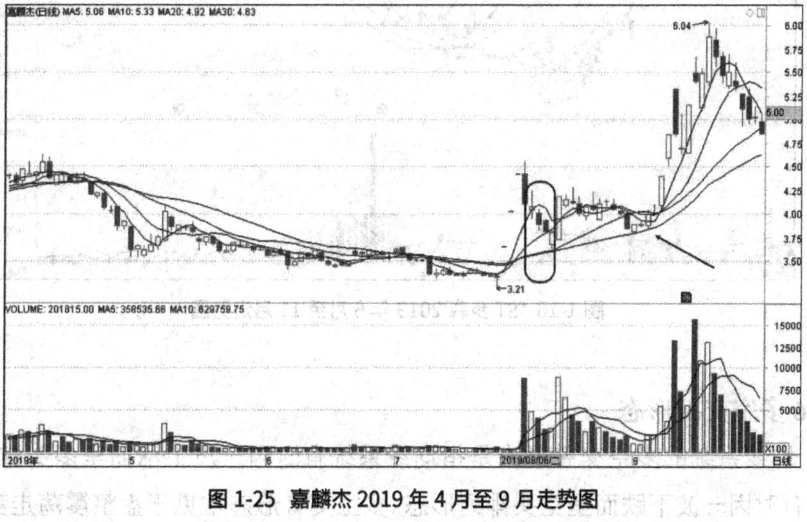

图 1-25 嘉麟杰 2019 年 4 月至 9 月走势图

1.4.5 “蛟龙出海”反转形态

“蛟龙出海”反转形态出现在股价上升途中的长期震荡回落态势中或中长期低点的企稳走势中。此时，MA30 仍旧处于缓慢下移的状态中，股价也持续运行在 MA30 下方，总体下跌速度很缓慢，呈缓跌格局。此时，若一条长阳线突破了 MA30，股价将连续多个交易日站稳于 MA30 之上。“蛟龙出海”反转形态是一种打破原有震荡缓跌格局的反转形态，个股出现短线快速上攻行情的概率较大，在实盘操作中，我们可以积极跟进。

图 1-26 为*ST 步森 2019 年 6 月至 11 月走势图，在较长时间的横向震荡走势中，股价滑落、MA30 下行。如图中的标注所示，一条长相阳线向上突破了 MA30，随后多个交易日内，股价站稳于 MA30 上方。当股价回落至 MA30 附近时，再度出现长阳线，这说明可能有主力资金积极买入，此时若想进行中短线交易则可以买股入场。

在实盘操作中，当股价回落至 MA30 附近时就可以短线买入。若随后的走势证实我们的判断是正确的，则可耐心持股待涨，直至出现短线卖出信号。若股价再度向下跌破 MA30，则表明之前长阳线突破 MA30 并不是上涨信号，我们应及时卖出股票，从而保证本金安全。

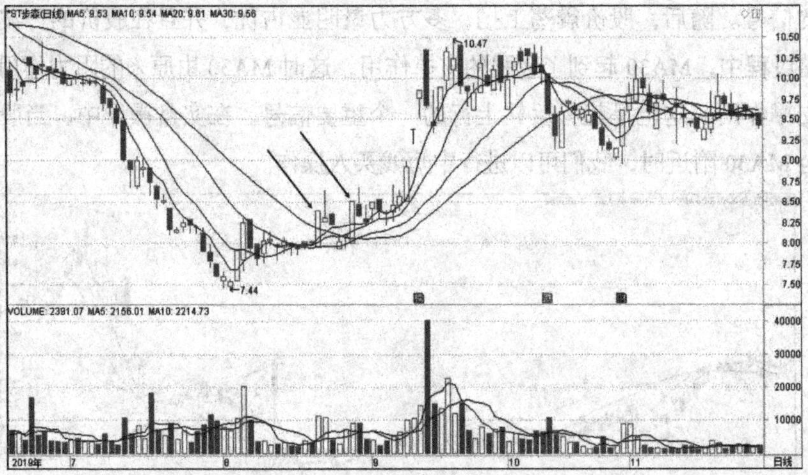

图 1-26 *ST 步森 2019 年 6 月至 11 月走势图

1.4.6 多空交替形态

均线系统的多空交替形态是指均线系统有时因一波上涨而呈多头排列形态，有时因一波下跌而呈空头排列形态。多空交替形态常见于盘整震荡走势中，是趋势运行不明朗的标志，也是多空双方力量相对均衡的信号。在股价走势没有发出明确的方向选择信号前，我们只宜进行高抛低吸的短线交易，即在均线系统呈现完全的空头排列形态并且股价位于震荡区低点时，可短线买入；随后，一波上涨之后，当均线系统呈现完全的多头排列形态，且股价处于震荡区高点时，可获利卖出。

图 1-27 为海螺水泥 2018 年 12 月至 2019 年 12 月走势图，股价在高位区震荡滞涨之后开始向下破位，短线跌幅较大，此时的大盘仍旧处于横向震荡之中，并且没有系统性风险，因此，股价步入快速下降通道的概率较小；此时出现的止跌企稳可以作为一个短线买入点。随后，股价震荡上行、快速突破 MA30，这是多方力量再度占优的信号，但是，当股价上涨至前期高点附近时，由于存在较多的短线获利抛压以及解套抛压，因此出现调整的概率较大，我们应逢高卖出、锁定利润。

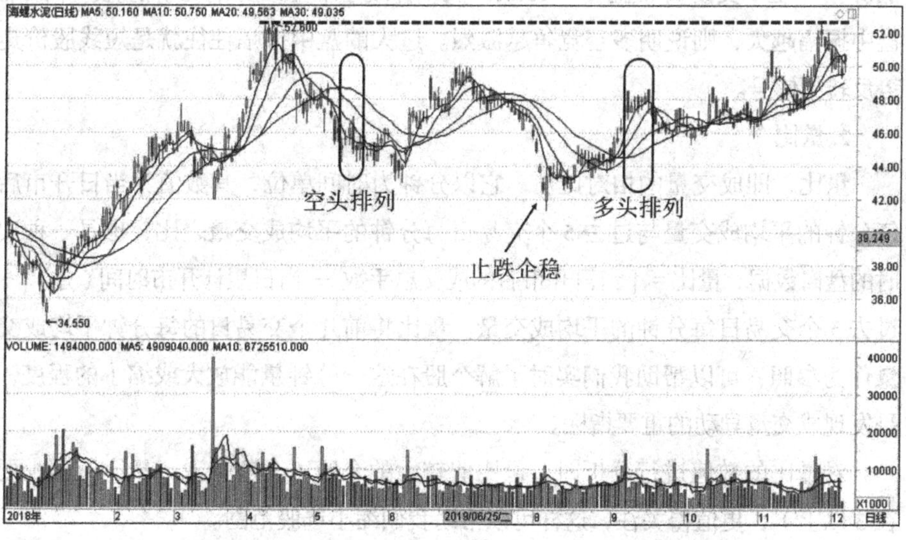

图 1-27 海螺水泥 2018 年 12 月至 2019 年 12 月走势图

1.5 盘口中捕获异动股

进行实盘交易时，我们首先要查看的就是盘口的各项信息。其中，盘中出现异动（如量能异动、走势异动、挂单情况变化等）的个股更值得关注，它们可能是主力短线重点参与的品种，也可能预示着个股上攻行情的出现。在以量价形态为核心展开交易时，能否在第一时间发现这些个股至关重要，否则，我们很可能错失买入时机。在本节中，我们将结合股票行情软件的一些功能和重要的实时盘面信息，来看看如何在第一时间发现这些盘口异动股。

1.5.1 振幅、量比、换手率等数据

各种各样的盘口数据从不同角度呈现出多空双方的交投行为，我们利用它们可以更好观察个股的运行情况。其中，振幅、量比、委比、内盘与外盘、换手率等数据较为重要。

1. 振幅

振幅是指股价在当日盘中的上下震荡的幅度。振幅 =（当日最高价 − 当日最低价）÷ 上一交易日收盘价 × 100%。振幅体现了多空双方的竞争情况。个股的盘中振幅越大，则说明多空竞争越激烈。过大的盘中振幅往往就是短线股价走势反转的信号。

2. 量比

量比，即成交量的相对比值，它以分钟为时间单位，其数值为当日开市后每分钟的平均成交量与过去 5 个交易日每分钟的平均成交量之比，也是一种实时的盘口数据。量比 = [当日开市后的成交总手数 ÷ 当日累计开市时间（分）] ÷ 过去 5 个交易日每分钟的平均成交量。量比将前几个交易日的每分钟平均成交量作为参照，可以帮助我们实时了解个股在这一分钟量能放大或缩小的程度，是发现成交量异动的重要指标。

对量比的数值进行分析时，量比值较大的个股（一般来说，量比值至少要在 3 以上），更值得关注，这样可以帮助我们缩小选股范围。

3. 量比曲线

在盘中，以分钟为时间单位，将量比数值依次连接得到一条平滑曲线，这就是量比曲线。它可以帮助我们更直观地把握个股当日成交量与近期成交量的相对变化情况。

一般来说，通过一夜的市场信息及人们心理上的变化，新的一个交易日开盘的时候，股价及开盘成交量的变化极大。将其反映在量比数值上，就是很多股票开盘时的成交量比数值会高十几倍，随后量比数值又急速下降。从量比曲

线上看，就像我们提到的股价变化有时会显得较为奇怪一样。大多数股票的成交量在新的一个交易日开盘时都显得很不稳定，因此在通常的行情背景下，我们应该等待量比曲线稳定后再采取行动。

4. 委比

委比可以反映委买盘与委卖盘的挂单数量对比情况。委比 =（委买手数 − 委卖手数）÷（委买手数 + 委卖手数）× 100%。委比的取值范围为 −100% 至 100%，当委比数值为 100% 时，个股处于涨停板；当委比数值为 −100% 时，个股处于跌停板。

委比是具有实时性的盘口数据，随着委买单、委卖单的陆续挂出、不断成交，委比数值也会不断变化。一般来说，当委比数值为正时，说明有较多的委买单在下面承接，这是买方力量相对较强的体现；当委比数值为负时，说明有较多的委卖单压在上面，这是卖方力量相对较强的体现。

5. 内盘与外盘

外盘，是指以主动性买入方式成交的股票数量。对于一笔交易，在卖方报价后，买方主动以卖方报价买入，这是主动买入；在买方报价后，卖方主动以买方的报价卖出，这是主动卖出。内盘，是指以主动性卖出方式成交的股票数量。成交量 = 外盘 + 内盘。

当外盘较大时，说明以主动性买入方式成交的股票数量更多，这是投资者买股意愿较强的体现，此时的股价也多会在买盘的推动下出现上涨。当内盘较大时，说明以主动性卖出方式成交的股票数量更多，这是投资者卖股意愿较强的体现，此时的股价也多会在卖盘的压力下出现下跌。

在实盘操作中，我们需结合个股的价格走势情况来解读内外盘所蕴含的市场信息。

（1）在长期下跌后的低位区，价格走势企稳，量能温和放大，此时出现的外盘大于内盘的情况可以被看作是场外资金积极入场、多方力量增强的信号。若个股可以在之后的更多的交易日中出现外盘大于内盘的情况，则预示着多方力量正在积累，是后期价格走势看涨的标志。

（2）在长期上涨后的高位区，价格走势滞涨，量能相对缩小，此时出现的内盘大于外盘的情况可以被看作是场内资金陆续离场、空方抛压渐强的信号。若个股可以在之后的更多的交易日中出现内盘大于外盘的情况，则预示着空方力量正在积累，是后期价格走势看跌的标志。

（3）在稳步上涨的价格走势中，外盘大于内盘是买盘充足的体现，也是涨势将持续的标志。在持续下跌的价格走势中，内盘大于外盘是卖盘充足的体现，也是跌势将持续的标志。

（4）在高位震荡区，若个股在盘口中出现了外盘明显大于内盘，但盘中价格走势却无力上涨的情形，是价格走势看跌的信号。

（5）低位震荡区，若个股在盘口中出现了内盘明显大于外盘，但盘中价格走势却较为稳健、未见明显下跌的情形，这是价格走势看涨的信号。

6. 换手率

换手率也称周转率，它是指一只股票在单位时间内的累计成交量与其流通总股本之间的比率，是反映股票流通性强弱的指标之一。换手率 =（单位时间内的累计成交量 ÷ 流通总股本）×100%。

一般来说，在计算换手率时，多以交易日为时间单位。假设某只股票连续10个交易日的换手率之和（累计换手率）为100%，我们则可以这样简单地理解：这只股票在经过了10个交易日的交投之后，其流通在股市上的全部股票筹码已经从原有持股者手中转移到了新加入进来的投资者手中。当然，这只是一种简单的理解，因为很多投资者都在频繁地买卖一只股票，换手率为100%并不意味着持股者的完全转换。

关注换手率时，我们要充分考虑个股的特性。对于大股东持股比例较高的个股，由于大股东很少参与二级市场交易，因此这些股票的换手率会较低；反之，对于大股东持股比例低、股票筹码高度分散的个股，其换手率就会较高。

个股的换手率可以体现个股的交投情况是否活跃。一般来说，日换手率小于3%表明交投不活跃，市场观望气氛较重。日换手率在3% ~ 7%，表明市场交投气氛活跃，意味着股票流通性好，进出市场比较容易，不会出现“想买买不到、想卖卖不出”的现象；此种换手率多出现在行情的行进阶段，股票通过持续的换手，市场持有成本在不断地增加或减少，这有利于行情的发展。日换手率大于7%表明股票在频繁换手，如果发生在高位，我们应注意风险。此外，对于不同类型的个股，我们也应区别其换手率标准：大盘股的换手率达到2%就可以算是较高的水平，而小盘股、题材股的换手率一般要超过5%，我们才可以将其称作是高换手率。

高换手率是最值得我们关注的。高换手率说明资金的流入、流出速度较快，若高换手率是由主力资金流入、散户资金流出引发的，往往预示着机会的到来；若高换手率是由主力资金流出、散户资金流入引发的，往往是风险的预兆。由于较长时间的高换手率可以体现出资金进出量大、持续性强的特点，因此在实盘操作中，能在较长的时间内维持高换手率的股票极具价值。

1.5.2 挂单分析

挂单，就是指委买、委卖盘中的挂单情况。这些单子是已挂出、但却仍未成交的。正常的挂单情况中委买盘与委卖盘的单子数量相对平均，每个价位上的单子数量也不会相差太多。但是，有的时候可以看到委买盘的某一价位处挂有超级大单（大单托底），或是在委卖盘的某一价位处挂有超级大单（大单压顶）。

大单托底给我们的直观感觉是此股价格难跌，大单压顶给我们的直观感觉则是此股价格难涨，但经验告诉我们，直观感觉往往并不准确。很多时候，大单托底，但股价在盘中的走势却明显弱于大盘；大单压顶，但股价在盘中的走势却明显强于大盘。在实盘操作中，我们一定要学会逆向思维，不能单单凭借直观的盘面感觉来做出判断。

例如，股价走势在盘中出现了小幅度的震荡下行，在震荡下行过程中，委买盘的单子非常大，大单托底给人的直观感觉是有资金承接，股价难跌。然而，实际情况可能是此股当日的价格走势较弱，明显弱于当日大盘，如果此大单真是为了防止股价下跌、主力护盘的话，那么在当日大盘走势较为稳健的背景下，个股的盘中表现应强于同日大盘。但短线走势出现了一定的股价重心下移的情况，因此，我们对于这种大单托底的情况应逆向理解，从而判断出这是卖出信号。

1.5.3 对全体股启动预警监控

“工欲善其事，必先利其器”，好的工具会令我们事半功倍，我们一定要善于使用股票行情软件。通过涨幅榜，我们可以实时观察涨幅靠前的个股；通过预警条件的设置，我们可以实时捕捉到相应的盘中异动股。

股票行情软件大多提供了预警功能，我们可以自定义预警条件，当股价在盘中的运行触发预警条件后，股票行情软件会以弹窗、声音等方式发出信号来提醒我们。下面我们以同花顺炒股软件为例来进行说明。

图 1-28 为预警监控示意图，在最上方的菜单栏中单击“智能”菜单，执行“鹰眼盯盘”命令，然后单击“设置”按钮，此时会弹出“盯盘条件设置”对话框，在这里，我们可以设置预警条件、选择需要盯盘的目标股范围（一般是将沪深 A 股全部纳入盯盘范围）。当有个股符合我们所设置的预警条件时，软件就可以通过发出声音或者弹出窗口的方式来提醒我们。

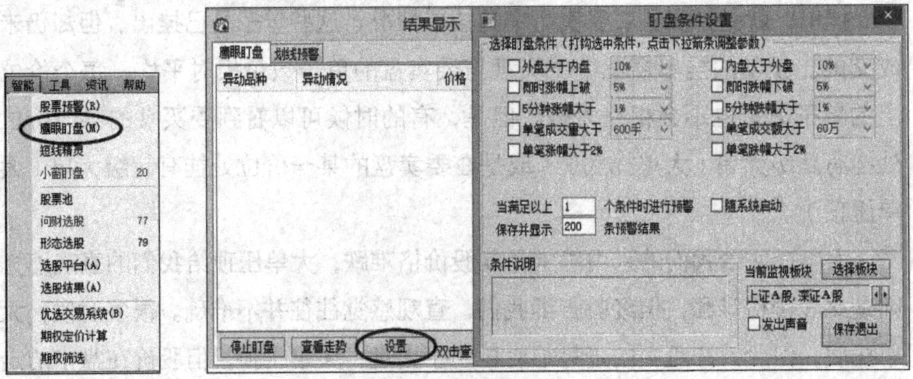

图 1-28 预警监控示意图

1.5.4 对自定义股设定详细预警条件

对所有股票设置预警条件时，只能设置诸如 5 分钟涨幅大于 × × %、单笔成交量大于 × × 手、即时涨幅上破 × × % 等较为简单的触发条件。如果我们要更准确地选择品种，并且想要设定更为精确的预警条件时，则需进一步优化，使用雷达监控功能。

在同花顺炒股软件中，可以对单独的个股进行雷达预警设置。打开个股走势图界面，单击鼠标右键弹出快捷菜单，点击“股票预警”，就可以得到图 1-29 所示的“添加预警”对话框。在这个界面中，上方是“预警证券代码”，下方是详尽的预警条件，我们可以从股价上涨至 × × 元、股价下跌到 × × 元、日涨幅超 × × % 等多个方面对个股进行预警监控。当个股在盘中运行触发了某个相应的预警监控条件时，我们就可以得到实时提醒，从而决定是否展开操作。

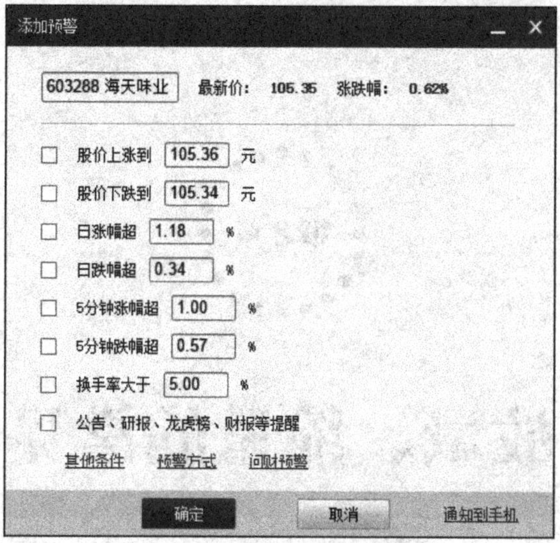

图 1-29 设置个股预警条件示意图

第2章

放量、缩量的常见模式

02

成交量形态的变化归根结底只有两种情形，一种是放量，另一种是缩量。但是，放量和缩量的具体表现形式则多种多样，有较为温和的放量，也有突兀式放量，在不同的股价走势中，它们所蕴含的市场含义也不尽相同。

学习量价知识，对于成交量的放大、缩小形态首先要有一个较为系统的了解，在此基础之上进一步结合实际股价走势解读成交量的细微变化，才能取得更好的效果。在本章中，笔者以“放量”“缩量”为核心，结合股价走势，讲解一些常见的成交量形态，为读者以后的学习打好基础。

2.1 温和式放量

2.1.1 温和式放量的成因

温和式放量是一种相对温和的放量形态，它是指成交量与近期的均量水平相比而言，出现了循序渐进、幅度不大的放量，成交量的前后变化较为连续，成交量的放大水平多保持在近期均量的两倍左右。温和式放量多出现在上涨波段，在不同个股的中短线价格走势中，温和式放量所具有的市场含义也不尽相同。

“涨时放量，跌时缩量”是股价运动过程中的常态，也是市场正常交投的结果。波段上涨走势中的温和式放量属于普通的放量上涨形态，一般来说，仅对局部走势进行观察，实战意义不大。在实盘操作中，我们应将局部走势中的温和式放量形态放入趋势运行中，“低位攀升走势”“突破套牢区位置点”“震荡反弹波段走势”这几种情形下的温和式放量具有较高的实战价值，能够较为准确地预示股价后期的运行方向。

2.1.2 低位攀升温和式放量

一般来讲，当低位攀升温和式放量这一形态出现在市场整体或个股长期下跌之后的低位区时，最具有实战意义，因为这时的个股多处于超跌状态，但是超跌并不是股价上涨的动力，只有持续的买盘进入才能让股价步入底部并且随后走入上升通道之中。而温和式放量的形态正是买盘持续进入的信号，是股价见底、上涨趋势即将出现的信号。

图 2-1 为东风汽车 2018 年 12 月至 2019 年 5 月走势图。在前期经历了短线快速下跌、中期持续下跌之后，股价进入了低位区。如图中的标注所示，此时出现了一波上涨行情，量能温和放大，股价在短线高点企稳不跌，这是买盘积极入场的信号，预示着行情的反转，在实盘操作中，可以积极地跟进买入。

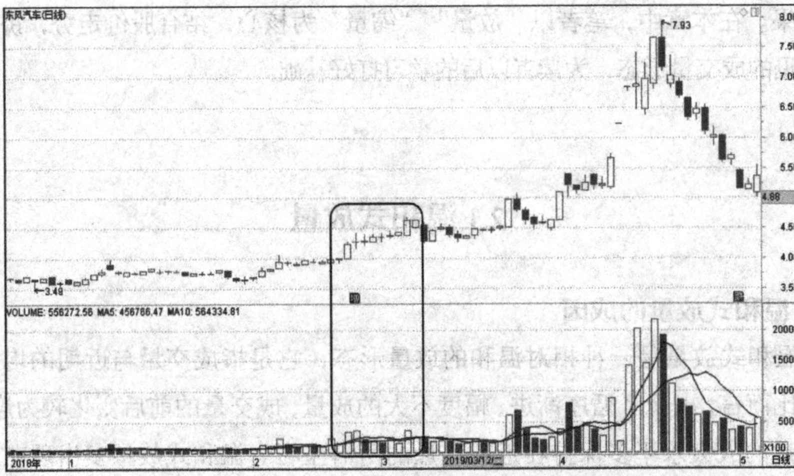

图 2-1 东风汽车 2018 年 12 月至 2019 年 5 月走势图

2.1.3 升势创新高温和式放量

升势创新高温和式放量是指个股在一波稳健上涨并且创出近期新高的价格走势中，出现了成交量循序渐进地温和放大，而且其均量要大于之前上涨走势中的均量的情形。

这种出现在上升途中的温和式放量形态是场外买盘资金较为充足的标志，也预示着股价上升趋势仍将延续下去。

图 2-2 为中直股份 2019 年 4 月至 9 月走势图，在震荡上升行情中，如图中的标注所示，一波震荡上升走势创出了新高，量能较之前的均量而言出现了温和式放大的情形，这是买盘资金充足的标志。由于此时股价的累计涨幅不大，上升形态良好，因此，这种温和式放量的量价关系预示着升势仍将持续下去，我们可以耐心持股待涨。

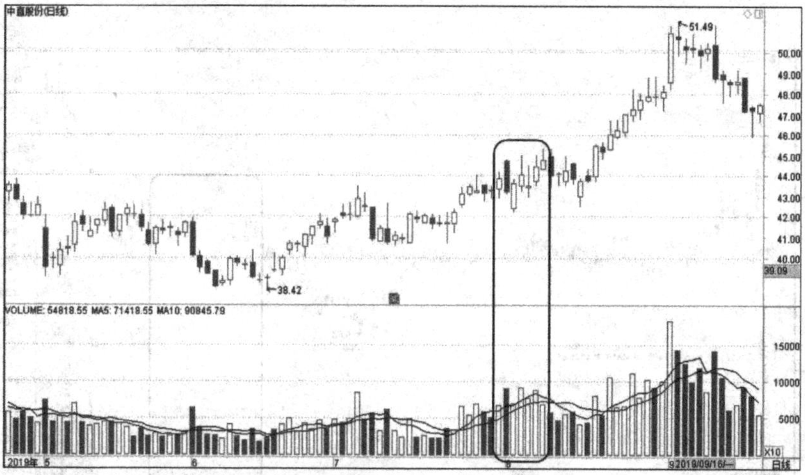

图 2-2 中直股份 2019 年 4 月至 9 月走势图

2.1.4 突破套牢区温和式放量

套牢区因股价破位下行而出现，随后，股价反弹上涨至这一位置点，较多的被套盘处于解套状态。同时，由于股价短线上涨而产生了一定的获利盘，在这个位置点上，若股价能够以温和放量的方式突破套牢区，则表明市场筹码锁定状态良好。这或许也可表明市场浮筹较少，股价上涨阻力较小。只要股价短线涨幅不大、中线仍处于相对低位区，则表明股价的中线走势是向好的，仍会有较大的上涨空间。在实盘操作中，股价在突破套牢区后，若能够在突破位置点企稳，则预示着上涨动力较足，此时我们可以积极地买股入场布局。

图 2-3 为浙江富润 2019 年 4 月至 11 月走势图，股价在急速下跌之后，跌破了前期的震荡整理区间，从而使得此区间成为套牢区，中短线跌幅较大。随后，股价反转上行，当上涨至套牢区时，量能仅温和放大。在短线获利盘、套牢盘的双重抛压下，这种温和式的放量企稳表明市场浮筹较少，是股价能够成功突破的信号之一。

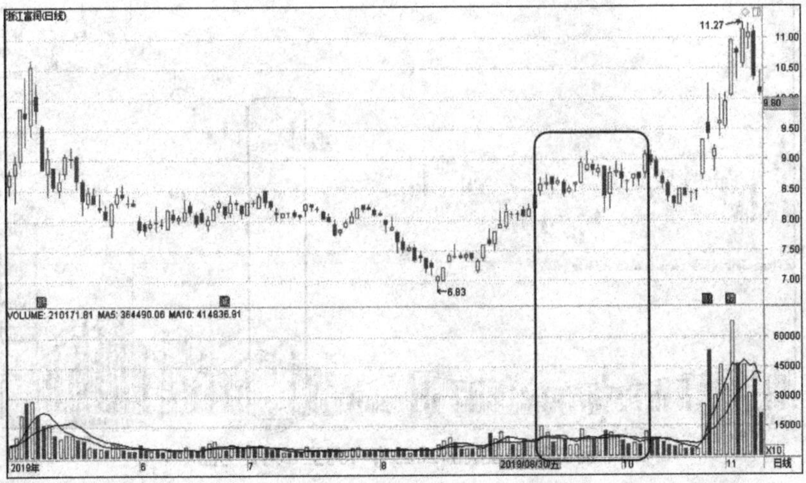

图 2-3 浙江富润 2019 年 4 月至 11 月走势图

2.1.5 震荡反弹温和式放量

在震荡下跌走势中，股价的一波快速下跌之后，个股短期内处于超跌状态，只要有一定的买盘入场，就可以推动股价反弹式上涨。此时出现的温和式放量仅代表着股价的反弹式上涨，并不是大量买盘入场的信号。

一般来说，当底出现时，会有一个反复震荡的过程，若股价急速下跌的速度较快、幅度较大，能够出现“V”形反转的话，那么其量能会连续大幅度放出，而不会温和式放量。在实盘操作中，对于温和式放量所引起的价格反弹式上涨的股票，我们是不宜追涨买入的；若股价中短线下跌幅度较大，温和式放量之后，我们最好等股价短线再度回落后，才抄底入场。

图 2-4 为东方金钰 2019 年 5 月至 8 月走势图，该股在震荡反弹波段出现了几次温和式放量，量能放大幅度小，这属于无量式反弹，代表着买盘入场不积极、反弹行情只是“昙花一现”。在实盘操作中，一旦股价短线滞涨，我们应及时卖出该股、规避新一轮的下跌风险。

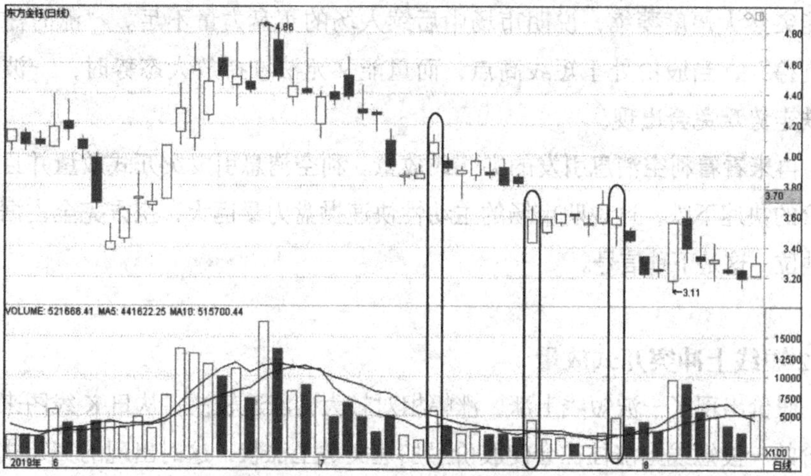

图 2-4 东方金钰 2019 年 5 月至 8 月走势图

2.2 突兀式放量

2.2.1 突兀式放量的成因

突兀式放量也称"脉冲式放量"，它是指成交量在某一日或连续两日内突然大幅度放大，其放量效果往往可以达到之前均量大小的3倍以上。而且，在这一两日的放量之后，此股的成交量又突然地恢复如初。

一般来说，量能的放大或缩小有一个连续过渡的过程，这是多空双方竞争不断趋于激烈或不断趋于缓和的写照。但突兀式放量则完全不同，它是量能的一次突兀式跃动。突然地放量，又突然地恢复如初，这无疑是成交量的明显异动。

那么，突兀式放量是如何被引发的呢？一般来说，它是受消息面的刺激所引发的，下面我们就来看看突兀式放量究竟蕴含了怎样的市场含义。

利好消息会促使股价上涨，主要是由于股价的快速变动和市场对利好消息的解读结果不同，多空双方产生强烈分歧，造成了较大的交易量。

利好消息刺激下的突兀式放量表明两种信息：一是买盘入场力度大，并且当日多方占据了主动地位，但当日的巨量也造成了对买盘力量的极大消耗；二是交易是双向的，突兀式放量也说明当日逢高抛压异常沉重，放量过后，量能突然大幅度萎缩，说明市场中后续入场的买盘力量不足。“涨时需有量能支撑”，当股价处于短线高点，而量能又无法维持放大态势时，一波回调下跌走势难免会出现。

再来看看利空消息引发的突兀式放量。利空消息引发突兀式放量并且造成股价的快速下跌，这说明市场的主动性快速抛盘力量巨大，空方完全占据了主动地位，这是下跌信号。

2.2.2 短线上冲突兀式放量

股价出现了一波短线上涨，涨幅相对较大、涨速较快。从日 K 线图来看，股价的一波短线上涨往往会使股价呈加速突破上涨状，这时出现的突兀式放量往往与主力的阶段式减仓、出货行为相关。

图 2-5 为诺德股份 2019 年 7 月至 11 月走势图，股价经历了一波短线上涨，上涨幅度相对较大；在有了一个涨停板、全盘获利的情形下，出现了跳空小阳线的形态，当日成交量异常放大，放大效果大致为此前均量的 2 倍；次日量能又突然恢复如初，这就是突兀式放量上涨。出现在此位置点的这种量能形态，表明股价短线上攻动力已过度释放，而且多与主力的阶段性出货行为相关，是短线上涨走势结束的信号。在实盘操作中，我们进行中线交易时应减仓，进行短线交易时应获利离场。

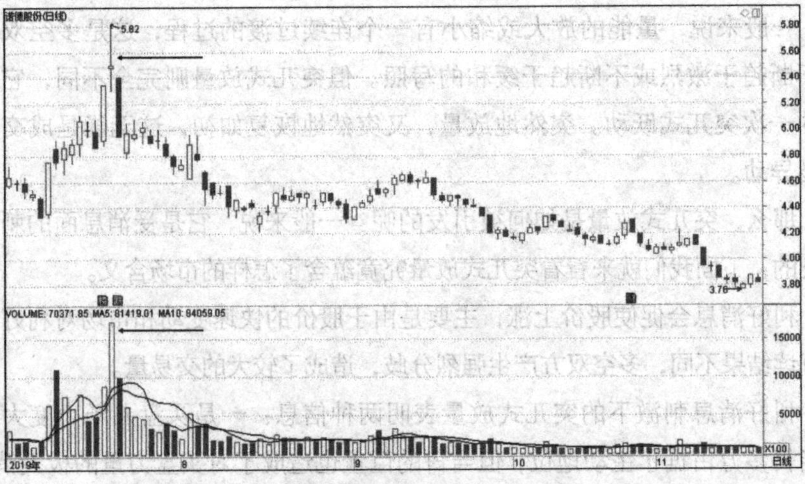

图 2-5 诺德股份 2019 年 7 月至 11 月走势图

2.2.3 宽震区箱顶突兀式放量

在宽震区中，由于股价的上下波动幅度较大，股价走势会在箱顶受到较强阻力，在箱底获得较强支撑，而且，宽幅震荡走势常出现在浮筹较多、主力参与能力较弱的个股上。

当股价上涨到达宽震区箱顶位置点时，将受到双重抛压阻挡，一是短线获利盘抛压，二是箱顶位置附近的套牢盘抛压。因此，当在宽震区箱顶出现突兀式放量上涨时，表明此位置点的抛压极大，虽然有买盘入场推动股价上涨，但随后量能突然恢复如初，意味着买盘入场力度减弱。股价在短线高点承接力度不足，量能放得越大则短期内对多方力量的消耗越大，股价随后的回落幅度也就越大。

图 2-6 为中国卫星 2019 年 3 月至 11 月走势图，该股的整体价格走势呈宽幅震荡状，在一波震荡反弹上涨中，股价到达并且突破了箱顶阻力位。如图中的标注所示，股价在突破时出现了突兀式的放量长阳线形态，放量效果明显，达到了此前均量的 3 倍以上；次日量能突然萎缩，是股价突破上攻受阻的信号，预示着一波深幅调整走势将展开。在实盘操作中，我们应卖股离场，从而规避短线风险。

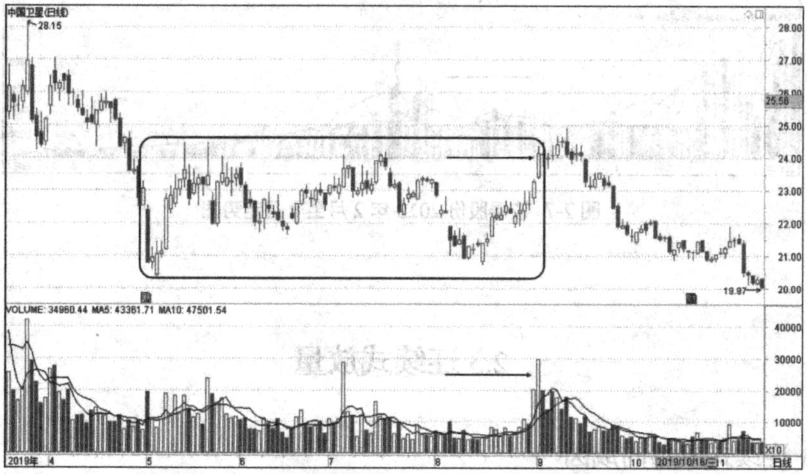

图 2-6 中国卫星 2019 年 3 月至 11 月走势图

2.2.4 回调反冲突兀式放量

回调反冲是指股价在第一次冲高之后出现了深幅回调，随后，股价二度上冲，接近前期高点时，成交量突兀式放大。

回调反冲过程中的突兀式放量是短线抛压沉重、股价难以突破上行的信号，而且在这一位置点的突兀式放量多与主力出货行为相关，特别是在股价中期累计涨幅较大的情形下。在实盘操作中，若我们一旦发现个股次日成交量大幅缩减、量能呈突兀式放大，则应考虑果断卖出。

图 2-7 为波导股份 2019 年 2 月至 8 月走势图，股价一直在持续上涨并且创出新高。股价累计涨幅已经很大，随后出现深幅调整、股价二度反冲，但同时出现了突兀式放量，这是一个中短线的卖股信号。

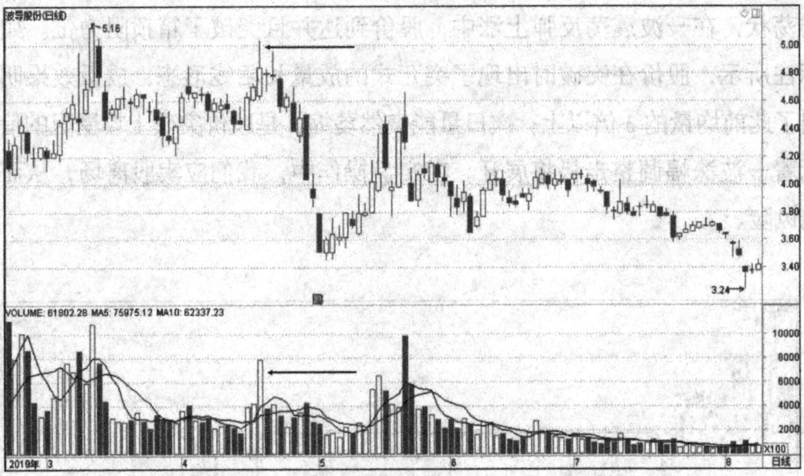

图 2-7 波导股份 2019 年 2 月至 8 月走势图

2.3 连续式放量

2.3.1 连续式放量的成因

从形态上来看，连续式放量至少能保持 3 个交易日以上，而且放量程度较为接近，在盘口上可以陆续看到较大的卖盘、买盘出现，盘中交投十分活跃、大单交易频繁。在连续式放量出现时，当日的成交量要显著高于此前的均量，股价波动剧烈。

连续式放量常常出现在高位区或一波快速上涨走势中。但是当连续式放量开始出现缩量时，往往就是中短线见顶的信号。在实盘操作中，它应该是引起我们警惕的反转信号之一。

2.3.2 宽幅震荡连续式放量

在股价处于上下宽幅震荡走势中时，若成交量大幅度放出并且放量效果较为接近，这就是宽幅震荡连续式放量。

若股价中线累计涨幅较大，震荡中使得股价重心下移，则是出货的信号，我们应逢高卖出；若股价中线累计涨幅较小，震荡中使得股价重心缓缓上移，多预示着主力持仓筹码有所增加，后续有望进一步拉升股价。在实盘操作中，我们可以在震荡回落时的低点买入进行布局。

图 2-8 为生益科技 2019 年 4 月至 9 月走势图，股价在脱离低位区时，频繁出现涨停板，随后股价震荡上行，且量能明显放大，每个交易日的放量效果都较为接近，这是连续式放量的特征。考虑到股价中短线涨幅较小、主力成本较高，在震荡时，股价重心不断上移，说明买盘力度更强。因此，若大盘配合，股价有望在主力的参与下进一步上涨。在实盘操作中，我们应在震荡回调时买股布局。

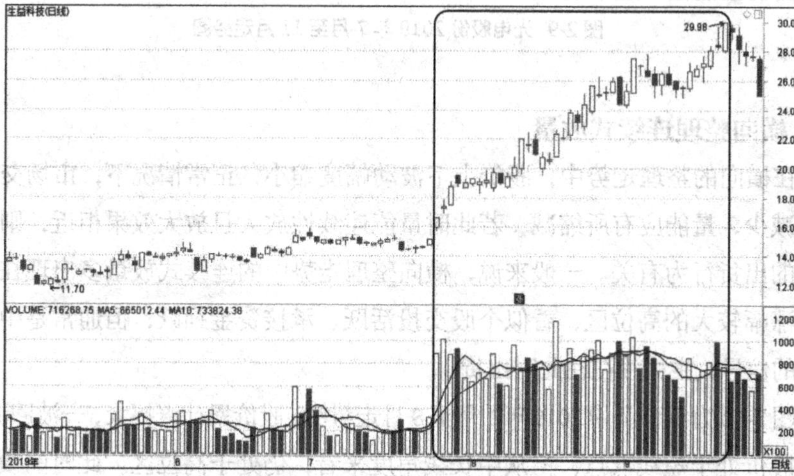

图 2-8 生益科技 2019 年 4 月至 9 月走势图

2.3.3 短线飙升连续式放量

短线飙升走势中出现连续式放量时的股价上涨并不具有持续性，股价的上攻走势多为一波到顶，一旦量能开始缩减或者股价上攻受阻，我们则应中短线卖出。特别是当这种短线飙升走势出现在股价累计涨幅较大的情形下时，股价随后的下跌速度极快，下跌幅度往往也极大。

图 2-9 为光电股份 2019 年 7 月至 11 月走势图，在走势图中出现了连续式放量上攻的形态特征，如图中的标注所示，高位出现了缩量、滞涨，这是一个明确的中短线卖出信号。

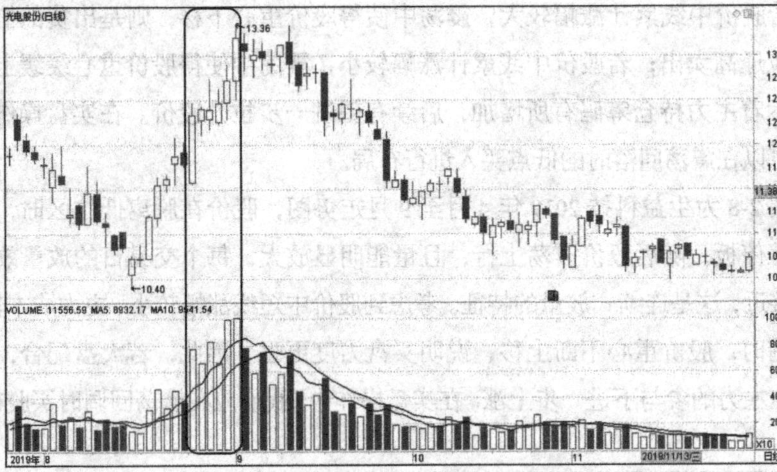

图 2-9 光电股份 2019 年 7 月至 11 月走势图

2.3.4 横向整理连续式放量

在横向的整理走势中，股价上下波动幅度缩小，正常情况下，市场交投应有所减少，量能应有所缩减，若此时量能连续性放大且放大效果相近，则多与主力的出货行为有关。一般来说，横向整理走势中的连续式放量多出现在股价累计涨幅较大的高位区，看似个股交投活跃、承接资金踊跃，但通常是中短线见顶的信号，主力往往在此时出货。

图 2-10 为江苏吴中 2019 年 1 月至 8 月走势图，股价累计涨幅大，一波回调后，虽然股价处于短线低点，但从中长线角度来看，仍处于高位区。此时的横向窄幅整理却引发了量能的持续性放大，这是一个短线下跌信号，也预示着随后的股价运行趋势——破位下行。

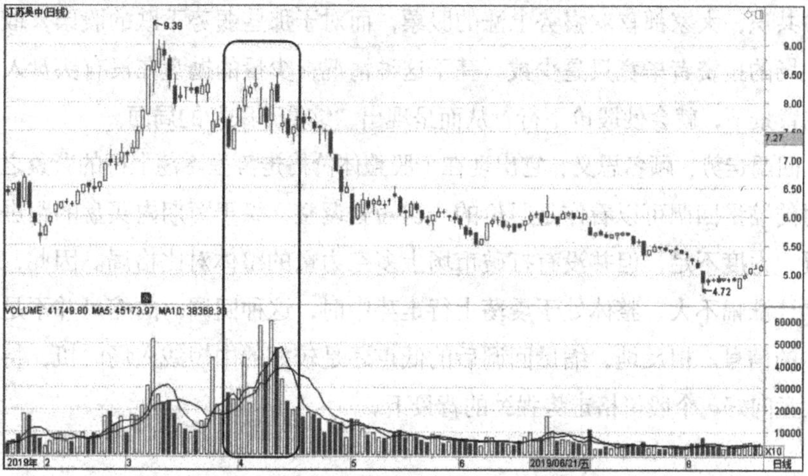

图 2-10 江苏吴中 2019 年 1 月至 8 月走势图

2.4 回调走势中的缩量

2.4.1 回调走势中的缩量的成因

缩量直接反映出了市场交投极为冷清，对于极度萎缩的成交量我们可以将其称为“地量”。缩量能更为真实地反映出市场交投行为的活跃程度。

“涨时放量，跌时缩量”是股市和个股的普遍量价特征，这与投资者的心理特征有关，而且，这种心理特征是建立在大众买卖特点的基础之上的，不因个别投资者的喜好、习惯而改变。

涨时放量，是因为投资者在看到账面有盈利时，往往有着较强的卖出意愿，“获利离场”“担心获利回吐”是投资者在盈利后共有的心态，这也是散户投资者在一只股票中获利很难超过30%的原因所在。因为此时的股价一旦出现波动，投资者的卖出意愿是极强的。因此，要想让股价继续上涨，必须要有更多的买盘入场承接才行。放量，正是买盘大量入场、获利盘不断卖出的标志，可以说，量能的放大也是支撑股价站稳于中短线高点并继续上涨的动力所在。

下跌（或者短线回调）的时候，情形则正好相反。持股者在看到获利回吐或者短线被套的情形下，总是希望能够等到股价反弹或者行情反转时再择机卖出，有一种“惜售”心理。而且，对于场外的投资者来说，“买涨不买跌”是一种共识，大家都喜欢强势上涨的股票，而对于那些弱势下跌的股票，敢于抄底入场的投资者毕竟只是少数。基于这种情况，少量的抛盘在没有买盘入场承接的背景下，就会使股价下行，从而呈现出“缩量下跌”的局面。

回调走势，顾名思义，它出现在个股整体价格走势呈震荡上行的背景之下。此时的缩量回调可以看作是股价的一次短暂调整，缘于短期内买盘的跟进速度较慢、力度不足，但并没有打破市场上多空力量的整体对比格局。因此，在股价累计涨幅不大、整体处于震荡上行走势中时，这种回调时的缩量并不是趋势逆转的信号。相反地，缩量回调后的低点还是较好的中短线入场时机，特别是在大盘向好、个股价格走势强劲的背景下。

2.4.2 上升行情回落缩量

上升行情，是指个股的整体价格走势为升势的行情，将股价短期波动过程中的相邻低点连接起来，可以得到一条向上倾斜的曲线，即上升趋势线，该线与水平线的夹角为45度时最为稳健。以此线为支撑，股价会震荡上行，呈现一波回落趋势，而这仅是由于少量获利抛盘而导致的，所以会出现缩量回落的情形。当股价接近上升趋势线时，将获得较强的支撑，此时量能明显缩减、短线做空力量消耗殆尽，这时就是中短线的逢低买入时机。

图2-11为中再资环2019年1月至7月走势图，股价自低点位开始步入了升势之中，股价在持续上涨之后出现了一波短线回落走势。在回落过程中，量能不断缩减，随后再次放量使股价获得了较强支撑，再度步入升势。

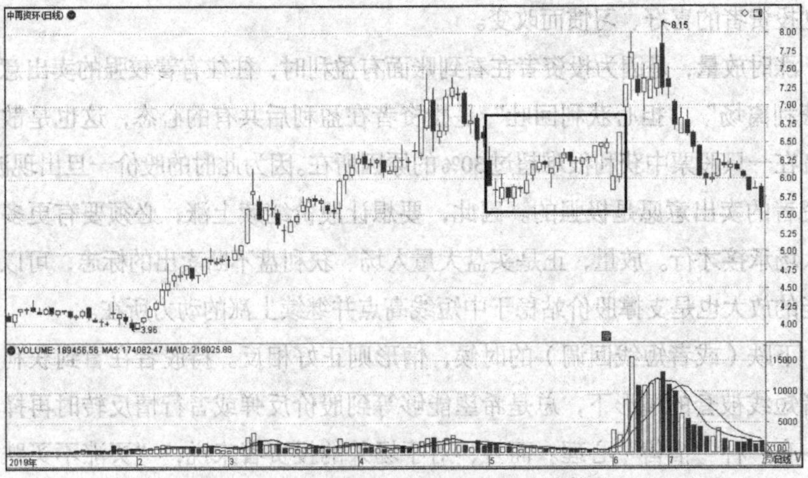

图2-11　中再资环2019年1月至7月走势图

可以说，震荡上行走势中的缩量回落仅是一次短暂的休整，是对不稳定获利浮筹的一次整理，也给了场外投资者一次较好的逢低入场时机。当趋势形成时，我们不宜过早地认为顶部即将出现，而应紧随趋势。当短线缩量回落时，若原有的上升形态依旧良好，则更宜将其看作是回调，而不是股价走势的反转。

2.4.3 震荡回落波段缩量

股价走势呈宽幅震荡态势，股价运行没有明确的大方向，且股价在一波短线大幅上涨之后，出现了深幅的、相对快速的下跌，下跌时量能大幅缩减，这属于震荡回落波段的缩量。

一般来说，震荡回落波段的量能萎缩越明显，则表明个股的空方力量越薄弱。股价的短线快速下跌主要是由于主力不护盘、买盘入场不积极所导致的，因此，这类个股一般难以出现破位下行的价格走势。当股价向下滑落触及震荡区低点时，只需少量的抄底买盘入场即可止跌企稳，若有主力入场护盘，则出现一波强势回升也是可能的。在实盘操作中，此时是一个较好的波段低点买入时机。

图 2-12 为澳柯玛 2019 年 1 月至 5 月走势图，该股处于宽幅震荡走势，在股价的一波快速回落中出现了量能的大幅缩减。在随后的企稳走势中，我们可短线买入。

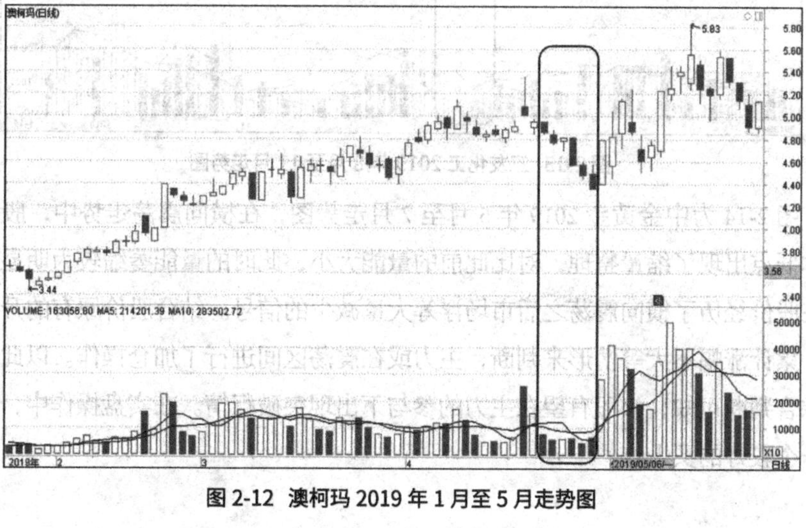

图 2-12 澳柯玛 2019 年 1 月至 5 月走势图

2.4.4 回调整理阶段缩量

短线回落之后，较多的持股者会遇到获利回吐或短线被套的情况，此时，持股者抛售意愿大大减弱，短线做空力量释放得较为充分，常常出现缩量整理走势。如果此时的股价处于较好的上升行情中或者中长期的低位区间，那么只需少量的买盘入场就能引发股价的一波上涨。缩量整理既是股价短线企稳的信号，也是随后股价将出现反弹上涨的信号，是短线入场的时机。

图 2-13 为三友化工 2019 年 8 月至 11 月走势图，该股整体处于震荡上行的价格走势之中，股价震荡幅度较大，但重心有所上移，此时的累计涨幅不大。如图中的标注所示，股价短线回落的幅度较大，并且在相对低点出现了缩量企稳的走势。结合股价的整体运行趋势来看，缩量整理之后，股价有望再度回归到原来的震荡上行趋势中，这个缩量整理位置点就是中短线买入点。

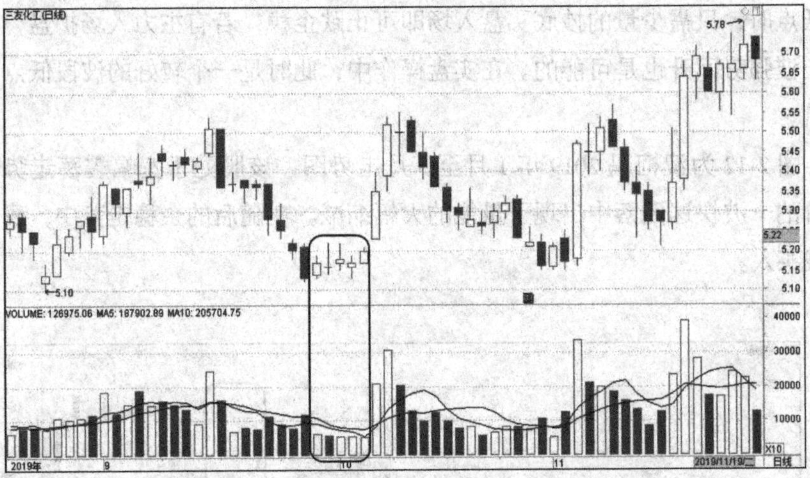

图 2-13 三友化工 2019 年 8 月至 11 月走势图

图 2-14 为中金黄金 2019 年 5 月至 7 月走势图，在横向震荡走势中，股价在箱体低点出现了缩量整理，对比此前的量能大小，此时的量能萎缩较为明显，这是在股价经历了横向震荡之后市场浮筹大量减少的信号。结合股价原有的升势特征、累计涨幅不大等情形来判断，主力或在震荡区间进行了加仓操作。以此来进行综合判断可知，该股有望在主力的参与下出现突破行情。在实盘操作中，此时是一个较好的买入点。

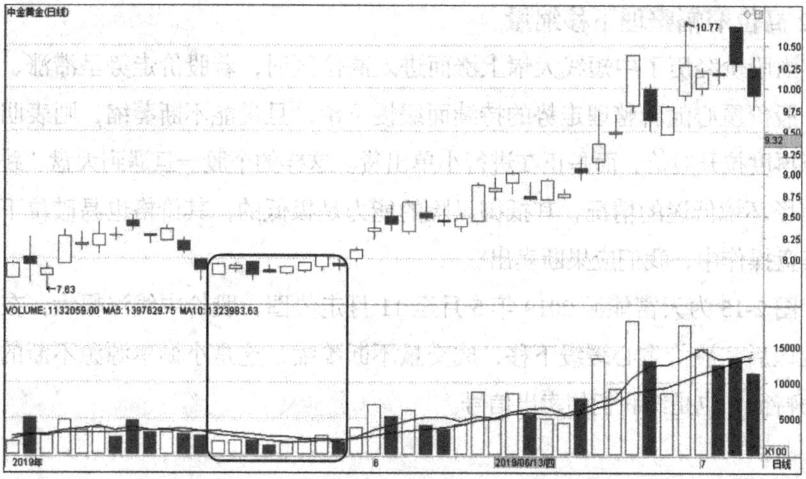

图 2-14 中金黄金 2019 年 5 月至 7 月走势图

2.5 高位滞涨区的缩量

2.5.1 高位滞涨区的缩量的成因

在高位区，一旦股价出现了明显的滞涨走势，由于缺少短线波动、短线盘交易不积极，因此多空双方的竞争就会趋于缓和，从而出现缩量。

对于滞涨走势，我们可以结合个股的整体价格走势特征来解读。若股价的累计涨幅较大，滞涨时间较长，且形态上打破了原有的上升格局，则此时的滞涨走势多与主力的拉升意愿较弱有关，甚至缘于主力的小单派发的出货行为；若股价累计涨幅不是很大，滞涨过程中也没有出现股价重心的下移，则说明多空力量对比格局并未被完全打破，此时的滞涨多属于整理环节，股价随后将进一步突破上攻。

在实盘操作中，我们一要结合个股的整体价格走势来分析高位滞涨区的缩量的成因，二要结合滞涨过程中的股价重心移动情况来把握多空力量对比格局的变化。这样才能更好地判断当前的滞涨是属于上升途中的“整理环节”，还是趋势将反转下行的“筑顶环节”。

2.5.2 高位窄幅整理下移缩量

当股价经历了中短线大幅上涨而进入高位区时，若股价走势呈滞涨、整理状，股价重心随着整理走势的持续而缓慢下滑，且量能不断萎缩，则表明主力无意再度拉升股价，而是正在进行小单出货。这样的个股一旦遇到大盘“跳水”或市场环境低迷的情况，其抵御风险的能力是极低的，其价格也易破位下行。在实盘操作中，我们应果断卖出。

图 2-15 为天富能源 2019 年 5 月至 11 月走势图，股价中线涨幅大，在进入高位区后，股价重心缓缓下移，成交量不断萎缩，这是小抛单源源不断的典型盘面特征，也是给我们的卖出信号。

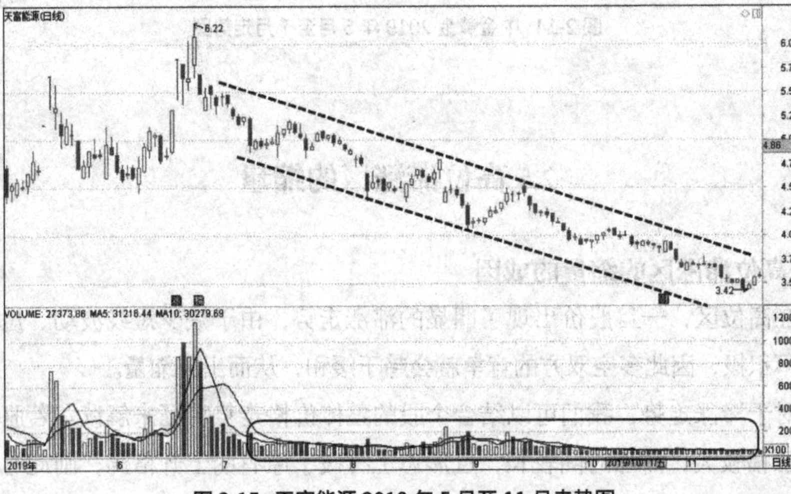

图 2-15 天富能源 2019 年 5 月至 11 月走势图

2.5.3 高位震荡区缩量

在中长期的高位区，个股整体价格走势呈横向震荡状，上下震荡幅度较大，但是此时的量能并没有因股价的上下大幅波动而放大，反而出现了较大幅度的缩量。如果对比此前的上涨走势，可以发现其量能呈极度萎缩状态。

一般来说，出现这种盘面特征的个股多是有中长线强主力参与的，主力在高位区的出货打破了多空平衡，造成股价波动，但是投资者的高位承接意愿极低，主力出货也需要漫长的过程。极度低迷的成交量伴随着股价的上下大幅度波动，表明市场浮筹并不是很多，主力的参与能力仍旧较强。在股市做多氛围浓郁的背景下，主力或许会进一步拉升股价，毕竟股价越高、主力越主动，但这种情形很少见。更为常见的情形是主力获利幅度极大，而高位区出货太慢，主力往往会大力出货，吸引抄底盘入场，以此实现快速出货。因此，这类个股在大盘做多氛围不强的背景下，出现股价破位下行的概率较大。

图 2-16 为惠而浦 2018 年 10 月至 2019 年 7 月走势图，股价因利好消息，在几次大涨之后进入了中长期高位区，累计涨幅极大。此时的股价走势呈横向宽幅震荡状，上下波动幅度大，但同期的成交量却有所萎缩。从股价走势来看，主力无意拉升股价；从量能的角度来看，该股交投极度不活跃，主力在高位区出货较为困难。同期的股市又较为低迷，成交量屡创近期新低，在这种市场环境下，这种在高位震荡区出现缩量的个股，其价格易破位下行，我们应及时卖出离场。

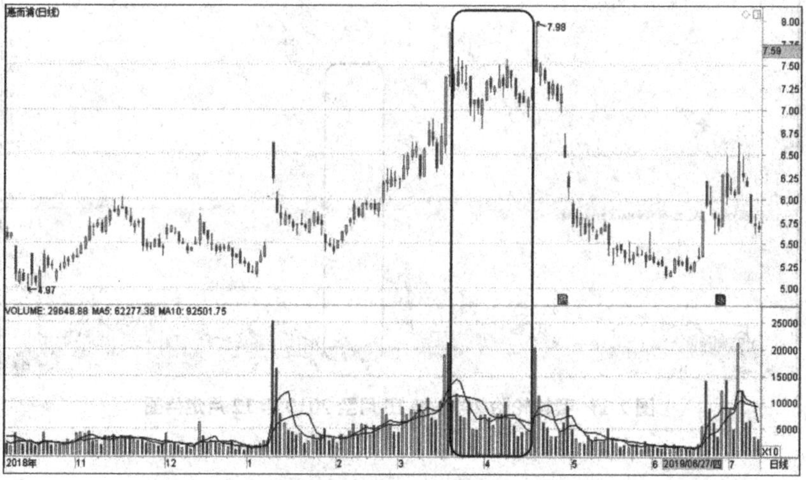

图 2-16 惠而浦 2018 年 10 月至 2019 年 7 月走势图

2.5.4 强势股整理区缩量

高位滞涨区中的“高位”是一个相对概念，在股价累计涨幅不大的时候，若此时与起涨点的低位相比已有一定涨幅，但上涨幅度在一倍以内，这也是一个高位。但在这个位置点，主力可能不会出货，因为此时既没有足够的出货空间，也难以吸引跟风盘追涨买入。

在这样的位置点出现缩量滞涨形态时，若股价前期走势独立、上涨阻力较小，并且在横向滞涨走势中未出现股价重心下移的情形，则多是横向的整理，而并非筑顶，一旦多方力量积蓄完毕，新一轮的上攻行情会随即展开。

图 2-17 为赛轮轮胎 2018 年 10 月至 2019 年 12 月走势图，对照同期的大盘走势，可以发现，个股前两波的上涨走势很独立、强势股特征明显。但每一波上涨幅度都不是很大，每一次突破上攻后股价都以横向盘整的态势出现，这使得股价的累计涨幅并不是很大。

随后，股价开始了长时间的横向整理，量能大幅缩减，基于该股之前的走势特点，可判定这是整理阶段，量能的大幅缩减代表着主力参与能力较强、市场浮筹较少。在实盘操作中，我们可将此时的整理阶段作为中短线入场点。

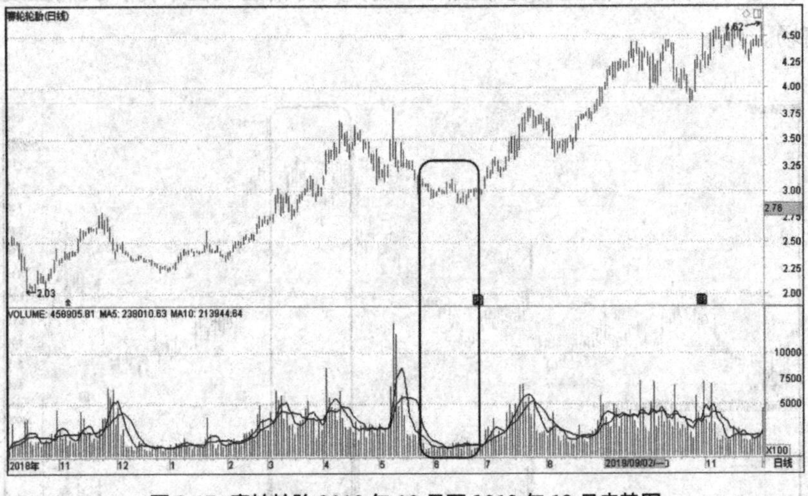

图 2-17 赛轮轮胎 2018 年 10 月至 2019 年 12 月走势图

2.6 下跌途中的缩量

2.6.1 下跌途中的缩量的成因

对于大多数个股来说，当其价格步入下跌途中后，其量能将持续地处于一种相对萎缩的状态，“跌势无量”是下跌趋势中典型的量价关系。之所以如此，是因为当个股或股市步入跌势后，财富效应消失，场外的投资者入场意愿大大降低，从而使得市场进入了“存量资金博弈”的格局之中。场内投资者都希望在出现更低的价位时进行抄底，此时只需少量的亏损盘“割肉离场”，就可以使股价降低，由此形成了缩量下跌的总体格局。只要跌势中的量能一直保持缩减状态，缩量下跌格局未被打破，则跌势就不会轻易见底。

而且，由于上升趋势造成的个股估值普遍偏高，而价格又是围绕价值上下波动的。因此，这也是价值回归的过程。

2.6.2 破位下行时缩量

股价在高位区间出现横向震荡走势时，若在其向下跌破盘整区时出现了缩量，则表明经历震荡之后，空方占据了主动地位，且场外买盘入场的意愿极低，股价向下运行无支撑。这是股价步入下跌趋势的信号，也预示着股价随后的中短线跌幅较大。在实盘操作中，我们应及时卖股离场。

图 2-18 为中铝国际 2019 年 5 月至 11 月走势图，股价在高位区出现了短期的盘整走势。此时，趋势运行不明朗，但是随后的缩量破位则提示我们：股价已选择了运行方向。

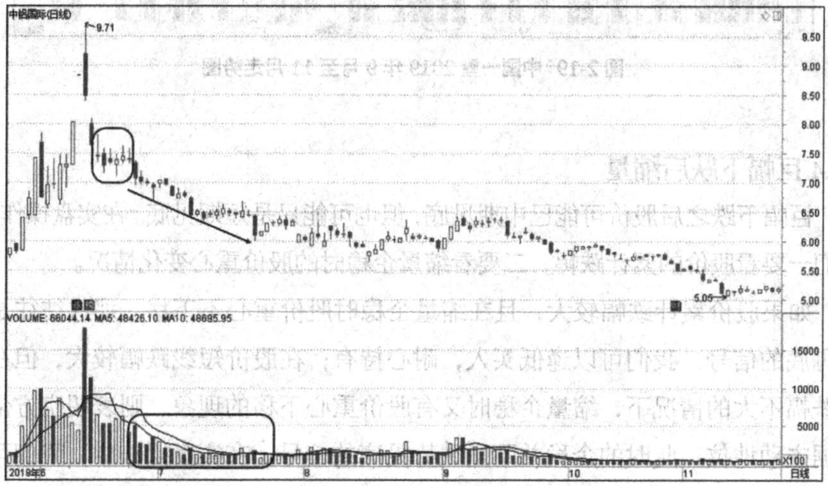

图 2-18 中铝国际 2019 年 5 月至 11 月走势图

2.6.3 下跌行进中缩量

下跌行进中的缩量代表着空方依旧占据主动地位，买盘入场不积极，此时，跌势难以见底。在实盘操作中，我们此时仍应多看少动，静待底部出现。

图 2-19 为中国一重 2019 年 9 月至 11 月走势图，股价自高位区快速反转向下，短线跌幅较大，下跌趋势明朗。在下跌途中，出现了多条缩量小阴线，但这并不是抛压减轻的信号，我们应将其理解为买盘入场意愿低。而且，下跌途中的多条缩量小阴线是主力在下跌途中快速出货的一种常见的买卖方式的体现，在实盘操作中，我们此时切不可抄底入场。

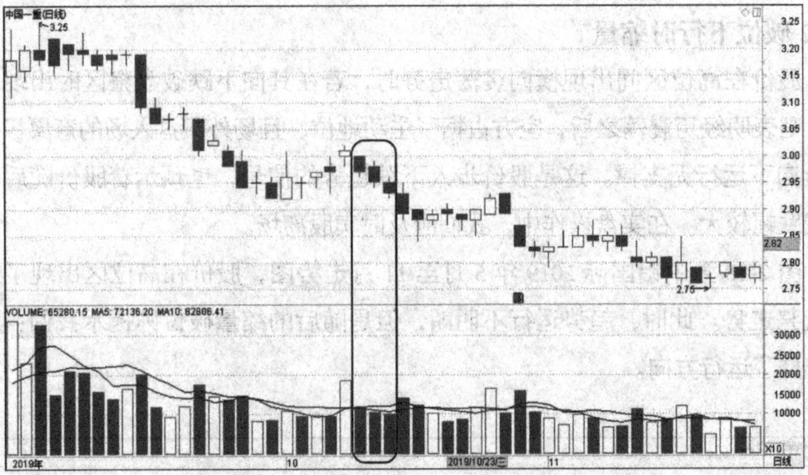

图 2-19 中国一重 2019 年 9 月至 11 月走势图

2.6.4 巨幅下跌后缩量

巨幅下跌之后股价可能已中期见底，但也可能只是短期见底。在实盘操作中，我们一要看股价的累计跌幅，二要看缩量企稳时的股价重心变化情况。

如果股价累计跌幅较大，且在缩量企稳时股价重心不下移，那这往往是趋势见底的信号，我们可以逢低买入，耐心持有；在股价短线跌幅较大，但在累计跌幅不大的情况下，缩量企稳时又有股价重心下移的现象，则表明空方依旧占据主动地位，此时的企稳并不是跌势见底的信号。在实盘操作中，我们可结合大盘实施短线搏反弹的操作，但不宜进行中长线的买入操作。

图 2-20 为江泉实业 2019 年 4 月至 10 月走势图，如图中的标注所示，股价的中期累计跌幅极大，在缩量企稳过程中，这是买盘陆续入场、抛压减轻的标志，也是底部区多空力量对比格局发生转变的信号。因此，此位置区出现反转上行趋势的概率较大。在实盘操作中，我们可以积极买入，等待行情反转向上。

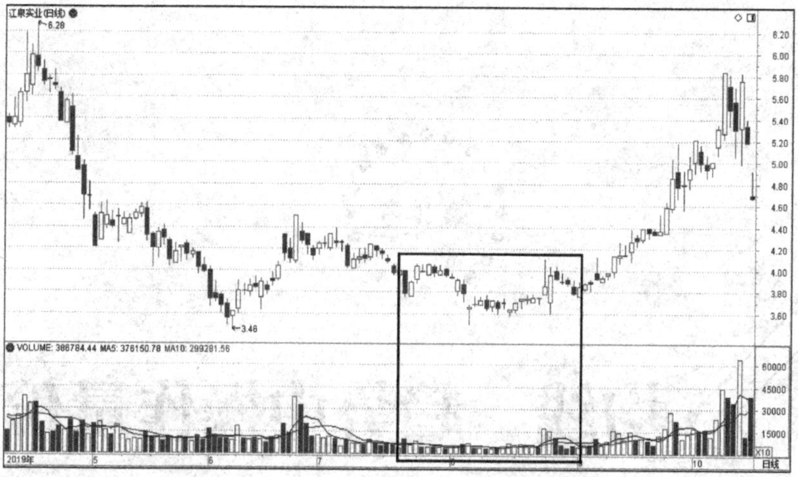

图 2-20　江泉实业 2019 年 4 月至 10 月走势图

图 2-21 为上海环境 2019 年 6 月至 12 月走势图，股价自高位区开始向下破位，虽然短线跌幅大，但累计跌幅不大，缩量时股价重心有所下移，这是空方依旧占据主动地位的标志。此时，我们不可买股入场，因为这个位置区只是下跌途中的整理阶段，一旦大盘出现震荡，股价将再度破位下行、扩大跌幅。

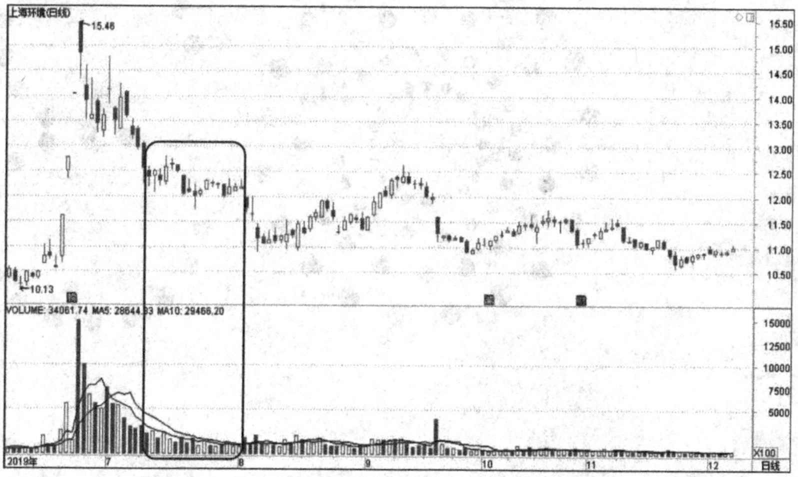

图 2-21　上海环境 2019 年 6 月至 12 月走势图

第3章

均线、趋势中操作量价

趋势决定着我们的交易方式：是以买进持有为主，还是进行快进快出的波段交易。当股价运行的大方向相对明确之后，我们可以借助一系列的技术工具来把握买卖点，而均线无疑是研判、把握趋势的最佳工具之一。在第1章中，我们已经讲解了利用均线来分析趋势的方法。在本章中，我们将进一步结合量价配合、趋势各环节的量能特征等要素，在暂不考虑主力参与的基础上，来看看如何展开顺势而为的中短线交易。

由于主力的参与可能会打破多空平衡关系、改变筹码分布状态，因此，有主力参与的个股往往会呈现出一些不同于大多数个股在自然交投下的量价配合关系。在更好地理解了趋势下的量价关系后，在第4章笔者将再进一步解读有主力参与的个股的量价形态。

3.1 格氏均线法则量价实战

对于移动平均线，在结合趋势运行的基础之上，技术分析大师格兰维尔系统性地总结了8条买卖法则，其中既有短线买卖点，也有中长线买卖点，该法则是我们把握趋势运行、展开实盘交易的重要参考指标。在实盘交易中，我们还需要结合量能变化情况来加以验证，这样才能获得更高的成功率，更为精准地把握买卖点。

3.1.1 格氏均线买卖法则示意图

图3-1为格兰维尔均线买卖法则示意图，图中标示了格兰维尔均线上的8个买卖点，其中较细的曲线代表股价走势（也可能用短期均线MA5来代替），较粗的曲线代表中长期均线MA30。在随后的各个专题中，笔者将以量价配合为基础，结合图3-1中的买卖点展开实盘讲解。

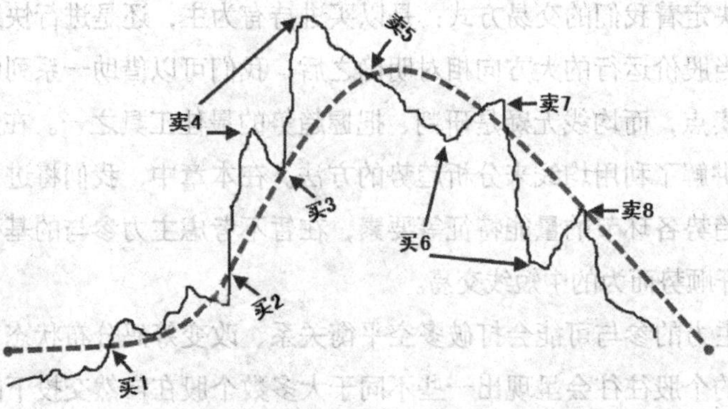

图 3-1 格兰维尔均线买卖法则示意图

3.1.2 低点放量上穿 MA30

低点放量上穿 MA30 形态对应着图 3-1 中的“买 1”。在中长期低位区间，股价走势止跌企稳、横向震荡。此时，股价向上运行，由 MA30 下方向上突破 MA30 并且出现明显放量，代表着多方力量已经增强、买盘入场积极，有望出现行情反转，我们此时可以实施中短线买入操作。

由于个股此时处在低位区，因此放量穿越 MA30 时，以温和式放量形态为最佳。量能的放大有一个连续过渡的变化过程，而这正是买盘踊跃入场、多方力量充足的标志，也是多空力量对比格局完全扭转的信号。

图 3-2 为林洋能源 2019 年 6 月至 9 月走势图，股价在低位区横向企稳，股价重心有缓慢上移的趋势，随后的一波小幅度回落使得股价运行于 MA30 下方。紧接着一波放量上攻，使得股价向上穿越了 MA30，这是中长期趋势开始上行的信号，也预示着上升行情有望出现。当股价放量向上穿越 MA30 时，此时可以作为中长期的买股入场点。

3.1.3 攀升回调放量反穿 MA30

攀升回调放量反穿 MA30 形态对应着图 3-1 中的“买 2”。在上升途中，股价震荡运行于 MA30 上方，上升较为平缓，股价没有向上远离 MA30，一波回调下跌，使得股价向下跌破了 MA30。随后，当股价再度向上穿越 MA30 且以量能放大为支撑时，表明买盘资金充足，预示着新一轮上攻行情的出现，这是中短线买股入场的时机。

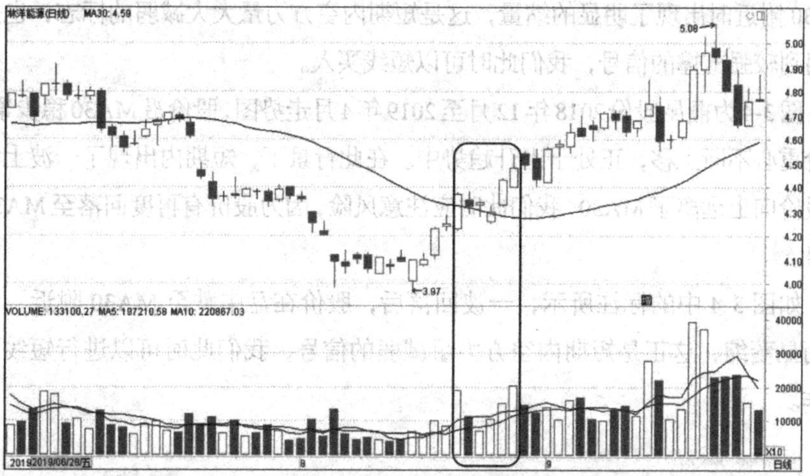

图 3-2 林洋能源 2019 年 6 月至 9 月走势图

图 3-3 为环旭电子 2019 年 2 月至 12 月走势图，股价缓慢攀升，股价重心缓缓上移，但一波回落打破了原有的趋势运行节奏。随后股价再度放量上穿 MA30，这就是新一波上攻走势出现的信号，我们此时可以中短线买股入场。

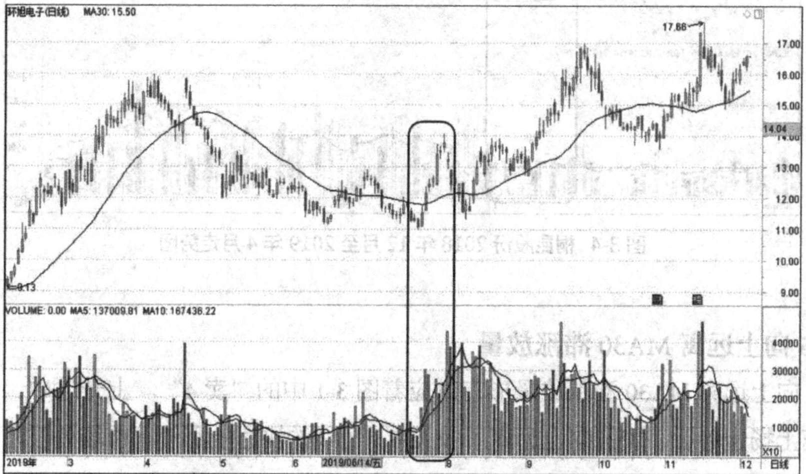

图 3-3 环旭电子 2019 年 2 月至 12 月走势图

3.1.4 快涨后回落至 MA30 缩量

快涨后回落至 MA30 缩量形态对应着图 3-1 中的“买 3”。在上升途中，股价走势快速上扬，股价向上且明显远离了 MA30。随后，股价回落，当其回落至

MA30 附近时出现了明显的缩量，这是短期内空方力量大大减弱的标志，也是股价遇到较强支撑的信号，我们此时可以短线买入。

图 3-4 为桐昆股份 2018 年 12 月至 2019 年 4 月走势图，股价沿 MA30 稳步攀升，股价重心不断上移，正处于上升趋势中。在此背景下，短期内出现了一波上涨，使股价向上远离了 MA30，我们此时应注意风险，因为股价有再度回落至 MA30 的趋势。

如图 3-4 中的标注所示，一波回落后，股价在盘中跌至 MA30 附近，量能也明显萎缩，这正是短期内空方力量减弱的信号，我们此时可以进行短线买股操作。

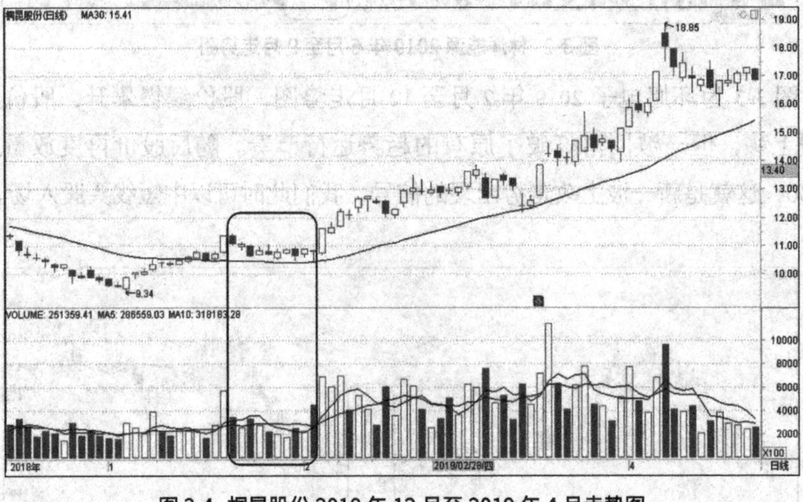

图 3-4　桐昆股份 2018 年 12 月至 2019 年 4 月走势图

3.1.5 向上远离 MA30 滞涨放量

向上远离 MA30 滞涨放量形态对应着图 3-1 中的“卖 4”。上升途中，一波快速上扬走势后，股价向上远离了 MA30。短线的快速上涨使得市场处于超买状态，如果此时出现短线滞涨且量能未见缩小，表明市场抛压较为沉重，有回调整理的需要，我们此时应短线卖出。

图 3-5 为骆驼股份 2019 年 1 月至 12 月走势图，股价一直稳健地运行于 MA30 附近，一波快速上攻使得股价向上远离了 MA30。此后股价连续多日无力上攻，但这几日的量能均保持着较大的态势，这是短线抛压重、股价将要回调

的信号，我们此时应短线卖出。

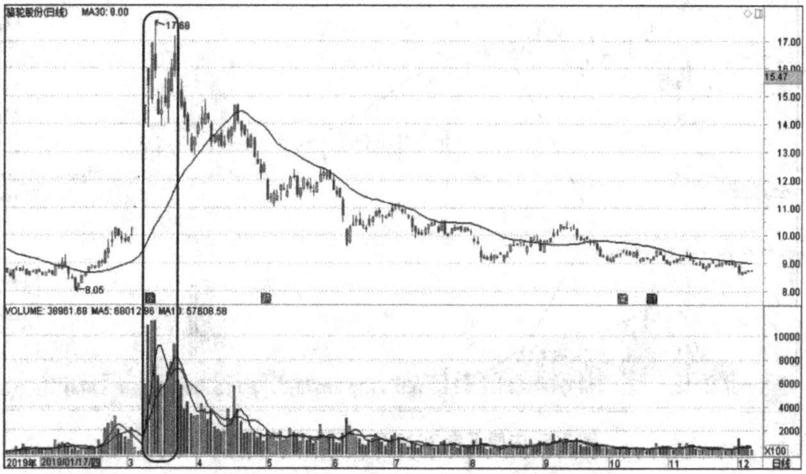

图 3-5 骆驼股份 2019 年 1 月至 12 月走势图

3.1.6 高点持续回落破 MA30

高点持续回落破 MA30 形态对应着图 3-1 中的“卖 5”。该点预示着趋势的转向。在累计涨幅较大的高位区，股价回落向下运行。若出现了股价下跌并穿过 MA30 的运行方式，则无论此时的破位下行是否出现放量，都是多空力量对比格局转变的信号，也是中期顶部出现的标志。此时，我们应进行中长线的卖股操作。

图 3-6 为中原证券 2019 年 1 月至 8 月走势图，在股价累计涨幅较大的高位区，股价滞涨滑落，随后以一条长阴线向下跌破了中期 MA30。这是趋势开始转向下行的信号，对于中长线的投资者来说，应及时卖股离场。

一般来说，在高位区，股价缓慢下滑并跌破 MA30 的走势的短线杀伤力最大。因为缓慢的下跌不会让个股处于短期超跌状态，股价反弹空间很小，无论中线还是短线，我们此时若“抄底”入场，很有可能被套牢。实盘中，股价回落至 MA30 附近时的运行方式是极为重要的，这也是我们在实盘操作中应多加注意的。

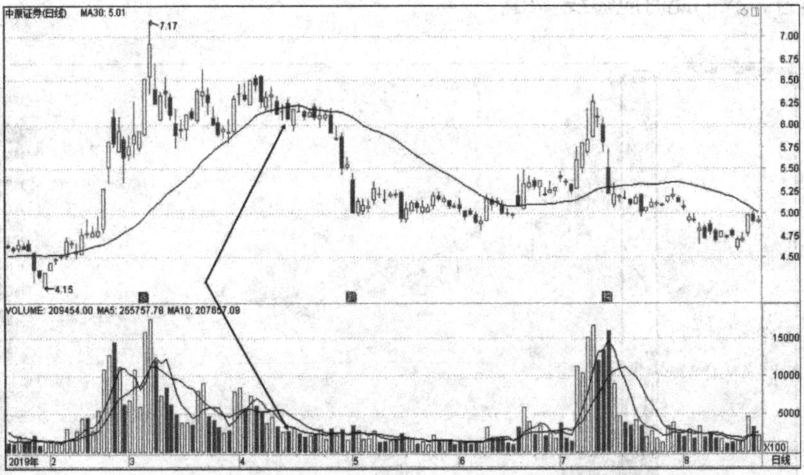

图 3-6 中原证券 2019 年 1 月至 8 月走势图

3.1.7 向下远离 MA30 后放量

向下远离 MA30 后放量形态对应着图 3-1 中的“买 6”。在下跌途中，股价位于 MA30 下方，MA30 也处于下行状态。一波短期快速下跌使得股价向下且明显远离了 MA30，此时的市场处于超卖状态。若此时还有相对放大的量能，则代表着短期内的卖盘大多已离场，市场抛压有望快速减轻，此时，只需要少量的买盘资金推动，一波反弹行情就会出现。在实盘操作中，我们可以短线买股入场，获取反弹收益。

图 3-7 为正泰电器 2019 年 3 月至 12 月走势图，在高位区，股价在 MA30 附近运行，最终因空方力量更强而使得股价向下跌破了 MA30。如图中的标注所示，短期内一波快速下跌之后，股价向下远离了 MA30，此时的量能也明显放大。这是短期内卖盘已悉数离场的信号，预示着走势有望出现反转，是短线抄底、获取反弹收益的信号。

在实盘中，一般来说，股价在第一次快速跌破高位区、向下远离 MA30 时，若大盘没有出现系统性风险，那此时出现的放量下跌所预示的反弹概率最高、空间更大。因为之前的高位盘整走势并没有让市场做空思维“一边倒”，所以虽然此时的空方力量已明显占优，但多空分歧依旧较为明显，股价难以在第一次破位时就快速进入下跌趋势，此时正是获取短线利润的好时机。

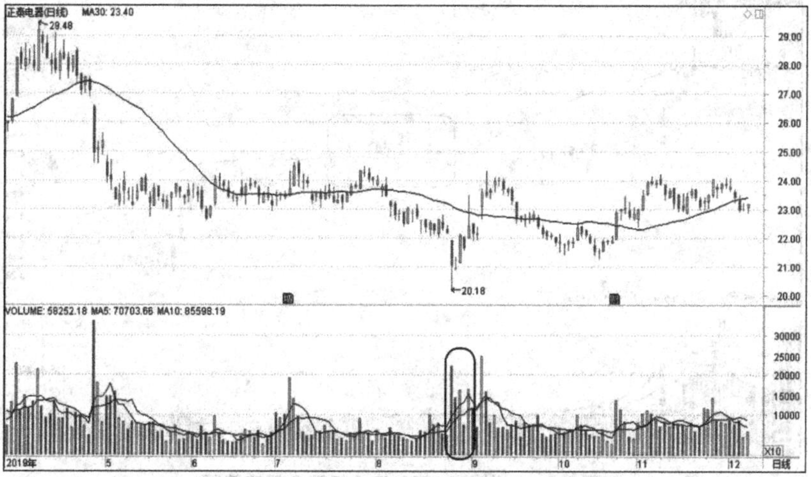

图 3-7 正泰电器 2019 年 3 月至 12 月走势图

3.1.8 反弹穿越 MA30

反弹穿越 MA30 形态对应着图 3-1 中的“卖 7”。在下跌途中，均线系统呈空头排列，一波反弹上涨使得股价向上穿过了 MA30。随后，当股价开始调头向下或者向下穿过 MA30 时，是反弹行情结束的标志，我们应及时卖股离场。

这一卖点无明显的量能特征，在股价反弹穿过 MA30 时，量能可以相对放大、也可以相对缩小，其市场含义都是相近的。在无重大利好的情形下，趋势的转变有一个循序渐进的过程，难以快速扭转。

图 3-8 为中煤能源 2019 年 4 月至 8 月走势图，该股价格处于震荡下跌走势中，股价位于 MA30 的下方，这是市场中空方力量一直占据主动地位、股价运行趋势向下的标志。如图中的标注所示，一波反弹走势使得股价向上穿过了 MA30，但这并不是趋势转向上行的信号，而多预示着“昙花一现”的反弹行情。我们此时应短线卖出，以规避出现新一轮下跌行情的风险。

3.1.9 反弹至 MA30 遇阻

反弹至 MA30 遇阻形态对应着图 3-1 中的“卖 8”。在下跌途中，一波反弹使得股价向上运行至 MA30 附近，并在 MA30 附近受到强力阻挡，此时，我们应卖股离场。一般来说，在反弹至 MA30 附近时，量能会相对缩小，股价滞涨，这是买盘入场力度不足的标志，也是反弹结束、新一轮下跌行情将出现的信号。

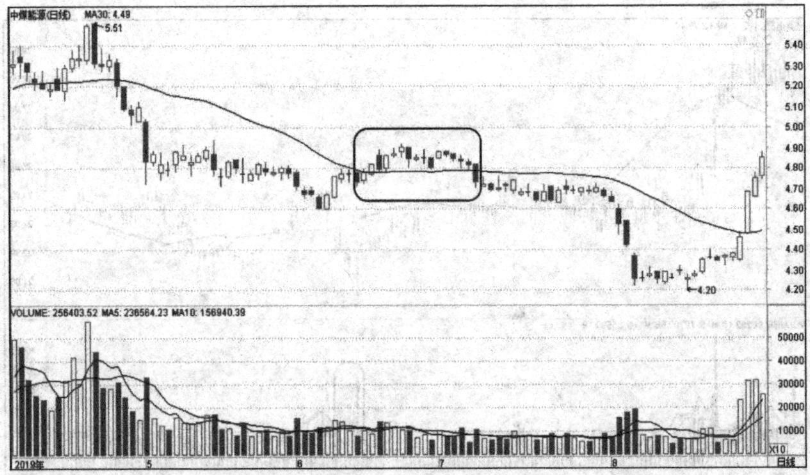

图 3-8 中煤能源 2019 年 4 月至 8 月走势图

图 3-9 为永辉超市 2019 年 8 月至 12 月走势图，股价在高位区跌破 MA30 后，趋势已反转向下。如图中的标注所示，一波震荡反弹走势出现，股价反弹至 MA30 时遇阻，量能一直保持着相对缩小状态，买盘入场力度明显不足，趋势未发生转变，此时我们应及时卖出。

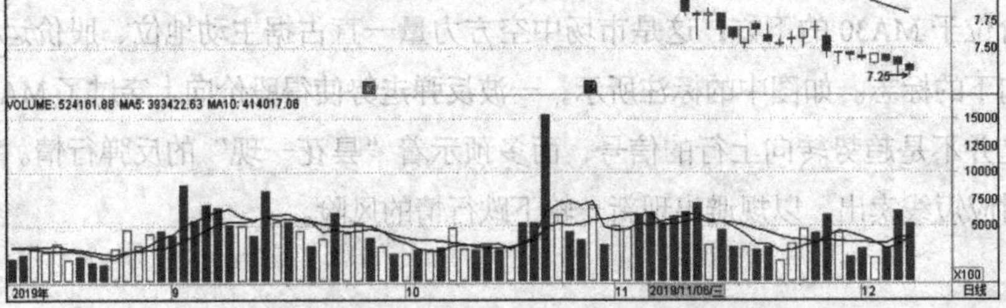

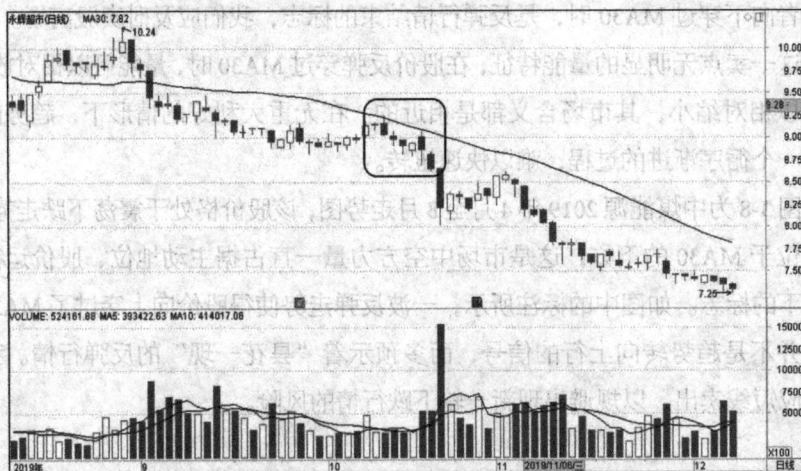

图 3-9 永辉超市 2019 年 8 月至 12 月走势图

3.2 筑底及升势量能特征

在不考虑主力参与的情况下，在趋势运行的典型位置区间，如底部区、顶部区、上升途中、下跌途中等，由于多空双方力量对比格局的转变及竞争力度的变化，会出现一些较为特定的量价形态。虽然这些量价形态并不是趋势运行的必要条件，但是由于它们的出现频率较高、形态特征较为明显，对于我们辨识、把握趋势有着重要的实战意义。在本节中，我们将结合趋势运行来看看不同位置区间的常见量价形态。

3.2.1 底部区量能特征

真正的底部区是缩量的，因为底部区总是在市场最低迷的时候开始构筑，若没有明显的消息及外在因素驱动，底部区的构筑会是一个相对漫长的过程。这时，股价原有的下跌趋势运行缓慢，个股处于明显被低估的状态，由于买盘并没有大量入场，暂时无法推动股价持续上涨，但股价有跌不下去的趋势。

随着底部区的持续构筑，原有的跌势被打破，市场也渐渐活跃起来，买盘入场意愿开始加强、持股者抛售意愿减弱，多空力量对比格局出现了转变。当个股由“无量筑底”转而变成“放量震荡、缓缓攀升”的形态时，多预示着底部区将要构筑完毕，距离股价突破上行的时间越来越短。此时正是中长线投资者入场的最佳时机。在实盘操作中，我们可以在放量震荡中的波段低点买入，既可以结合股价波动获取短线利润，也可以结合大盘走势耐心持股待涨。

图 3-10 为中国出版 2018 年 8 月至 2019 年 3 月走势图，在中长期的低位区，股价缩量企稳，此时的量能明显缩减、股价重心不再下移，这是空方已不再占据主动地位的标志，也是股价开始筑底的信号。

随后，因买盘积极入场，股价放量攀升，这是股价走势脱离底部区的信号。当股价再次缩量调整时，确认为上涨趋势中的回调。在实盘操作中，放量攀升中的中短期深幅调整低点，就是一个极好的买入时机。

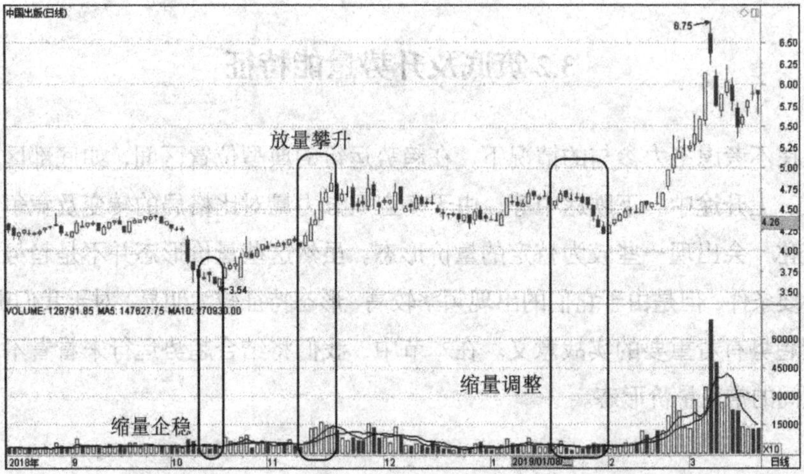

图 3-10 中国出版 2018 年 8 月至 2019 年 3 月走势图

底部区出现在股价深幅下跌之后，一般来说，在这一区域，股价有效企稳，同时，成交量温和放大。这种量价配合关系既是买盘开始大量入场的标志，也是卖盘无力卖出的标志，这种情况也就意味着底部区的出现。

3.2.2 整体式量价齐升

量价齐升是个股（特别是大盘指数）在步入升势后最典型的量价特征之一。量价齐升形态是指随着股价的不断上涨，成交量也不断放大，两者均不断地创出新高，呈同步关系。它是量能形态的整体性表现方式，在股价不断上涨的过程中，量能的放大也越来越充分。

量价齐升形态正是市场买盘资金充足、股市上涨动力强劲的体现，也说明当前的股市或个股价格的上涨是由于充足的买盘资金的推动，是升势牢靠并仍将持续的信号。在实盘操作中，当股市或个股在上升途中出现了这种量价齐升形态后，我们应耐心地持股待涨，以便最大限度地获取升势所创造的利润。

从图 3-11 所示的千禾味业 2019 年 5 月至 7 月走势图中可以看到，随着股价的攀升，整体的成交量也在不断放大，价与量不断创出新高。这就是量价齐升形态，是升势持续的标志，也是持股待涨的信号。

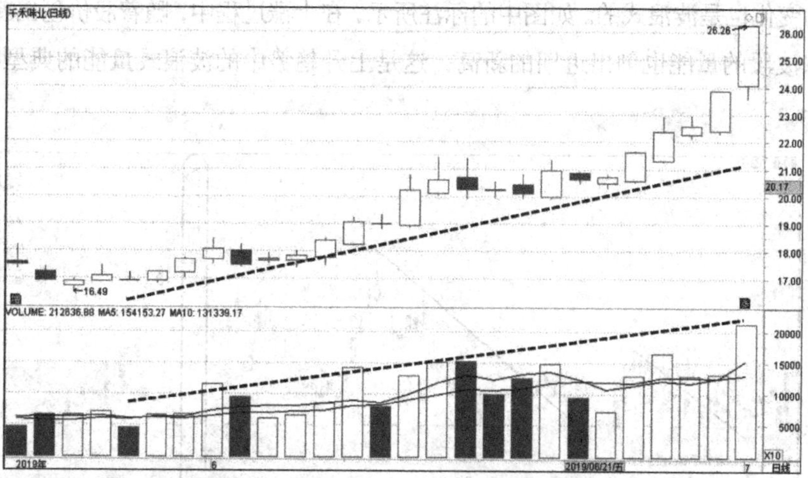

图 3-11 千禾味业 2019 年 5 月至 7 月走势图

对于量价齐升形态来说，随着量能的不断放大，市场在高位区的多空分歧也不断加剧。一旦量能无法继续放大，且股价跌破原有的上升通道，这往往是趋势反转的信号，我们应做好获利离场、减仓降低风险的准备。

3.2.3 波浪式运行的缩放量

美国证券分析家拉尔夫·纳尔逊·艾略特（R.N.Elliott）在研究道琼斯工业指数走势后，发现股市的走势呈现出一种“自然的韵律”，其形态就如同大海中此起彼伏的波浪，基于此发现，艾略特提出了著名的波浪理论（Wave Theory）。

查看沪深两市的股价或股指走势，虽然它们并不严格按照波浪理论的“五升三降”的八浪循环方式运动，但股价的总体运行特征呈典型的“波浪式”，这却是最为常见的，特别是当股价震荡上升时，波浪式的震荡上升是最为常见的上升方式。

与股价的波浪式运行方式相对应的就是波浪式量能，即上涨波段量能放大，紧接着的回调波段量能则相对缩小。而且，随着股价的总体攀升，上涨波段的量能也会进一步放大，当上涨幅度较大时，此时也是市场多空分歧过于剧烈的信号，预示着股价离顶部越来越近，我们应注意控制好仓位、锁定利润。

图 3-12 为音飞储存 2019 年 7 月至 11 月走势图，股价呈波浪式上涨，成交

量的变化也是波浪式的。如图中的标注所示，在上涨过程中，随着股价创出新高，上涨波段的量能也创出近期的新高，这是上升趋势中的波浪式量能的典型特征之一。

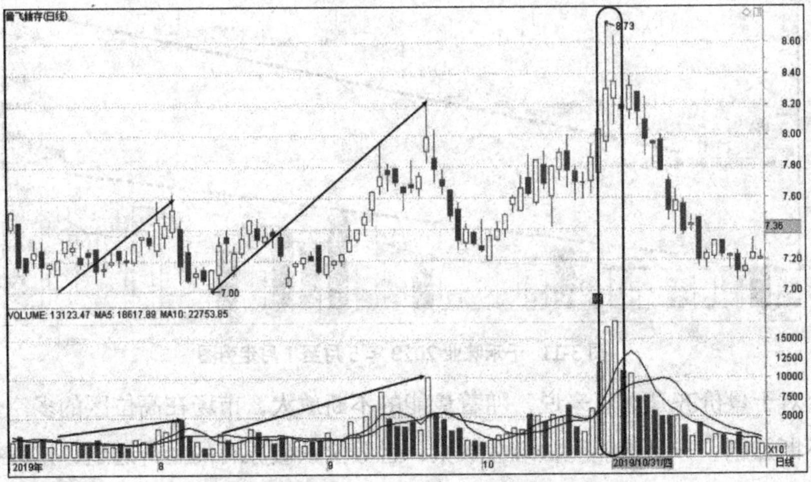

图 3-12　音飞储存 2019 年 7 月至 11 月走势图

3.2.4 “活跃式”量能形态

“涨时有量，跌时无量”是股价运行的常态，上升途中不一定会出现明显的“量价齐升”“后量大前量”等经典量价形态，但是，在没有主力参与、市场筹码相对分散的情形下，股价要想持续上涨，就一定要有充足的买盘入场来缓解不断加剧的多空分歧，体现在盘面上，就是整个上升途中的成交量保持着一种十分活跃的状态。

图 3-13 为海汽集团 2019 年 9 月至 12 月走势图，在同期大盘横向震荡运行的背景下，股价逆势上扬，出现了独立的上攻走势。上攻走势会引发明显的多空分歧，独立的上攻走势需要更多的买盘力量。因此，在整个上攻过程中，成交量一直保持着一种十分活跃的放大状态，这是上攻动力充足的标志，也是升势得以持续的根本。

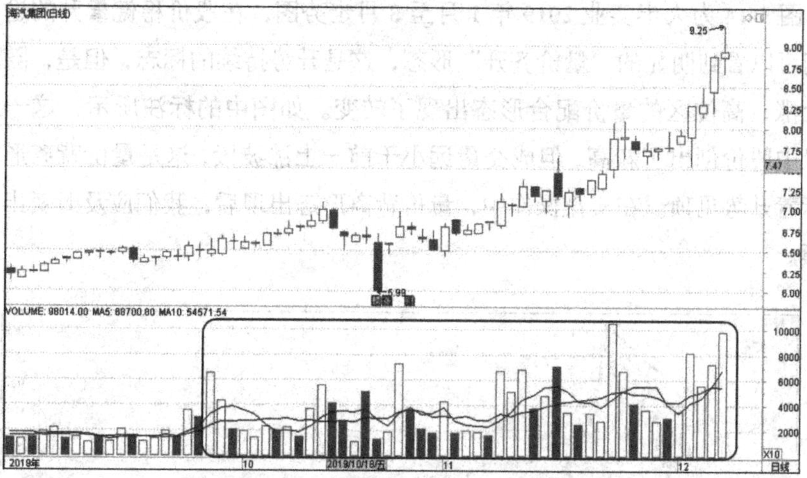

图 3-13 海汽集团 2019 年 9 月至 12 月走势图

3.3 见顶及筑顶量能特征

持续上涨至多空力量对比格局发生转变时，升势就步入了见顶及筑顶阶段，此时的量价形态会发生一定转变。无论是从整体角度，还是从局部角度，正确地辨识量能特征，将有助于我们能够及时地锁定利润、逃离顶部。

3.3.1 价创新高量相对缩小

价创新高量相对缩小形态也称为“量价背离”形态，它是指股价在上涨过程中创出了新高，但这一上涨波段的成交量却明显小于此前上涨波段的成交量，即价格与成交量无法保持同步放大的状态。

在持续上涨之后的高位区，一旦个股在运行中出现了这种量价背离形态，则标志着买盘入场力度已大不如前。股价之所以能够创出新高，仅是缘于多头思维仍旧占主导地位，市场抛压不重，但没有买盘推动的上涨是难以站稳于高点的，这种形态也是升势根基不牢固的标志。此时，若股价走势出现滞涨，将导致多空分歧加剧，股价走势折转下行的概率极大。

图 3-14 为大丰实业 2019 年 1 月至 8 月走势图，在股价稳健攀升的途中，我们可以看到明显的“量价齐升”形态，这是升势持续的标志，但是，随着股价上涨，高位区的量价配合形态出现了转变。如图中的标注所示，这一上涨波段中股价创出了新高，但成交量远小于前一上涨波段，这是量价背离形态，预示着升势见顶。在实盘操作中，量价背离形态出现后，我们应及时卖出该类股票。

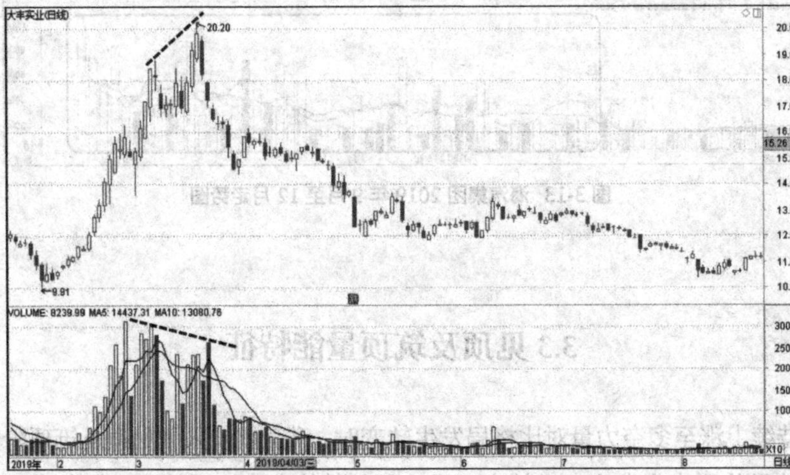

图 3-14　大丰实业 2019 年 1 月至 8 月走势图

3.3.2 整体式缩量震荡

上升趋势的持续得益于买盘的踊跃入场，当入场资金无法跟进而股价又在高位区出现滞涨时，这便是多空力量对比格局发生转变的信号，体现在盘面上，就是前期上涨时的量能保持着活跃的状态，而在高位区量能却相对缩小了。量能缩小得越明显、持续缩小的时间越长，就代表着多空力量转变得越明显，这是顶部出现、趋势即将转向的信号。

图 3-15 为国农科技 2019 年 1 月至 11 月走势图，在股价的整个上升途中，我们可以看到成交量一直保持着活跃的放大状态。随后，股价进入高位区并横向震荡，此时成交量大幅缩减，且上下震荡幅度较大。这种“整体式缩量震荡”形态出现在大涨之后的高位区，它是顶部出现的信号。在实盘操作中，我们应此时减仓（或清仓）离场，锁定利润。

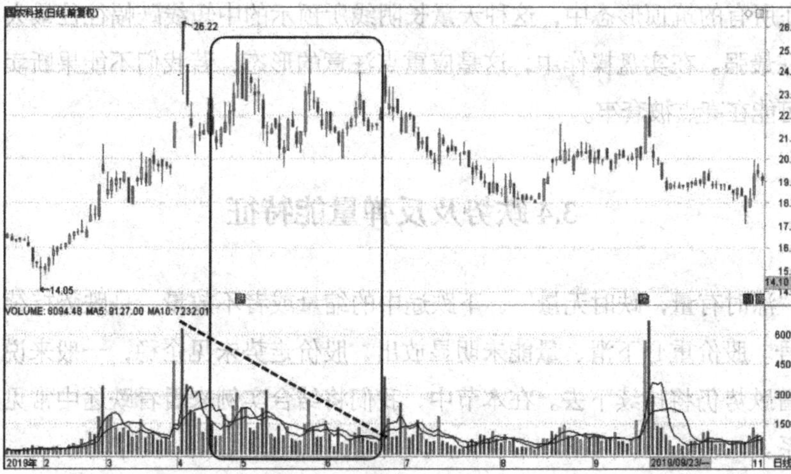

图 3-15　国农科技 2019 年 1 月至 11 月走势图

3.3.3 天量长阴线

在股价短线涨幅较大、涨速较快的背景下，突然出现了一条长阴线，且当日的量能远高于此前上涨时的均量水平，这就是天量长阴线，它的出现往往预示着一轮快速下跌行情的到来。在实盘操作中，我们不可犹豫不决，应在第一时间卖股离场，规避风险。

图 3-16 为世纪星源 2019 年 7 月至 11 月走势图，在股价短线飙升过程中，突然出现了高开低走的长阴线，且当日放出天量，这就预示着行情的急转直下。

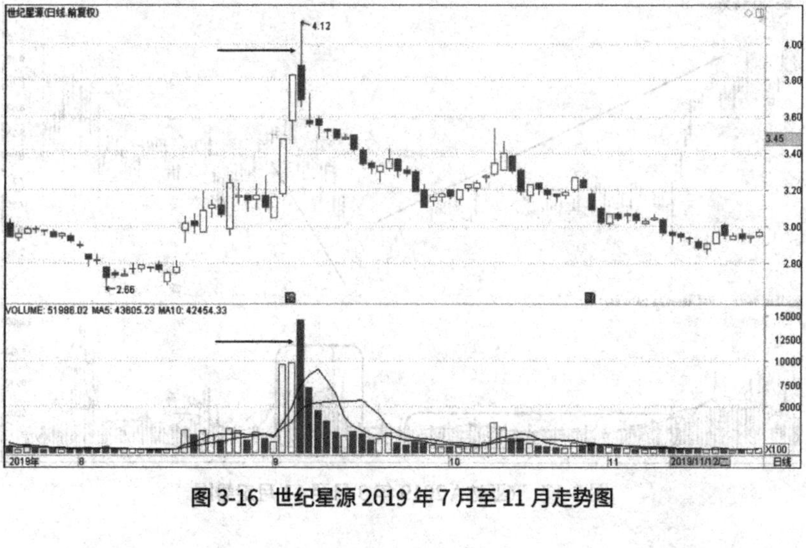

图 3-16　世纪星源 2019 年 7 月至 11 月走势图

在所有的筑顶形态中，这种天量长阴线所预示的中短线跌幅往往最大、跌势往往最强。在实盘操作中，这是应重点注意的形态，若我们不能果断卖出，很有可能在高点被套牢。

3.4 跌势及反弹量能特征

“涨时有量，跌时无量”，下跌途中的缩量或者不放量，是跌势持续的重要信号。股价重心下滑、量能未明显放出、股价走势未见企稳，一般来说，多预示着跌势仍将持续下去。在本节中，我们将结合实例来看看跌途中常见的量价关系。

3.4.1 跌途无量

震荡下滑的股价伴以量能的相对缩小，这是整个下跌趋势中最主要的量价形态，特别是在累计跌幅不大的情形下，若个股仍以这种量价形态为主，则不可抄底入场。

图 3-17 为飞亚达A 2019 年 3 月至 11 月走势图，股价自高位破位下行，步入跌势。如图中的标注所示，连续下跌使得股价重心缓缓下移，同期成交量保持着一种相对缩小的状态，这时的缩量下跌表明跌势仍会持续较长时间。在实盘交易中，对于中短线投资者来说，这个位置点不宜进入。

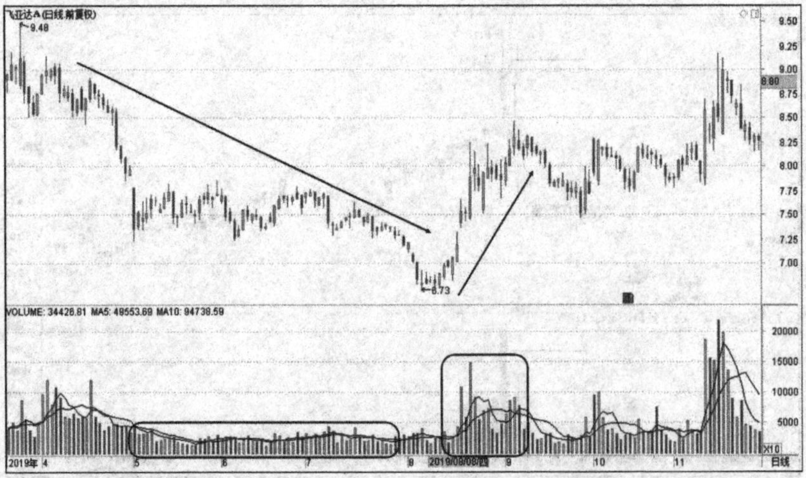

图 3-17 飞亚达A 2019 年 3 月至 11 月走势图

随着累计跌幅的扩大，股价运行企稳，最为重要的是量能大幅度放大，这才是阶段性底部出现的信号，也是中短线投资者获取反弹行情利润的入场时机。

3.4.2 不放量弱势反弹

跌势并不是“一波到底”的，与上升趋势相同，它也是一个反复震荡的过程，在下跌途中会伴有反弹波段。反弹与反转不同，反弹只是市场短线超跌引发的短暂行情，并不是由多空力量对比格局转变而引发的。因此，反弹时的量能一般不会放得过大，反弹常常以无量（或者是相对不放量）的形式出现，这也是我们用来辨识反弹与反转的重要特征。

图 3-18 为富奥股份 2019 年 4 月至 8 月走势图，在下跌途中，股价出现了震荡企稳走势。如图中的标注所示，在股价的短期上涨波段中，成交量未见放大，这是买盘入场量较少的标志，预示着此波上涨趋势的性质属于反弹而非反转。

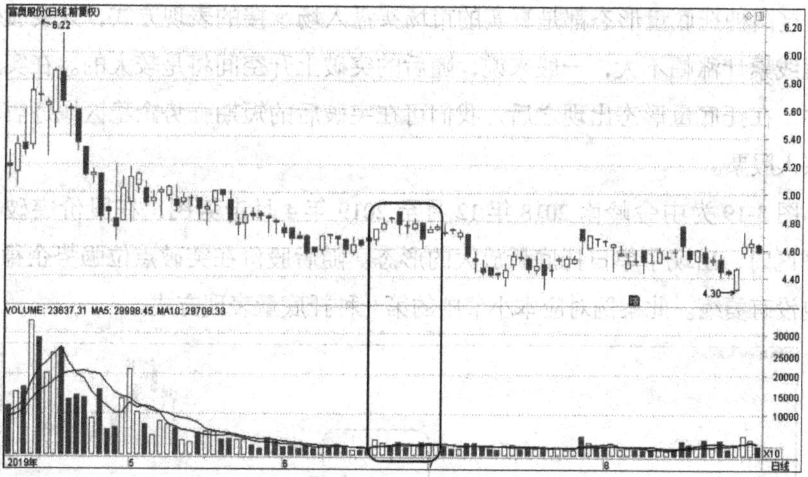

图 3-18 富奥股份 2019 年 4 月至 8 月走势图

3.5 趋势关键点量能特征

“无量无行情”，在确定一轮行情发展的关键位置点时，如突破点、破位点、反转点等，除了股价走势的配合，往往还需要量能来验证，在量能的配合下，这些关键点才能够被更好地确定下来。依据量能的缩放形态，结合股价的走势特征，我们可以更好地了解当前股价走势的市场含义，从而判断突破、破位、反转走势的可靠性。

3.5.1 突破点托底量的两种形态

突破点托底量是股价突破盘整区时常见的量能特征，它是买盘大量涌入、市场获利抛压得到有力承接的标志。从形态上来看，在股价向上突破盘整区时，托底量的表现方式主要有以下两种。

一是单日（或双日）托底量放大。突破当日（或突破时的连续 2 个交易日）成交量明显放大，放量幅度为之前均量的 2 ~ 3 倍（并不是超过 4 倍以上的天量）。在随后的交易日中，股价强势企稳、量能明显缩小。

二是单日放量幅度极大，为此前均量的 4 倍以上。随后数日量能相对缩小，但仍明显高于此前的均量，且股价强势企稳。

这两种托底量形态都是真实的市场买盘入场承接的表现方式，只要股价的中短线累计涨幅不大，一般来说，随后的突破上升空间将是较大的。在实盘操作中，在托底量形态出现之后，我们可在突破后的短期强势企稳区域逢震荡低点买入股票。

图 3-19 为中金岭南 2018 年 12 月至 2019 年 4 月走势图，在股价突破窄幅整理区时，出现了单日托底量放大的形态。随后股价在突破点位强势企稳，量能也没有萎缩。此案例对应本小节中的第一种托底量表现方式。

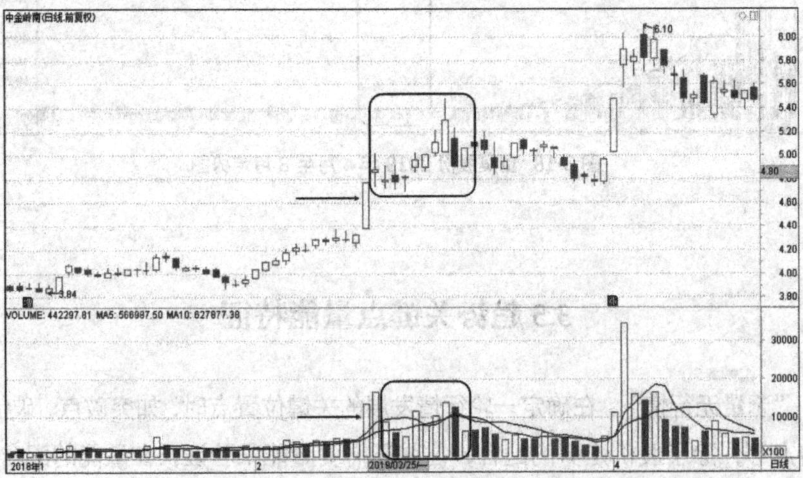

图 3-19 中金岭南 2018 年 12 月至 2019 年 4 月走势图

这种单日（或双日）的托底量放大对突破走势形成支撑，常出现在有业绩或题材支撑的个股上，它是多方主力资金合力拉升股价的信号，预示着新一轮上攻行情的展开。

图 3-20 为丽珠集团 2019 年 6 月至 11 月走势图，在股价突破当日，单日放量幅度很大，超过了此前均量的 4 倍。随后在突破点的企稳运行中，量能仍旧处于明显的放大状态，只是与突破日的量能相比缩小了。

这种突破点量价配合形态常出现在短线主力快速建仓的时候。在强势盘整之后，短线主力吸筹达到一定程度时，个股有望迎来短线飙升行情，此时则是一个难得的短线买入时机。

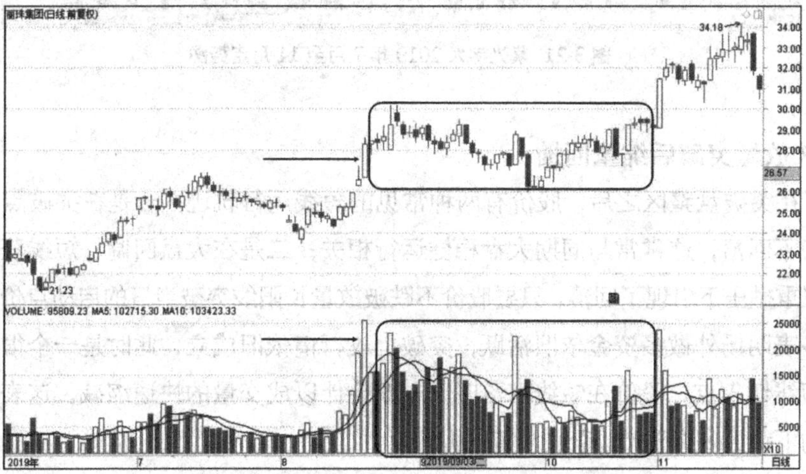

图 3-20 丽珠集团 2019 年 6 月至 11 月走势图

3.5.2 突破点连续性放量

在股价突破过程中，也可以连续数日放量，代表着买盘资金的持续入场，放量大小一般为此前均量的 2 ~ 3 倍。在实盘操作中，连续放量突破后，我们可以观察几日，若出现股价强势企稳，则于企稳平台买入；若出现股价短线回调，则逢回落之机买入。

图 3-21 为紫光学大 2019 年 7 月至 11 月走势图，在股价突破低位平台区时，该股出现了连续 5 个交易日的相对放量。量能放大效果温和，股价短线上涨幅度不大，随股价再次突破此处放量高点，这是我们中短线入场的绝佳时机。

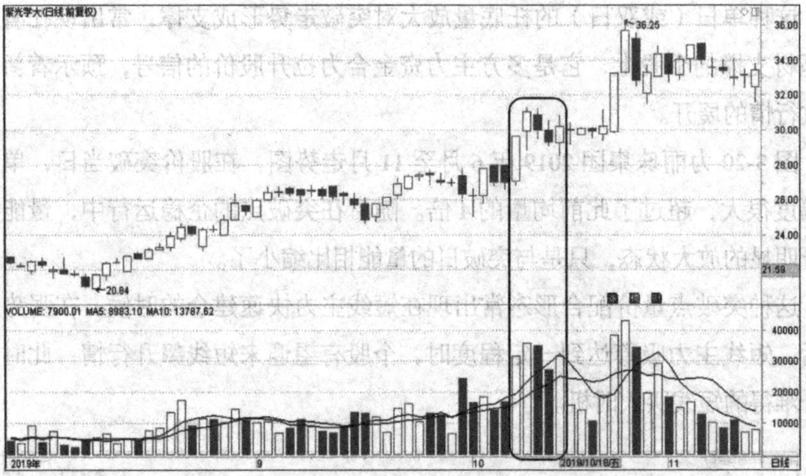

图 3-21 紫光学大 2019 年 7 月至 11 月走势图

3.5.3 放量突破后缩量回抽

在突破盘整区之后，股价有两种常见的短线运行轨迹。一是在突破点强势企稳不回落，这常常与同期大盘稳健运行相关；二是在大盘回调、短线获利盘的双重抛压下出现了回落。只要股价不跌破放量长阳线突破当日的启动点价格，则多表明场外做多资金依旧活跃，突破上攻行情依旧成立，此时是一个很好的中短线切入点。股价在短线回落时，一般会伴以成交量的快速缩减，这表明股价的下跌更多缘于市场获利浮筹的抛售。

图 3-22 为华映科技 2019 年 6 月至 7 月走势图，股价在低位区长期盘整之后，出现了连续性放量突破走势，这是买盘持续入场、多方开始发力的信号。随后，大盘回调，受此影响，股价也顺势回落，但并没跌破突破日的启动点，此时就是最好的短线入场时机。这个短线买入时机是大盘震荡所创造的，也给了我们更充足的短线获利空间。

3.5.4 破位点连续缩量

在高位区盘整之后，若股价以连续的小阴线向下跌破了盘整区支撑位且量能没有放大，这表明空方在未大量抛售的情况下就已经占据了主动地位，高位区的支撑非常无力，这是趋势折转下行的信号。在实盘操作中，我们此时应及时卖出，规避风险。

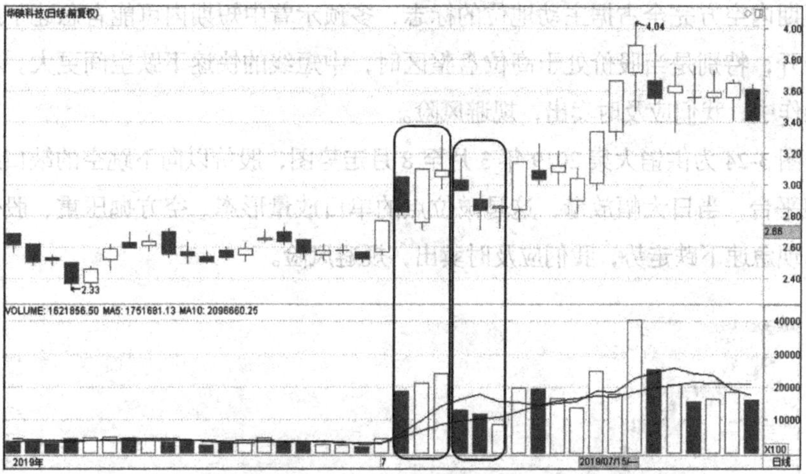

图 3-22 华映科技 2019 年 6 月至 7 月走势图

图 3-23 为莱茵体育 2019 年 8 月至 12 月走势图，股价在长期盘整之后出现了破位走势，连续的缩量小阴线跌破了盘整区的支撑位，这属于缩量破位形态，是盘整区支撑点力量薄弱、破位走势将出现的信号，预示着之后将会有较大风险，这是提示我们卖股离场的信号。

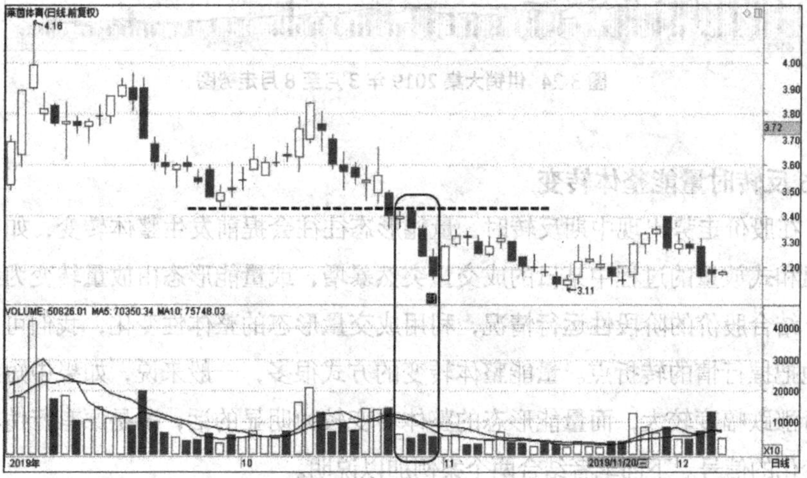

图 3-23 莱茵体育 2019 年 8 月至 12 月走势图

3.5.5 破位点单日放量

盘整区的破位点出现放量阴线，是抛压重、多方承接力量不足的标志，也是短期内空方完全占据主动地位的标志，多预示着中短期内可能有急速下跌行情展开，特别是当股价处于高位盘整区时，中短线的快速下跌空间更大。在实盘操作中，我们应及时卖出，规避风险。

图3-24为供销大集2019年3月至8月走势图，股价以向下跳空的缺口跌破盘整平台，当日大幅放量，这是破位点的单日放量形态。空方抛压重、股价可能出现急速下跌走势，我们应及时卖出，规避风险。

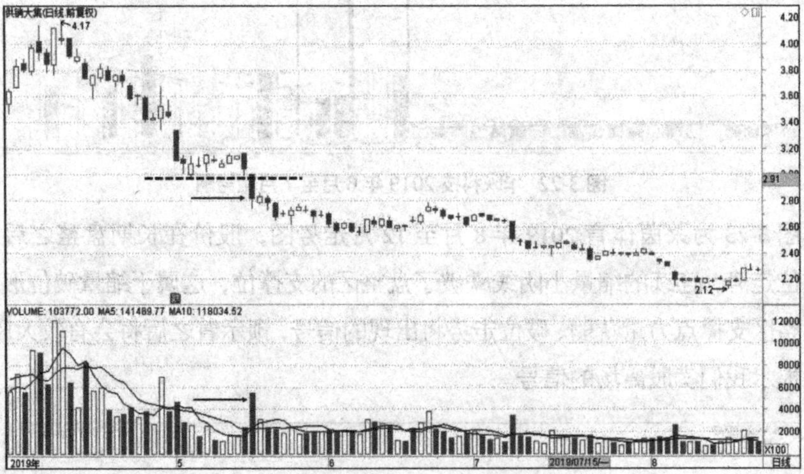

图3-24 供销大集2019年3月至8月走势图

3.5.6 反转时量能整体转变

在股价走势出现中期反转时，量能形态往往会提前发生整体转变，如在原来温和式放量的过程中某日的成交量突然暴增，或量能形态由放量转变为缩量等。结合股价的阶段性运行情况，利用成交量形态的整体性变化，我们可以更好地把握行情的转折点。量能整体转变的方式很多，一般来说，如果中短线的股价涨跌幅度较大，而量能形态的整体转变较为明显的话，多是原有行情将发生变化的信号。下面笔者结合两个案例加以说明。

图3-25为渝三峡A 2019年4月10日分时图，股价此前强势上涨，成交量呈温和放大状，但是当日的加速上攻长阳线却放出了天量，股价短线上涨幅度已经较大，量能又突然放大，这是量能形态整体转变的标志，也预示着原有的强势上攻走势将出现转折，这是卖出信号。

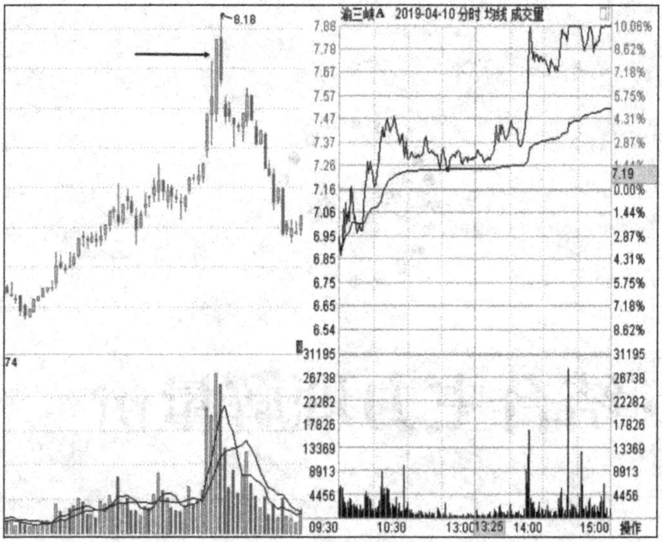

图 3-25 渝三峡 A 2019 年 4 月 10 日分时图

图 3-26 为汇源通信 2019 年 5 月至 9 月走势图，股价在持续下跌之后，于低点止跌企稳并横向震荡。如图中的标注所示，在连续多个交易日里，成交量明显缩小，这是股价下跌过程中出现的量能整体性转变。结合股价中短期的深幅下跌情况来看，这是中期筑底的信号，我们可以进行中短线买入操作。

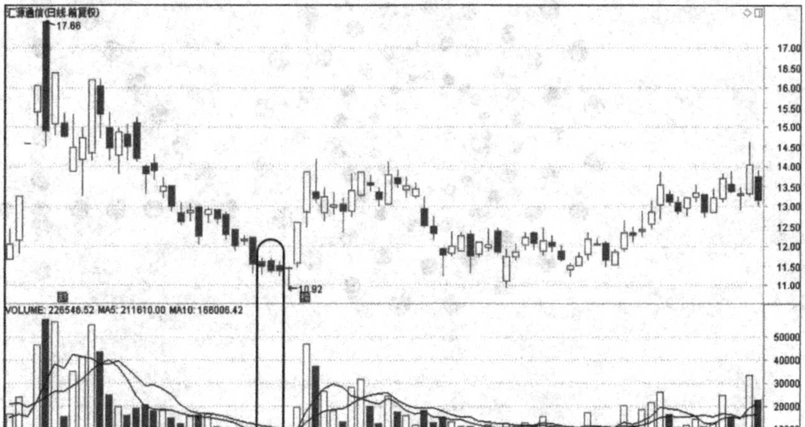

图 3-26 汇源通信 2019 年 5 月至 9 月走势图

第4章

结合主力理解量价

04

主力，即“主要力量”。主力是证券市场中的主要力量。“主力”是一个和“散户投资者”相对的概念，凡是有一定股票投资经验的投资者都会不约而同地认定这样一个事实，即无论对于股价的中长期走势，还是对于股价的短期走势来说，主力在其中的参与均有借鉴意义。对于普通的散户投资者来说，要想更好地理解股市的运行情况，更好地理解成交量后面的交易双方，那关于“主力”的内容是不可不知的。在本章中，笔者将结合主力的参与环节，以各种特征鲜明的量价形态为突破口，讲解我们应如何跟随主力进行低买高卖的操作。

4.1 简析主力

主力与散户投资者（简称：散户）是不同的，主力有着更为专业的知识，对股市的理解也更为深刻，因此，主力对个股的价格走势的预判要强于散户。在本节中，我们先来看看主力的优势有哪些。

4.1.1 主力的优势

“知己知彼，百战不殆”。要想更好地理解、把握主力动向，我们首先要对主力的优势有一个清晰的认识，主力的这些优势是他们可以将其转化为胜势的关键，而这些优势往往也是散户的劣势。

1. 资金实力强，手中筹码多

对股价走势的影响程度往往取决于手中持有的股票数量及资金实力，手中没有足够的流通筹码是不行的，一般意义上的大户是不会有这么多资金的，而散户手中的资金相对来讲则更少。

虽然主力与散户都想通过低吸高抛来获取差价利润，但是，散户买入的股票筹码数量少，又无法形成合力，这注定了散户的买卖行为是杂乱无章的，难以对股价走向形成驱动力。

主力在买卖股票的过程中，会将资金分成两部分：一部分用于建仓，另一部分则用于拉升股价。这两部分资金所占比例是成反比的，即用于建仓的资金越多，手中的股票筹码也越多，那么维护股价或拉升股价时所使用的资金就会减少。而如果建仓资金较少，那市场中仍存在大量的浮筹，浮筹越多越不利于主力买卖股票，主力随后拉升与维护股价时所用到的资金便会越多。

在实盘操作中，主力会根据个股及市场情况来买卖股票，从而确定多少资金用于建仓、多少资金用于拉升股价，尽量使自己处于主动地位。

2. 对企业的了解更充分，买卖行为更明确

主力的分析、研究能力是较为专业的，对上市公司的业绩变化、发展方向、市场空间等方面的了解也更充分，主力的这些能力都要强于一般的散户。因此，在买卖股票时，主力的理由也更为充分，买卖行为更为明确，其成功的概率与散户相比也更大一些。

3. 更有专业性，更懂得顺势而为

与散户相比，主力对于整个股票市场的判断更具有专业性，也更为理性，当然，也更有耐性。在股票市场明显被低估的时候，虽然股价走势较为低迷，股市缺少财富效应，但主力往往能够预见股市的回暖，从而提前操作，低位买入，这就需要有很强的耐性；当股市在过热的市场情绪的助推下不断上涨进入泡沫区后，主力多能够提前处理，减仓出局，这就需要理性。

虽然“低买高卖”看似是简单的交易，但是在股票市场中，若不能克服人性的恐慌、贪婪等不利因素的影响，想要实现稳定的获利是难上加难的。主力在这方面要远远强于散户，主要因为主力的理性与专业性，另一方面也是因为主力拥有丰富的经验。

4. 了解散户的买卖方式、操作心态

在买卖方式上，散户容易出现“追涨杀跌”的操作，而在心态上则更容易受到“贪婪”与“恐慌”这两种极端情绪的影响。而主力对于个股的运行有着更为理性的判断，不易受情绪影响。主力在高位出货时，若当时的大盘氛围好，往往散户是承接盘，主力在悄然出货；当大盘较为低迷时，主力往往会更有耐心，提前操作，等待市场回暖，散户则通常缺乏耐心与远见。

5. 主力获取大波段利润，散户获取“蝇头小利”

对于散户而言，其交易十分频繁，甚至是今买明卖，想着天天捕捉涨停板，最终却发现所获利润寥寥无几。实际情况也确实如此，很少有散户能够在一只股票上赚取超过 30% 的利润，获利了结是散户共通的心态，也就因此错过一些黑马股。可以说，散户过于频繁的交易既是对自己判断的怀疑，也无法保证利润的稳步增长，获取的只是股市中的“蝇头小利”，一旦大盘跳水、股市疲软，

这些小小的利润往往会很快“回吐”给市场，甚至最后亏损出局。

主力则不同，主力资金强、持筹多，只要市场不崩塌，他就可以按部就班地买卖股票。想要低位买入，高位卖出，那么建仓是第一步，它是主力收集筹码的步骤；出货是最后一步，它是主力套现离场的步骤。可以说，主力以获取大波段利润为目的，而不是短期内的小波段利润，当买卖过程结束后，主力往往可以获取巨额利润。

4.1.2 简析主力参与环节

主力的获利手段也是低吸高抛，但这“低”与“高”之间却需要充分的上涨空间，才能保证手中巨量的股票筹码获利。为了完成低位买入、高位卖出的任务，主力要进行吸筹、拉升、整理、再度拉升、出货等一系列有目的、有计划地操作，它们就是主力参与个股的过程中的环节。下面我们就以主力参与个股的前后时间顺序为主线，来看看主力参与下的各个环节。

1. 选股策略

不同类型的主力有着不同的选股策略。中长线主力多以“业绩”为基础，结合个股的行业特点、成长性、潜在资产注入题材等方面来综合选股，对个股的参与时间跨度也更长；而短线主力则更关注市场热点，重“题材”、轻“业绩”，对个股的参与往往是“一波到顶”。

主力资金的类型不同，主力的投资方式也不相同。能够经常实时看盘的主动，可以多关注市场中的热点，侧重于分析短线主力的市场行为，实施快速跟进、跟随热点的策略；而没有时间看盘的主力宜多分析中长线主力的行为及相应的个股，实行提前操作、耐心持有的策略。

2. 建仓环节

建仓环节也称为吸筹环节，是主力买入筹码的一个阶段。在建仓环节中，我们应关注“低位区”，这是主力建仓时的一个必要非充分条件，即“主力建仓时基本都是在低位区，但在低位区运行的个股未必有主力建仓”。

主力建仓讲究的是“低价”，若个股处于长期深幅下跌时，我们可以将它此时的股价称为“低价”。反之，若个股前期出现了较大的累计涨幅时，我们就不能将这时的股价称为“低价”了。主力只会在个股处于“低价”的时候建仓，这也是我们分析个股是否有主力建仓时要格外关注的一点，即个股的总体运行趋势。

不同类型的主力的建仓方式也不相同。中长线主力为了保持其较低的持仓成本，会在低位区慢慢吸纳筹码；而短线主力为了保持题材股的市场热度，往往是建仓、拉升一气呵成。在后续章节中，笔者将结合具体的量价形态来展示不同类型的主力建仓时的盘面特征。

3. 震仓环节

震仓环节只出现在少部分主力买卖股票的过程中。一般来说，在主力吸筹之后、拉升之前，结合市场的短线调整，主力并不会大力买入，而是让股价在短线获利抛压下顺势回落。这样，市场持仓成本会有所提升，有助于为主力随后拉升创造更好的条件。

4. 拉升环节

拉升环节就是主力将股价持续拉高的阶段，主力建仓的目的是实现低买高卖并从中获得收益。为了实现“高抛”，股价必须要涨上去才行，这就是主力拉升的目的所在。

一般来说，若主力前期吸筹越充分，市场浮筹就会越少，主力拉升时所面临的获利抛压也就越轻；反之，主力在拉升时受到的阻力则相对较大。

主力在拉升阶段会暴露自己的行踪，对于散户而言，应及时发现主力的拉升行为，进而快速展开操作——买入。买入的时间越早，越接近主力的成本区域，散户的交易风险就越小。在追涨时，特别要注意那些题材热度不够、短线涨幅已较大的个股，因为主力对这类个股的参与往往是极为短暂的，当我们发现这类个股并追涨买入时，很可能正迎来主力的快速出货操作。

5. 整理环节

整理环节出现在上升途中，是股价震荡整理、市场平均持仓成本提高的一个环节。通过整理，前期获利浮筹离场，新买入的市场浮筹的持仓成本较高，主力随后可以更为容易地拉升股价，其出货时也不会有大量的获利盘争相抛售。

在整理环节，如果时间太短，难以较好地处理浮筹，无法实现预期的效果；如果时间太长，则不利于形成上涨氛围。一般来说，时间的长短还与市场的氛围、主力的实力、投资的风格等因素有关。

6. 再次拉升环节

再次拉升环节出现在整理环节之后，是主力又一次对股价进行大幅拉升。这一阶段的拉升与前期的主升浪明显不同，它多在大盘较好的情况下出现，并不是主力参与过程中必不可少的环节。

一般来说，主力在大量出货的时候，势必会造成股价在高位区震荡滞涨的走势，通过再次拉升，主力可以在出货时处于更为主动的地位。由于再次拉升，股价将再一次出现较大幅度的上涨。

7. 出货环节

出货环节是主力整个参与过程中的最后一个环节，也是关系到主力投资成功与否的最为重要的一个环节，相对来说，也是最难的一个环节。因为对主力而言，如果其资金充裕，在强大的资金实力的保证下，建仓、拉升都可以按计划进行，股价可以达到目标位。但是出货却不同，一般要有良好的大盘氛围来配合，否则主力想要在高位派发筹码并不容易。

4.1.3 个股案例解读

下面我们结合个股的走势来看看主力参与的流程。在实盘中，由于个股的不同、主力类型的不同，个股的走势也往往不同，应具体情况、具体分析。

图 4-1 为阳光城 2018 年 12 月至 2019 年 6 月走势图，该股在同期大盘运行相对平稳的背景下，因主力的参与而出现了与大盘完全不同的形态，其中的吸筹、拉升、整理、再次拉升、出货环节均通过一定的盘面特征展现出来了。

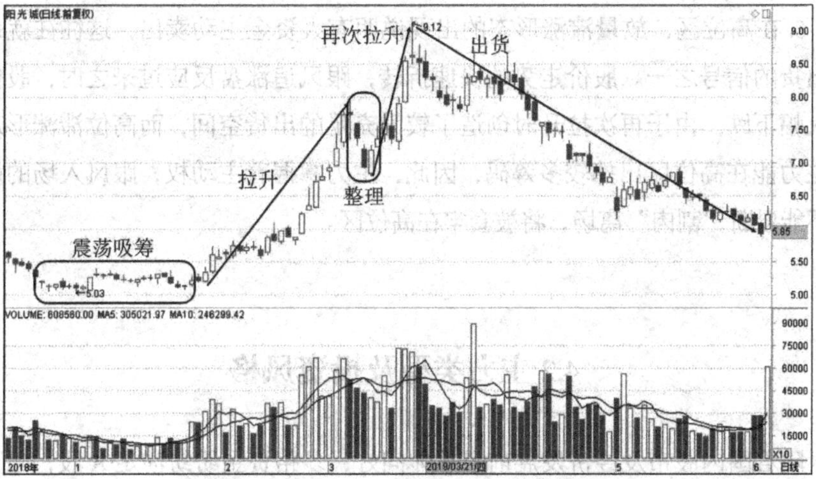

图 4-1 阳光城 2018 年 12 月至 2019 年 6 月走势图

1. 在低位区，主力先是小幅度拉升股价，这有利于激发多空分歧，而此时主力则缓慢震荡吸筹，且股价走势与大盘相近。由于主力的参与改变了多空力量格局，因此，股价止跌企稳，呈横向震荡状。吸筹环节是持续时间较长的，它所产生的效果直接与主力的后期参与能力成正比。由于主力的吸筹行为较为温和，从量价配合关系着手，很难发现其踪迹。对于这类个股，它只有在进入拉升环节后，我们才能相对准确地进行分析、预判。

2. 随后，主力开始拉升股价，股价在上涨时，可以看到轻微放量。在股价突破前期盘整密集区时，这也是一个套牢区间，该股仅温和放量，未见大幅放量，这表明市场浮筹不是很多，再结合股价相对独立的突破走势来看，我们可以判断有主力参与，且主力手中持有相对较多的筹码，股价后期上涨空间值得期待。在实盘操作中，此时是较佳的买入点。

3. 主力对股价的拉升也较为温和，这种情况常见于有中长线主力参与的个股。对于该股来说，股价拉升途中出现了小幅的回调，回调时的幅度较小、量能大幅缩减，这正是整理环节的盘面形态。

4. 随后，股价快速上攻，一改前期缓慢攀升的格局。上涨方式的改变也预示着上升波段即将见顶，这正是主力借助于相对稳健的同期大盘走势而实施的再度拉升策略。此时的量能明显放大，量能的大幅度变化也是多空对比格局变化的信号，高位区预示着风险较大。

5. 在高位区，放量滞涨形态的出现说明有大资金主动卖出，这往往就是主力出货的信号之一。股价走势的快速折转，跟风追涨盘反应过来之时，股价便已大幅下跌。由于再次拉升时创造了较为充足的出货空间，而高位滞涨形态又使主力能在高位区出掉较多筹码，因此，主力掌握着主动权，跟风入场的散户若不能果断“割肉”离场，将被套牢在高位区。

4.2 主力类型及投资风格

随着国内股市及经济发展前景总体向好，多路资金纷纷涉足 A 股，除了中小散户外，其他的资金大多实力雄厚，它们可以被称作是 A 股中的主力。但是，大多数的主力资金只是助推着行情的发展。在实盘操作中，我们要结合主力类型及其投资风格来进行综合判断。

4.2.1 依资金性质划分主力

对股价走势产生重要影响的主力资金可以分为公募基金、券商、QFII、大股东、游资及私募等。

1. 公募基金

公募基金（Public Offering of Fund）是指由基金管理公司通过发行基金单位来集中投资者的资金，由基金托管人（具有资格的银行）托管、基金管理人管理和运用资金，以从事股票、债券等金融工具投资。在这里，公募基金主要指那些投资于股市的基金，即偏股型基金。

公募基金资金量庞大，为了可以稳定应对基金投资者的申购、赎回等操作，多是参与规模较大并且有业绩支撑的个股。在一般的股票行情软件中，往往对“基金重仓”的个股进行单独的划分，投资者可以在此查阅到哪些个股更能获得基金的青睐。

另外，由于基金监管要求，一只基金持有一只股票的比例不得高于该基金总资产的 10%；一只基金持有一只股票的比例不得高于该股票流通股的 10%。这两个“10%”是明文规定的，使得公募基金投资股票时一定要“将鸡蛋放在不同的篮子里”。

也正因为如此，公募基金对股价走势的影响力更多地体现在助推作用上。当股市行情向好，基金投资者申购踊跃时，公募基金对蓝筹股、绩优股的买入也会增多，从而对行情起到了推动的作用。但是，行情不好时，这类个股虽有业绩支撑，但为应对基金投资者的赎回，其股价走势往往也不理想。这些都是投资者参与基金重仓股时应了解、注意的。

当然，由于偏股型基金种类繁多，也有不少公募基金专注于投资小盘股、题材股，而且由于基金经理的理念不同，不同的基金往往会出现截然不同的投资风格，这时我们就要具体分析了。

2. 券商

券商是提供证券买卖服务的中间机构。但是也有一些实力强大的券商在提供证券买卖服务的同时也进行证券投资，其资金募集方式与公募基金类似，多是面向公众，以“券商理财产品”的方式进行资金募集，由专业人士负责。券商所选的个股多是一些业绩较为优秀、行业发展前景较好的个股，在股市中的参与方式与公募基金基本相似。

3. QFII

QFII 是英文 Qualified Foreign Institutional Investors 的缩写，即合格的境外机构投资者。QFII 制度使得国际资金可以进入 A 股市场，但由于 QFII 资金要设专用账户并且会受到一定的监控，而且国外资本在国内股市投资的原因多是看好中国经济的发展，多是长线投资行业龙头股，故 QFII 多以价值投资为核心来参与个股。他们常常在低位区进行投资，耐心等待股市行情转热后，在高位抛出，对于行情及股价走势的影响力较弱。

4. 大股东

大股东，特别是直接参与上市公司运行的大股东，对公司的情况无疑是最了解的。当公司前景乐观、业绩高速增长时，若市场没有给公司股票一个合理的定价，则大股东很有可能在二级市场上实施积极的增持行为。这种增持行为往往会引起场外大资金的关注，也会让中小投资者看好该股中期价格走势，从而对股价的后期运行产生重要影响。

另外，值得注意的是“减持”行为。随着股权分置改革的实施，我们也接触到了一个新的概念——大小非。大非是指持股在 5% 以上的大股东，小非则是指持股在 5% 以下的小股东。大小非所持个股多是一些原始股，成本极低，随着全流通的出现，这些个股也将逐渐上市流通，而二级市场的股价可能因为公司业绩持续增长，而远远高于大小非的持仓成本，故当大小非手中个股可以上市流通后，大小非必定会产生强烈的抛售欲望，这样很容易造成卖方力量大增、股价下跌的局面。因此，当限售股解禁时或解禁前，若个股没有良好的业绩支撑、股价又明显被高估的话，则场外投资者不宜过早买入，持股者宜先行卖出。

5. 游资及私募

游资、私募，也称为民间资本，在一些暴涨的题材股、消息股甚至有隐藏题材的 ST 类股中，如果我们按下【F10】键，很难发现公募基金的身影，参与这类个股的主力正是游资或私募。

我们常常会看到同一个板块或同一种题材、概念中的许多股票，在没有重大利好的前提下，仅凭着一些市场传闻就能在短时间内飙升，成为同板块或同题材中的“黑马”或“龙头”。而这往往就是市场游资或私募参与热点题材股的结果。

投资者在把握短线机会时，游资或私募的动向及相关个股的异动，是最值得关注的，因为这类股票可以创造较好的短线收益。但是，在参与时，我们应记住：一定要买早不买晚。当我们发现个股的价格已经短线飙升 30% 以上，此时即使有好的题材助推，也应保持理性，不宜重仓参与，更不宜盲目地追涨买入。

4.2.2 中长线主力参与股解读

在实盘操作中，我们更应该依赖于盘面信息来分析主力的投资行为，特别是盘面上的量价形态，依据量价配合形态的变化，我们可以更好地分析、把握主力的投资行为。在实盘操作中，依据盘面形态来着手分析主力的投资行为时，我们应主要以“参与时间长短”来区分不同类型的主力。不同的主力有不同的投资风格，其投资风格就完美地体现在个股的不同走势上。接下来，我们结合实例来看看个股的不同走势是如何反映主力的不同投资风格的。

中长线主力是指参与时间较长的主力，一般来说，其参与时间可以超过一年。这类主力在底部区的吸筹较为充分、对股价的总体拉升幅度较大。如果投资者可以做到中长线持股待涨，那么将获取高额的回报。

对于中长线主力参与股来说，它的吸筹环节持续时间往往很长，我们有更多的逢低布局时机，这类个股更适合有耐心的中长线投资者。而且，当个股进入到主力拉升阶段，在股价累计涨幅不大的时候，每一次的短线回调低点都是较好的中短线入场时机。

图 4-2 为东北证券 2018 年 6 月至 2019 年 6 月走势图，这是一只中长线主力参与的股票，主力很可能在股价前期破位下行前就已进入。当股价随股市大跌而进入低位区之后，出现了长期的横向震荡走势，并屡次出现涨停板激活股价短线波动的情况，而主力正好借此机会吸筹。相对来说，吸筹布局时间并不是很长，这也造成了主力的参与能力不够强，该股在随后股价突破时仍有较大的抛售阻力。

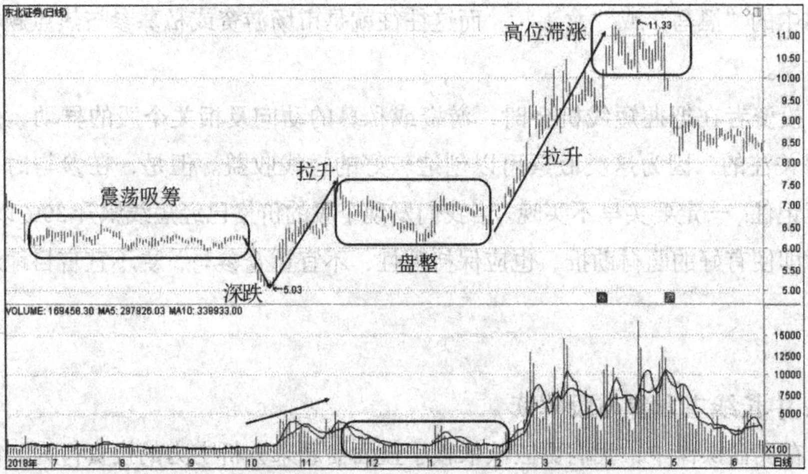

图 4-2 东北证券 2018 年 6 月至 2019 年 6 月走势图

在实盘中，虽然股价突破上行时的量能放得比较大，但由于低位区蓄势很充分，并且股价在突破时的小阳线涨幅均不大，因此，在实盘操作中，我们可以适当追涨买入，享受主力拉升成果。

该股随后出现了较为独立的上攻行情，之间还夹杂着一次盘整走势，这正是中线主力积极参与的结果。在股价累计涨幅翻倍的情形下，主力开始进行出货操作了。此时，盘面上的滞涨下滑打破了原有的上升形态，再结合股价上涨时放量较大、主力所持筹码数量相对有限等因素，所以在实战中，本着资金安全的原则，我们此时也应及时地减仓或清仓出局。

4.2.3 短线主力参与股解读

短线主力的参与时间较短，往往在几周或几个月内即可完成一轮完整的买卖过程，个股价格的短期涨势较为凌厉、涨幅较大。短线主力所参与的个股也多是与当时市场热点相符的题材股。一般来说，民间游资更喜欢短线投资个股，即成为个股短期内的参与主力。

短线主力参与的个股多是有热点题材推动的。在短线上攻走势刚刚展开时，股价往往不易回调。此时，对投资者的买卖技巧的要求较高，投资者一定要敢于追涨入场，毕竟股价才刚刚启动；但是，一旦股价短线涨幅相对较大，超过 30% 后，其波动幅度也会增大，投资者此时应结合题材热度及市场环境来决定买卖方向。

短线主力多会结合市场热点来把握建仓时机。由于市场热点往往频繁转换且不断出现，因此，短线主力的建仓目标股较多、建仓时机也较多，但由于市场热点往往是突然涌现的，因此，短线主力的建仓时间就会相对较短。

图 4-3 为安源煤业 2019 年 10 月至 12 月走势图，股价以涨停板的方式突破盘整区，快速上攻。短线主力也常采取连续涨停板的方式最大限度地激活个股的股性及题材热度。

对于投资者来说，一要结合个股的题材来决定是否追涨，二要在股价突破上攻之初，特别是在刚刚启动的前两个交易日追涨买入，这样可以尽可能地降低追涨风险、增大短线获利空间。而且，短线主力在参与这类个股时，其价格走势很有可能一波到顶，特别是对于那些同题材下的非龙头品种，一波到顶的概率极大。在实盘操作中，我们一旦发现股价数日内滞涨不前，则应果断卖出该种股票。

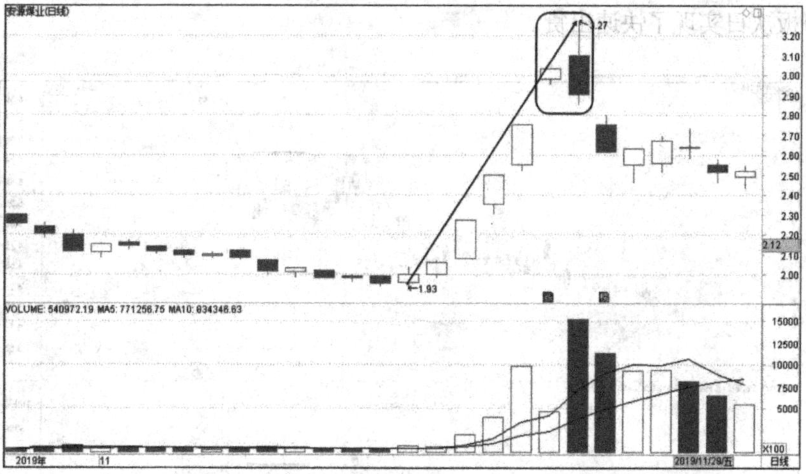

图 4-3 安源煤业 2019 年 10 月至 12 月走势图

4.2.4 过江龙主力参与股解读

过江龙主力，也可以称为超短线主力。严格来讲，他们并不是主力资金，因为他们对个股的参与往往就是“一日游”。过江龙主力的目标也只是获取在一两日之内的差价利润。

过江龙主力的市场行为如同快进快出的散户，他们经常选择日 K 线形态优异的个股，提前一两个交易日进行操作，然后在随后交易日的早盘阶段快速拉升，从而使得该股的价格走势呈突破上行形态。若市场跟风情绪较浓，过江龙主力则顺势封板，次日出货；若跟风盘不足，过江龙主力则在当日盘中高点即开始出货，该股当日的价格走势也呈现出冲高回落的长上影线形态。

因此，若个股的价格某日大涨甚至涨停，但没有什么明确的题材或消息面支撑，且随后几日的走势明显疲软，千万不要过于肯定地认为有强大的主力隐藏其中，因为这只股票的异动很可能就是由过江龙主力快进快出所引发的。

图 4-4 为六国化工 2019 年 1 月至 5 月走势图，股价以一个涨停板强势突破了盘整区，似乎将展开一轮上攻行情，殊不知，次日出现了冲高回落的放量长影线的 K 线，这种形态往往就是过江龙主力参与的结果。过江龙主力早在封板前一日就已略放量，借助良好的突破形态及跟风追涨盘的涌入，过江龙主力在涨停板次日实现了快速出货。

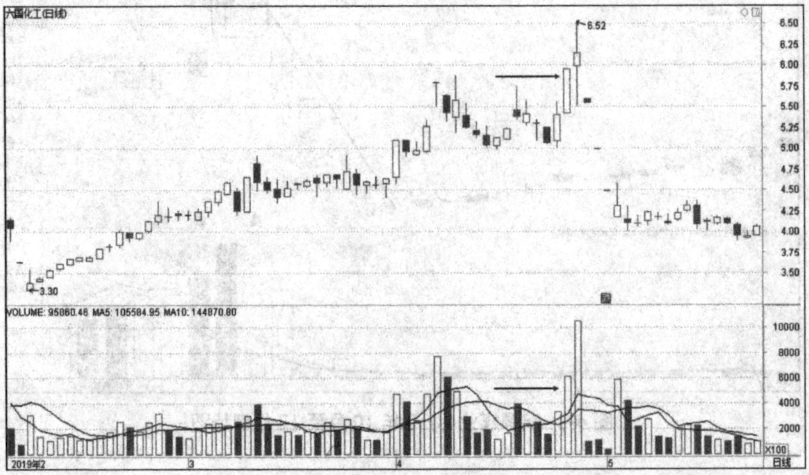

图 4-4　六国化工 2019 年 1 月至 5 月走势图

4.2.5 主力的两种参与路线

对于主力参与个股的流程来说，以“建仓环节”为起点的路线是最常见的参与路线，毕竟，只有手中有一定筹码之后，才能发挥对股价走势的影响力。但是，也有一些主力会反复买卖同一只股票：主力在高位区出货后，手中仍余有少部分筹码，借助于大盘震荡，顺势卖出余下的筹码，股价往往也因此进入了低位区，此时再慢慢买入，这是以“卖出”为起点的参与路线。

对于起始于建仓环节的主力路线而言，这一主力参与过程的时间顺序是：建仓—拉升—出货。这种主力参与路线适合新主力，由于新主力在入驻个股之前手中没有筹码，所以不得不从建仓开始。此时，能否在低位区或者在恰当的时机买入大量的建仓筹码对主力来说是至关重要的。

对于起始于卖出的主力参与路线，其参与过程的时间顺序是：卖出—建仓—拉升—出货。起始于卖出的主力参与路线有很多优势，其中最重要的是，主力不用被动地等待建仓时机，而是可以结合大盘震荡走势去主动地创造一个好的建仓价位。

在弱势的市场环境下，主力往往也会先卖出手中持有的股票，等待时机，从而获得有利的建仓价位，为下一轮参与打下基础；或者主力利用大盘的不稳定性，来进行中线的高抛低吸操作。一般来说，这类主力的实力较强，如果总是被动地等待市场提供的机会，就会有一种极不稳定的因素，因此，主动地去创造有利于自己的价位，这就会让成功率大大提高。下面我们结合一个案例来看看主力是如何结合大盘波动来进行大波段上的高抛低吸操作的。

图 4-5 为千金药业 2018 年 10 月至 2019 年 4 月走势图。经历了 2018 年 10 月股市系统性暴跌之后，股价在“强势反攻”“收复失地”时，并没有量能放出，这说明主力持筹力度较大、参与能力较强。如图中的标注所示，2018 年 12 月，股市再度出现系统性风险，在沪深两市全线暴跌的背景下，主力一般不会刻意维护股价，因此该股的价格也跟随着大盘快速下跌，短线跌幅巨大。值得注意的是，股价在前期高点并没有足够的震荡整理时间，主力难以出货。在这种情形下，我们可以推测主力仍旧在个股之中，在暴跌之后的低点，当股价再度出现一波缩量快速下跌时，便会出现更好的反弹买入点。

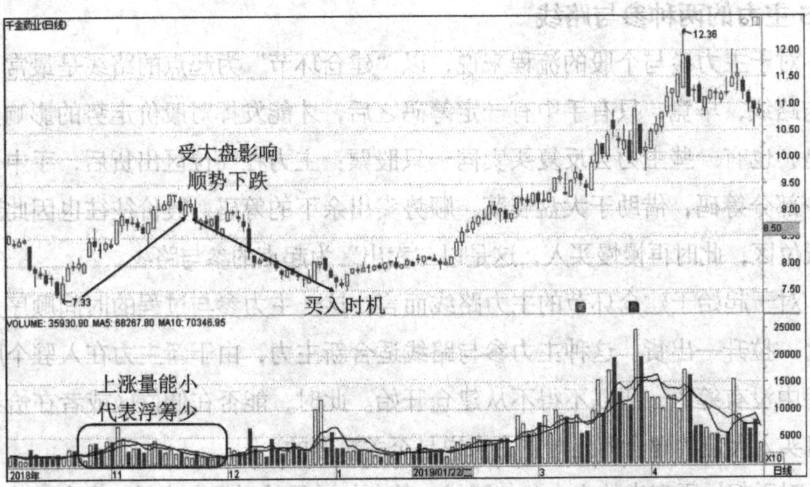

图 4-5 千金药业 2018 年 10 月至 2019 年 4 月走势图

主力利用大盘的波动，进行高抛低吸操作，是一种常见的情形。主力因为对股价未来走势看得更远，往往能够接受由于大盘暴跌造成的账面快速贬值，这是一种策略性的买卖方式，所以，我们不能想当然地认为个股在主力没有大量出货的情形下是不可能暴跌的。主力可以通过反复买卖个股，利用股价的大波动来进行“低吸高抛”操作，最终实现获利出局。

4.3 吸筹环节量价特征

中长线主力与短线主力的吸筹风格迥然不同，中长线主力更注重控制建仓成本，吸筹的时间往往较长，参与能力更强；短线主力更注重市场热点，吸筹时间较短，参与时更需借助于市场的追涨热情及其他游资的力量。由于主力的吸筹风格与方式的不同，反映在盘面的量价形态也就不尽相同。在本节中，我们就结合主力的风格来看看吸筹环节下的常见量价特征。

4.3.1 放量缩量对比

主力吸筹时会造成股价上涨，也会引发量能放大，随着股价的短线上涨，主力会暂停吸筹，在获利盘抛售的情况下，股价自然会回落。由于仅是市场少量获利盘回吐，主力并没有参与抛售，因此，股价回落时的成交量会明显缩小。这就导致在股价波动过程中，成交量形成了放大、缩小的鲜明对比，波段上涨时的量能明显放大，波段回落（或窄幅整理）时的量能明显缩小。利用放量与缩量的鲜明对比，再结合个股中短期内的价格走势的独立性，我们可以初步判断个股有主力入驻吸筹的可能性。

图 4-6 为扬农化工 2018 年 12 月至 2019 年 4 月走势图，在低位区的横向震荡走势中多次出现独立上攻的长阳线，且上涨波段的放量较为明显，而在上涨波段后的回落走势中则明显缩量，放量与缩量形成了鲜明的对比，这正是大资金入场吸筹后积极锁仓的信号之一。独立的上涨波段放量，激活了多空分歧，使得主力有机会从中吸筹；随后的回落波段仅是由市场少量获利浮筹抛售所致，因此量能会明显缩小。

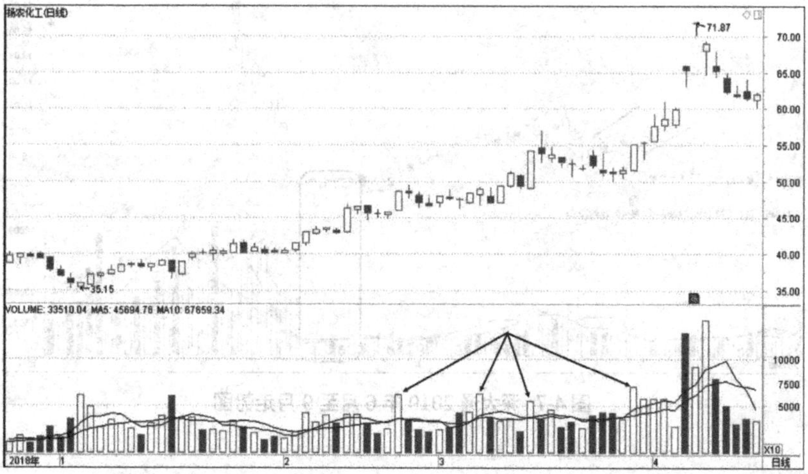

图 4-6 扬农化工 2018 年 12 月至 2019 年 4 月走势图

4.3.2 震荡区涨停式反复吸筹

震荡区的涨停板常会激发常会空分歧，因为涨停板使得震荡区筹码处于解套状态，市场浮筹的锁定度大大下降，主力可以趁机吸筹，且涨停板的出现正是主力从中助推的标志之一。

利用涨停板激发多空分歧，主力在震荡区反复吸筹，个股在涨停板出现前后的几个交易日中量能明显放大，在随后的回落走势中则明显缩量。反复震荡之后，主力最终实现了较强的参与能力。

因此，随着震荡走势的持续，我们会看到个股的量能逐渐缩小，这正是主力锁仓、市场浮筹减少的重要标志。这种利用震荡区反复出现的涨停板来吸筹的方式，多出现在中线主力参与股中。一旦这类股票开始突破上攻，其潜在的上升空间是很大的。

图 4-7 为深大通 2019 年 6 月至 9 月走势图，该股在低位区的震荡走势中多次出现涨停板，且震荡上涨波段的量能明显放大。随着震荡走势的持续，整理走势中的成交量明显萎缩，这正是主力吸筹行为导致市场浮筹大幅减少的信号。

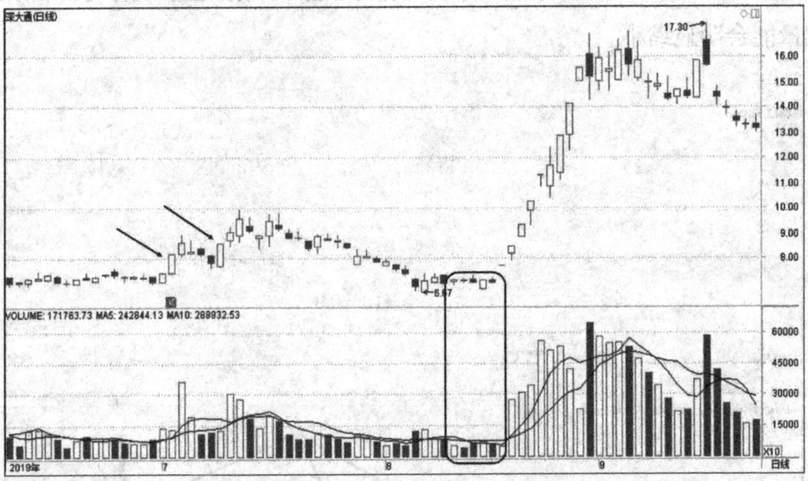

图 4-7　深大通 2019 年 6 月至 9 月走势图

4.3.3 突破点单日吸筹巨量

主力在低位区的吸筹往往会因为市场低迷而使得效果不理想，这时，就需要再次拉升吸筹。当股价突破盘整区时，若出现明显的放量，且随后股价能够站稳于突破位置点，则多与主力在突破时实施了积极的建仓行为有关，股价就有望就此步入上升通道。下面我们将结合实例来进行说明。

图 4-8 为云南白药 2019 年 7 月至 11 月走势图，在经历了长时间的横向震荡之后，该股出现了长阳线向上突破形态，长阳线上穿整个盘整区时，当日的量

能明显放大，有大量的资金参与。随后，股价强势站稳于突破后的短线高点，正是主力积极的建仓、加仓行为才使得股价得以抵挡中短线获利、解套抛压，这种量价形态也预示着股价随后将步入上升通道，此时是我们中短线入场的时机。

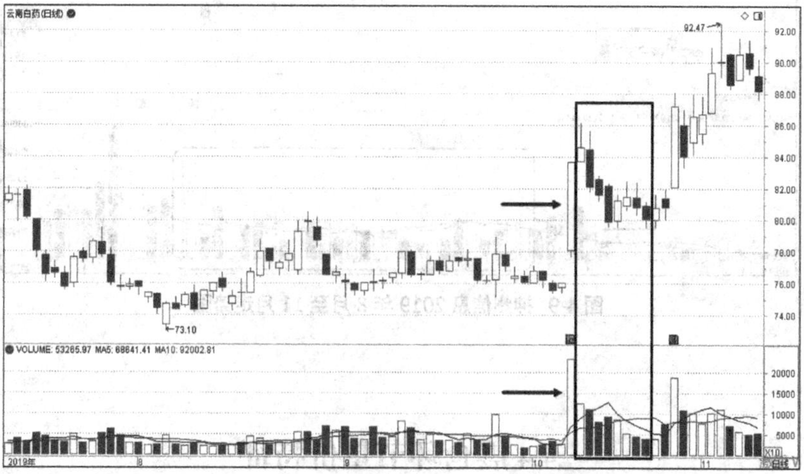

图 4-8 云南白药 2019 年 7 月至 11 月走势图

4.3.4 突破点多日吸筹放量

股价先是放量突破盘整区，在强势的横向震荡过程中，该股不时地出现单日明显放量形态，且股价重心随着震荡的持续而向上移动，这多是主力借突破之机进行加仓的操盘行为，预示着股价随后将出现一波上攻走势。在实盘操作中，强势震荡中的回落点就是最佳的短线入场时机。

图 4-9 为神州信息 2019 年 8 月至 11 月走势图，股价在相对低位区出现了长期盘整走势，随着放量突破形态的出现，股性得以激活，但股价并没有立刻强势上攻，这与主力手中筹码数量相对较少、参与能力不足有关。

此时，主力有加仓的需要，对于此股来说，可以看到，在强势震荡区间又多次出现单日放量阳线，这正是主力在突破点借加剧的多空分歧而积极地进行加仓操作的表现。在震荡过程中出现的股价重心上移也说明买盘力量强于卖盘，一旦主力加仓完毕，随后出现上攻行情的概率较大，此时是很好的入场时机。

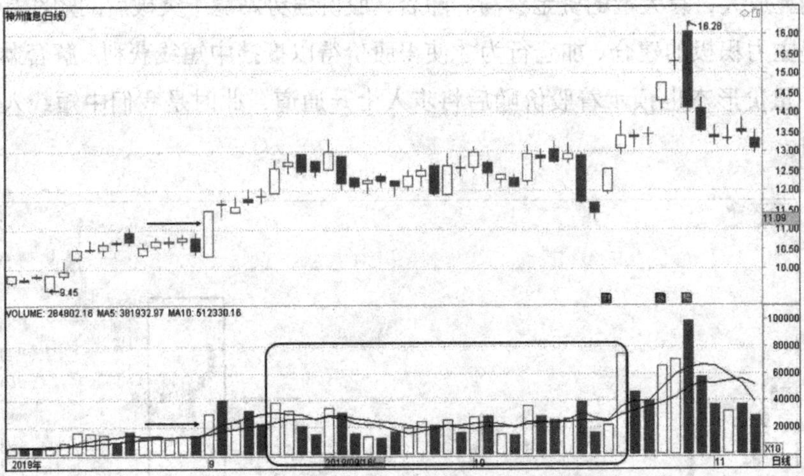

图 4-9 神州信息 2019 年 8 月至 11 月走势图

4.4 震仓环节量价特征

震仓环节常出现在一些主力的参与过程中，它虽然不是必然出现的一个环节，但是，它的量价形态特征很明显，当其出现时，也就给我们指出了短线逢低入场的最好时机。

4.4.1 连续缩量阴线下跌

震仓环节出现在建仓后、拉升前，是主力对底部区参与的获利浮筹进行整理的一种手段，其目的就是为之后的拉升操作创造更好的条件。

一般来说，震仓环节的典型盘面形态就是股价短期内的快速下跌并伴以量能的相对缩小。但投资者在识别这种形态时，一定要将其与主力前期的低位吸筹行为结合起来，只有股价前期的累计涨幅不大、主力有明显的吸筹迹象时，快速缩量下跌才可以被看作是由主力的震仓操作所导致的盘面形态。

图 4-10 为哈工智能 2019 年 5 月至 9 月走势图，股价先是出现了长期的盘整走势，随后，量能温和放大、股价向上突破了盘整区，这表明主力在积极参与。而这个盘整区很可能就是主力吸筹的区域，对于这类股票我们应多加关注。

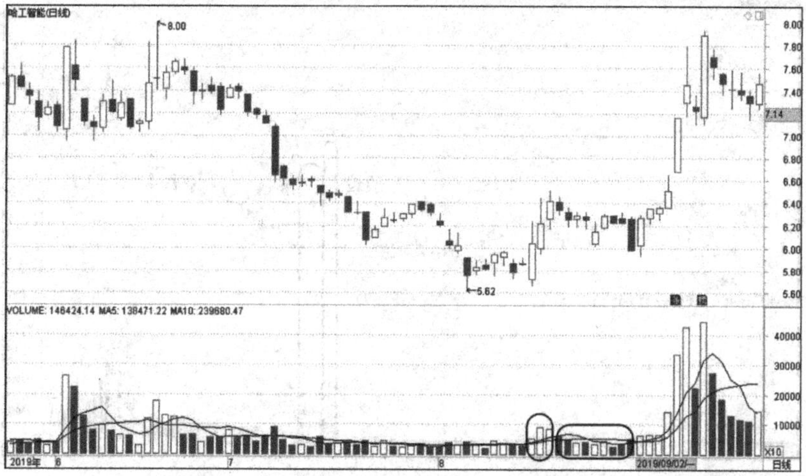

图 4-10 哈工智能 2019 年 5 月至 9 月走势图

如图中的标注所示，温和放量突破之后，出现了一波缩量回落，股价回调至启动点，这是主力在建仓之后、拉升之前进行的一次震仓操作，而这个短线回落低点也是我们买入的最好时机。

4.4.2 整体放量相对缩量

震仓环节的量能形态以“相对缩量”为主要表现形式。如果在之前的突破走势中量能的放大较为明显，则回调时的均量往往大于上涨前的均量，但这并不代表主力的出货行为。一般来说，这种情形常出现在主力参与能力较差的中盘股或大盘股中。

图 4-11 为苏常柴 A 2018 年 10 月至 2019 年 4 月走势图，股价在突破盘整区时量能的放大较为明显。随后的连续小阴线回落中，成交量相对缩小，但仍大于前期的均量。结合股价处于低位区及短期内的量能缩放分析得出，这代表着主力拉升而非主力出货，因此，这仍可以被看作是震仓，我们在短线回调中的低点可吸纳筹码。

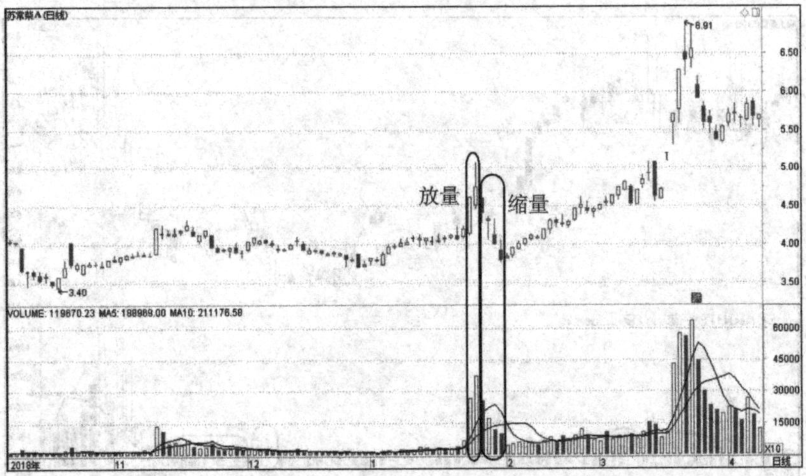

图 4-11　苏常柴 A 2018 年 10 月至 2019 年 4 月走势图

4.5 拉升环节量价特征

不同类型的主力有不同的拉升方式。中线主力持筹数量较多、参与能力较强，拉升时往往也是不急不缓的，股价上升时间长、累计涨幅大；短线主力持筹数量少，拉升时更需借助于市场力量。因为主力类型不同、参与能力不同、拉升风格不同，所以会展现出不同的量价形态，在本节中，笔者将讲解主力拉升过程中常见的几种量价形态。

4.5.1 平量式稳步上扬

平量式稳步上扬是中线主力常用的拉升方式。主力或许是因为在低位区吸筹较为充分，或许是因系统性风险出现而没能在高位出货，所以手中持有大量的筹码，当市场趋暖后，就有较强的拉升意愿。

此时，股价震荡着突破低位区间，温和向上攀升，由于主力手中的筹码多，市场上的筹码数量就相对较少，而且，由于股价的上涨方式较为温和，这对于散户持股者的卖出行为也起到了一定的抑制作用。基于这种市况，股价上扬时的量能并不会明显放大，而是呈“平量式”攀升。

这种平量式攀升的形态只要未被打破，我们就可以耐心持股待涨。一旦股价累计涨幅较大，出现上涨加速、量能突然开始放大的情况，则说明主力参与能力开始减弱且有出货意向，我们应逢高卖出、锁定利润。

图 4-12 为贵州轮胎 2018 年 6 月至 2019 年 6 月走势图，股价先是处于中长期低位，随后开始震荡上扬。如图中的标注所示，在股价的持续上涨过程中并未出现放量，量能呈现出“平量式”状态，这是前期主力被套后的被动拉升，主力持筹数量多、拉升阻力弱，因此，股价有望冲击前期新高。在实盘操作中，我们应耐心持股待涨。

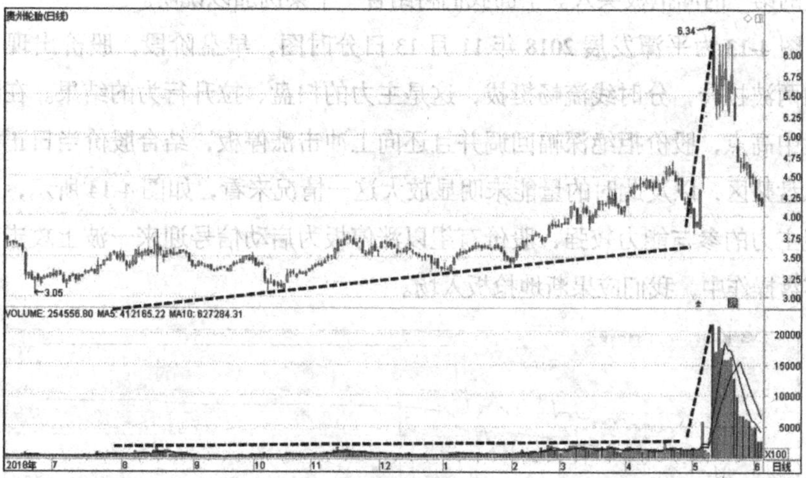

图 4-12　贵州轮胎 2018 年 6 月至 2019 年 6 月走势图

如图 4-12 中的标注所示，随着股价上涨进入高位区，此时的成交量突然放大、上涨速度加快，股价在盘中的上下波动的幅度也骤然增大。这种量价关系的突然转变，再结合股价的累计涨幅来判断，这是主力开始出货、市场浮筹增多的信号，预示着顶部的出现，我们应卖股离场。

4.5.2 不带量式涨停启动

涨停板的短线冲击力度无疑是最强的，它能够激发市场的追涨热情，很多主力往往喜欢借助于涨停板来实施快速的、甚至是一气呵成的拉升操作。股价的短线上涨势头强、涨幅大，主力借助于市场力量，因而也不需要动用太多的拉升资金，从而确保了拉升的成功。对于散户来说，不仅要了解主力的这种拉升方式，还需要从盘面上发现线索，进而在第一时间追涨买入，享受主力的拉升成果。

一般来说，涨停启动的拉升方式多出现在股价盘整之后，盘整区是主力吸筹、加仓的区域。随后，在某个交易日中，个股借助于良好的大盘氛围，在盘中强势上扬（多出现于早盘阶段），连续的大单扫盘向上推升股价，并且最终封牢涨停板。由于主力之前已买入较多筹码，封板突破虽然可以全盘获利，但市场多空分歧并不严重，封板时的量能或者处于平量状态，或者在温和地小幅放量，这种放量方式也反过来验证了主力的参与能力。在实盘操作中，我们应在个股封板的第一时间抢板买入。下面我们将结合一个案例加以说明。

图 4-13 为平潭发展 2018 年 11 月 13 日分时图，早盘阶段，股价出现了连续的两波拉升，分时线流畅挺拔，这是主力的扫盘、拉升行为的结果。在随后的盘中高点，股价拒绝深幅回调并且还向上冲击涨停板，结合股价当日正突破低位盘整区，以及此时的量能未明显放大这一情况来看，如图 4-14 所示，可以发现主力的参与能力较强，股价有望以涨停板为启动信号迎来一波上攻走势。在实盘操作中，我们应果断地抢板入场。

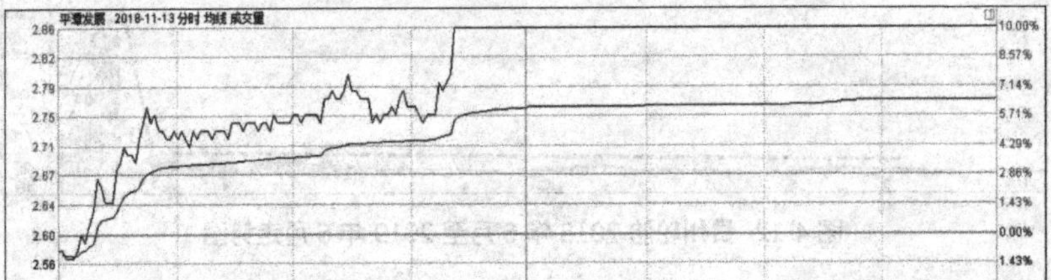

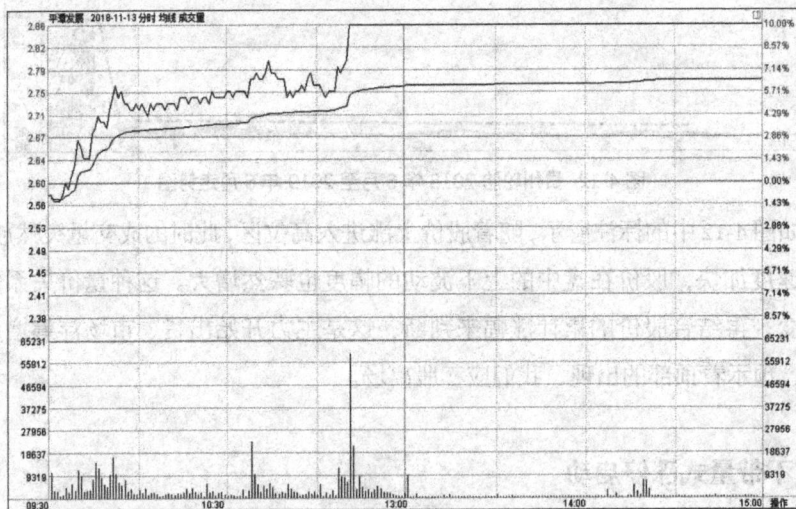

图 4-13 平潭发展 2018 年 11 月 13 日分时图

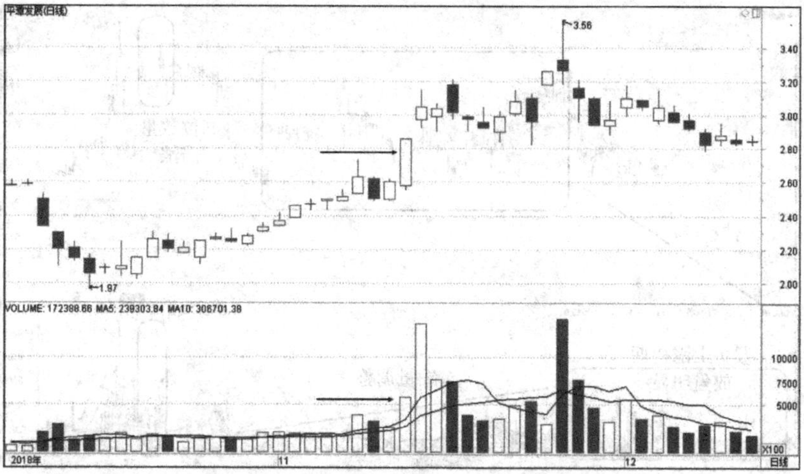

图 4-14 平潭发展 2018 年 10 月至 12 月走势图

4.5.3 先放量后缩量

在拉升过程中，一些主力往往会因为起初的筹码数量不够，而在拉升初期进行吸筹、加仓操作，此时的股价震荡上涨速度慢，主力力求降低持仓成本。随着主力持仓数量的增加、参与能力的提高，个股在随后的价格上扬过程中会出现相对缩量，量能明显小于上涨初期，这种上涨方式虽与我们常接触的“放量上涨”不符，但并不是升势见顶的信号。在实盘操作中，我们应多加观察，只有当出现较为明确的反转信号时，才宜减仓或清仓离场。

图 4-15 为中远海能 2019 年 1 月至 11 月走势图，股价上涨初期，量能明显放大，但随着股价上涨的持续，成交量反而不断缩减，这种缩量上扬的走势缓慢。就中线交易来说，此时并不是卖出时机，图中后半部分，股价高位放量滞涨，才是较好的顶部离场时机。

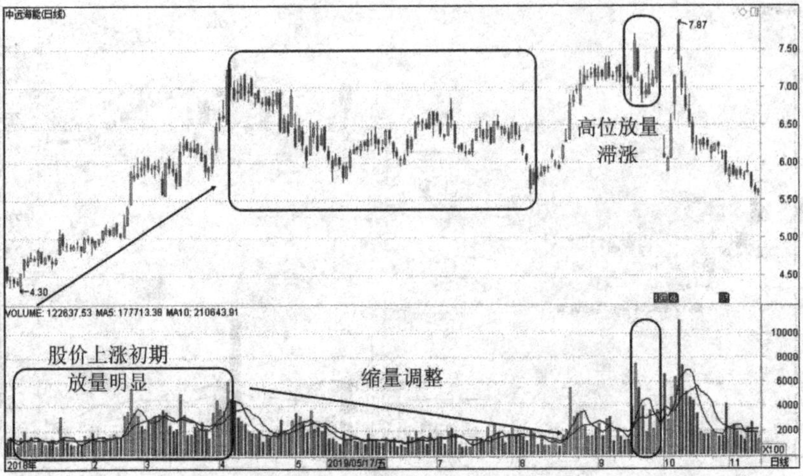

图 4-15　中远海能 2019 年 1 月至 11 月走势图

4.6 整理环节量价特征

整理环节出现在主力吸筹之后，虽然主力的买卖方式不同、参与能力不同，但此时的市场浮筹已经明显减少，因此，整理时的一个重要量能特征就是“缩量”。当然，主力买卖股票是一个前后连续的过程，仅凭缩量，我们还无法判断该量能特征是否与整理行为有关在实盘操作中，我们还需结合股价此前的运行特征来综合判断。在本节中，笔者将结合案例讲解常见的几种主力的整理方式及对应的量价形态。

4.6.1 平量式盘升平台

平量式盘升平台多出现在中线参与能力较强的主力的参与股中。股价以小阴线、小阳线（以小阳线居多）的方式极为缓慢地向上盘升，突破了此前构筑时间极长的震荡区间，全部的流通筹码处于获利状态，这个盘升走势构成了一个类似于“平台整理”的形态，但股价重心却在上移。个股处于“盘升平台”时的成交量并没有放大，呈现出一种“平量式”的状态。

这种量价形态往往是主力快速拉升前的一次缓慢整理行为，意在消耗那些持股时间短、短线抛售意愿强的短线盘，从而为随后的拉升减小阻力。在实盘操作中，这个平量式盘升平台是我们中短线买入的好时机。

图 4-16 为楚天高速 2018 年 12 月至 2019 年 3 月走势图，股价在突破长期整理区间时，出现了“平量式盘升平台”的形态，这是一个很显著的量价关系，也从侧面体现了主力的整理行为，并预示了主力随后的拉升行为。在实盘操作中，此时是中短线买入的时机。

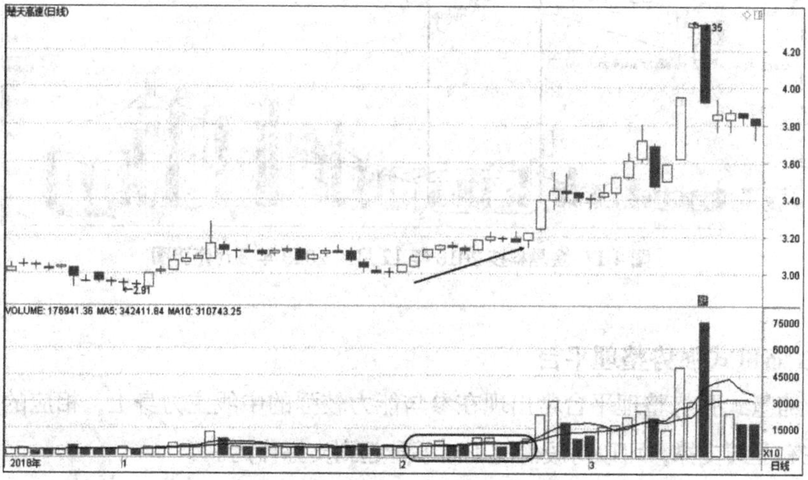

图 4-16 楚天高速 2018 年 12 月至 2019 年 3 月走势图

4.6.2 缩量下跌形态

缩量下跌形态常出现在股价短线涨速较快时。此时，在中短线高点，出现了一波速度较快、量能快速缩减的下跌走势，这一波快速下跌走势的量能与之前上涨波段的量能形成鲜明对比，表明下跌走势并不是因为大量抛售而形成的。在实盘中，若股价此前的上涨较为强劲、走势独立于大盘，则此时的缩量快速下跌具有更强的回调含义。在实盘操作中，我们也可逢短线低点买入。

图 4-17 为金晶科技 2018 年 12 月至 2019 年 3 月走势图，股价震荡上扬，一波短线快速上涨，量能明显放大，随后出现了股价的快速下跌，下跌时量能急速缩减。结合同期大盘走势来看，股价的震荡上行具有独立性，有主力积极

参与，股价此时的累计涨幅不大，通过股价的自然整理，在实盘操作中，我们可以逢低买入，积极投资。

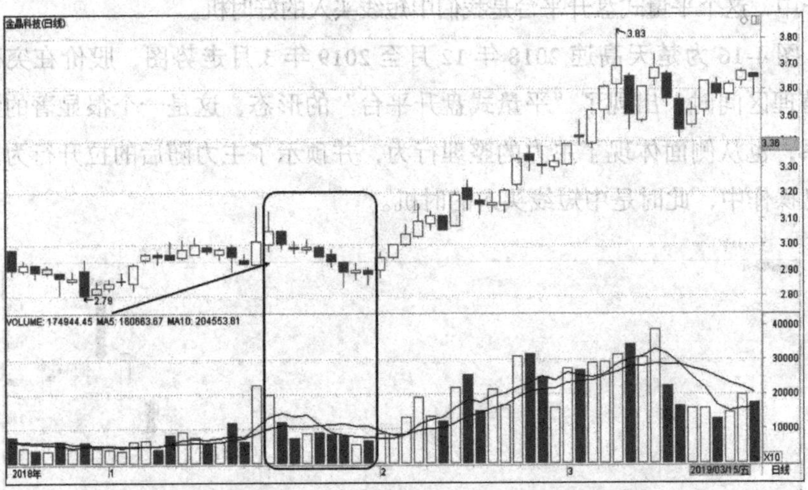

图 4-17 金晶科技 2018 年 12 月至 2019 年 3 月走势图

4.6.3 缩量式强势整理平台

缩量式强势整理平台常出现在参与能力较强的中线主力身上，相应的个股往往有业绩支撑，可以对股价的不断攀升起到支撑作用。

从盘面形态上来看，股价呈现横盘走势，在很长一段时间内股价波动幅度较小，短期内几乎没有什么差价，而且横盘区间往往会出现成交量萎缩的情况，给人一种此股交投极不活跃的感觉。这是因为主力在此区间内既没有出货，也没有拉升，散户可通过股价的自然整理状态时段，选择充分换手。

采取这种以时间换取空间的方法，主要是针对市场中的绝大多数投资者没有耐心的弱点，以达到淘汰一批持股者的目的。一般来说，平台整理的时间越长，股价上下振幅越小，表示整理得越彻底，以后股价上升的后劲就越大。

图 4-18 为万业企业 2019 年 8 月至 10 月走势图，股价先是出现了独立的攀升走势，长阳线一举向上突破了长期盘整平台。随后，股价开始横向震荡，且成交量大幅度减小，这就是主力拉升过程中的“缩量整理”形态，可以有效地消耗缺乏耐心的短线盘，从而为随后的拉升减轻阻力。在实盘操作中，由于该股中线已有一定价格涨幅，我们在买入初仓时，应控制好仓位，对于持股者来说，

则应持股待涨。

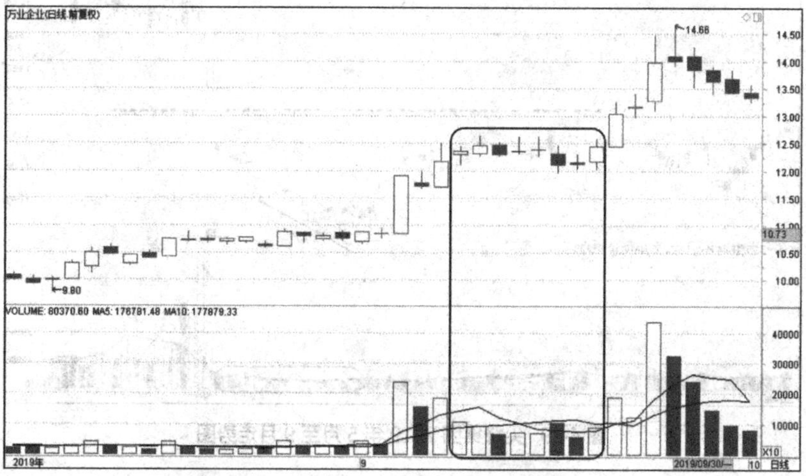

图 4-18 万业企业 2019 年 8 月至 10 月走势图

4.6.4 下跌后的缩量收复

股价的短线快速下跌伴以相对放量，可能是主力出货所引发的，也可能是市场抛盘涌现所引发的。如果想要判断股价后期走势，那么我们应密切观察股价短线下跌后的走势特征。若能够出现缩量修复下跌失地的走势，则表明主力参与能力依旧较强。在股价累计涨幅不大的情况下，我们仍可积极操作或逢震荡回调之机买入。

图 4-19 为尖峰集团 2019 年 5 月至 9 月走势图，股价在一波放量下跌之后，出现了缩量收复下跌失地的走势，这是市场浮筹较少、主力依旧有着较强参与能力的标志。短线上，我们可以适当买入参与。随后，股价短线上冲、加速上涨至前期盘整套牢区间时，量能突然大幅放大，股价在此位置点遇阻，我们在短线上宜卖出从而规避风险。

随后，当股价二次回落时，可以看到又是一波缩量下跌走势，主力并没有快速出货，在实盘操作中，我们可再度短线接回。在实盘中，股价走势往往一波三折，我们应结合量价关系的变化而不断调整买卖方向及仓位，力求降低风险、获取更高的潜在收益。

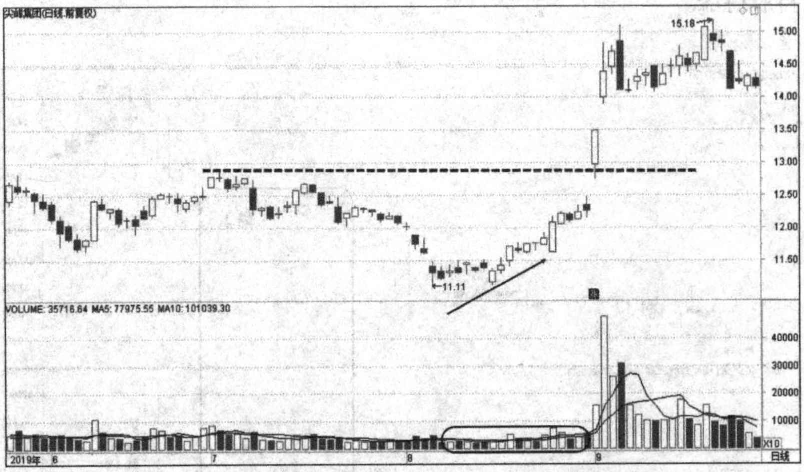

图 4-19 尖峰集团 2019 年 5 月至 9 月走势图

4.7 出货环节量价特征

主力往往在股价累计涨幅较大时出货，但是，若股市低迷，则主力往往会提前出货。我们应结合市场冷暖及量价关系的变化来把握主力的出货行为。在本节中，笔者将讲解主力出货时的几种常见量价关系，它们是股价走势中线转折的信号，也是风险信号。

4.7.1 缩量震荡下滑

在持续上涨后的高位区，若股价出现震荡滞涨走势且量能开始明显缩减，股价重心下移时，这便是主力无意拉升、开始小单派发的信号，我们此时应注意风险，股价随后有可能因大盘震荡而向下跌破平台支撑位。

图 4-20 为航天通信 2018 年 10 月至 2019 年 11 月走势图，在高位震荡走势中，我们可以看到股价在震荡走低，同期的量能明显缩减，这是主力小单出货的信号。这种缩量震荡下滑也打破了股价走势原有的上升形态，标志着顶部的出现以及趋势的反转。

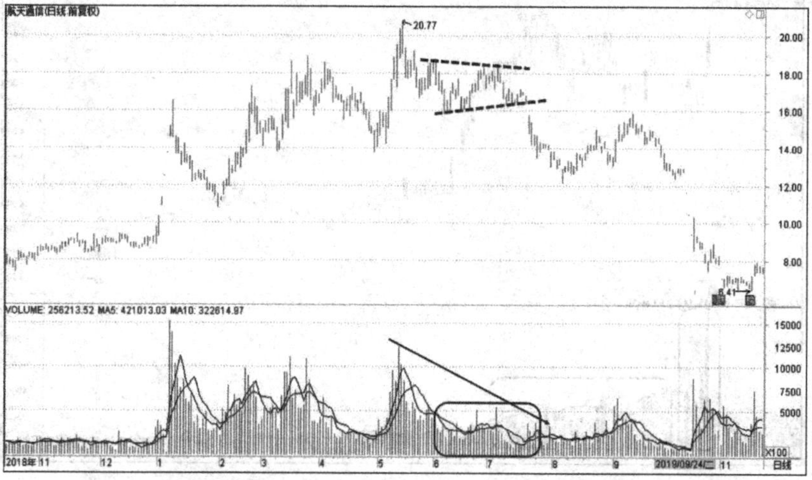

图 4-20 航天通信 2018 年 10 月至 2019 年 11 月走势图

4.7.2 断层式缩量滞涨

断层式缩量滞涨也是主力出货时较为常见的一种量价关系，它是指个股在价格不断上涨过程中出现了较为显著的放量，并且股价的上涨走势独立，明显强于大盘，中短线的涨幅相对较大。随后，在高点位，股价横向震荡，但量能却大幅度缩减，此时的量能与之前上涨时的量能相比，显现出“断层式”的特征。

高点位的断层式缩量滞涨多表明此前股价上涨时的堆积式放量或与主力的连续式拉升有关。此时量能断层式缩减并伴以股价滞涨，标志着主力连续式拉升的结束，也是股价走势见顶的信号。

图 4-21 为珠江实业 2019 年 1 月至 8 月走势图，股价的上涨过程持续时间长、累计涨幅大，上涨时的量能明显放大。如图中的标注所示，高点位出现了缩量滞涨，从量能效果来看，这属于“断层式”的缩量，是股价走势见顶的信号，我们此时应卖出离场。

4.7.3 放量攀升再放量

上升途中，成交量若在原有的放量攀升的基础之上再度明显放大，则会使得多方力量消耗过大、过快，容易引发中线反转走势。而且，再度放量时往往伴有股价的快速上冲，经常使得多空力量对比格局发生转变。在实盘操作中，当成交量无法继续放大或股价开始滞涨时，我们应卖出离场。

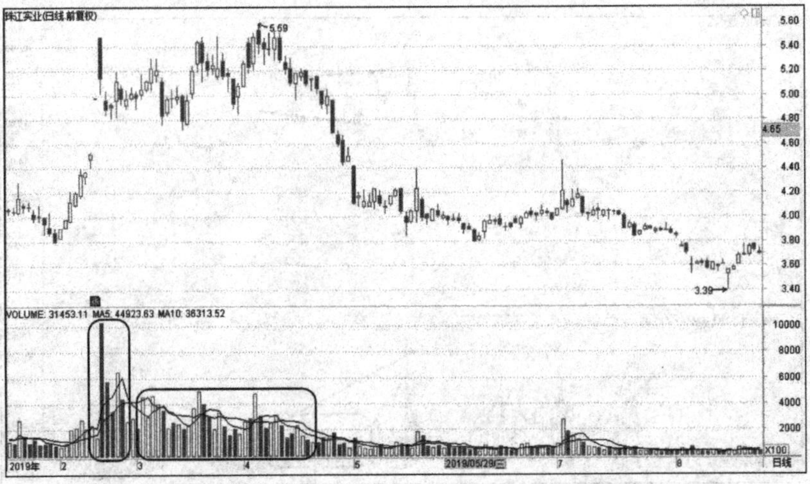

图 4-21 珠江实业 2019 年 1 月至 8 月走势图

图 4-22 为亚通股份 2019 年 2 月至 12 月走势图，股价在大盘走势处于震荡状态时出现了这种较为独立的上攻走势，这是主力积极参与的结果。但是，放量攀升之后出现了量能进一步放大的上攻走势，这就是一个反转信号，我们此时应果断卖出。

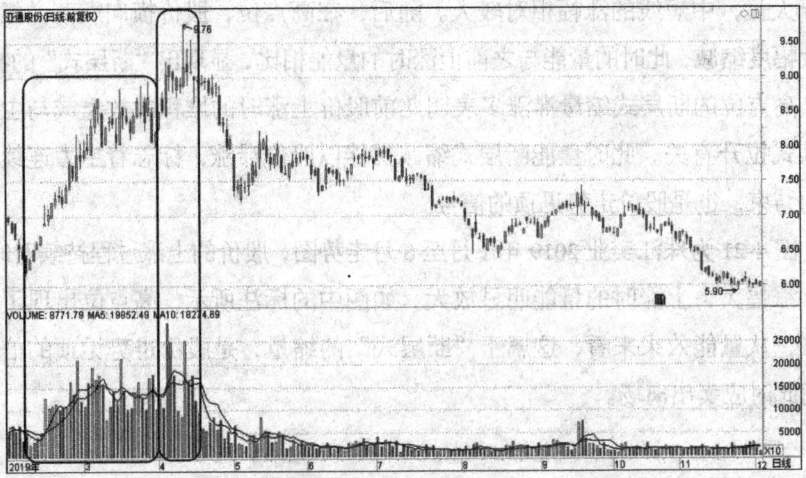

图 4-22 亚通股份 2019 年 2 月至 12 月走势图

第5章

日线图量价上攻组合

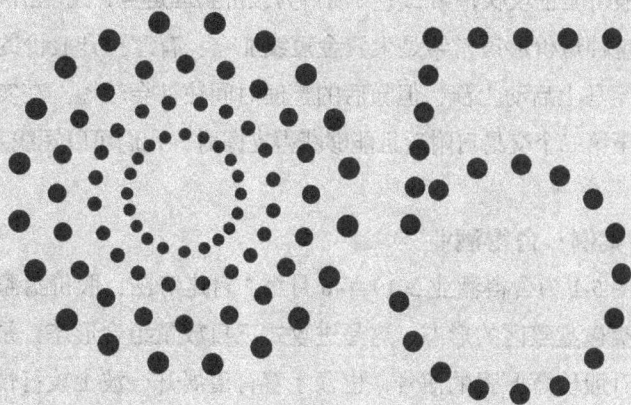

对成交量进行分析，以日 K 线为基础的日 K 线图量价分析是其核心。在前面，笔者已经从趋势运行、经典量价理论、主力参与等方面讲解了一些较为常见的日线图量价形态，但对于变幻莫测的股市及股价走势来说，这些还是远远不够的。

要想更加深入地理解并在实战中运用好量价关系，我们还要从特例入手，以 A 股市场的独特运行方式为基础，更加全面地学习量价形态。在本章及第 6 章中，笔者以“日 K 线图”为例来展开量价的相关内容的讲解，本章讲解能够预示股价上涨的量价组合，第 6 章讲解预示股价下跌的量价组合。

5.1 进攻式三日放量组合

5.1.1 形态及市场含义解读

进攻式三日放量组合是 3 个交易日的量价形态组合，这 3 个交易日的量能明显放大。第一个交易日和第三个交易日收出中小阳线且量能的放大较为明显，使得股价呈上攻状；第二个交易日为股价整理走势，量能相对缩小。

这种量价形态常常是大资金短线加仓、有意拉升股价的信号，虽然股价并不一定马上启动上涨，但随后的整理时间往往会较短。在实盘操作中，当股价回落至第二个交易日附近且能够获得支撑时，我们可以短线入场。

5.1.2 案例：舍得酒业

图 5-1 为舍得酒业 2019 年 6 月至 7 月走势图，股价盘整之后，出现了三日放量突破盘整区的形态。这是进攻式三日放量组合形态，是多方入场积极、短线推升股价意愿强的信号，也预示着有望展开一波上攻行情。在实盘操作中，我们可以在随后的横向整理期间买股入场。

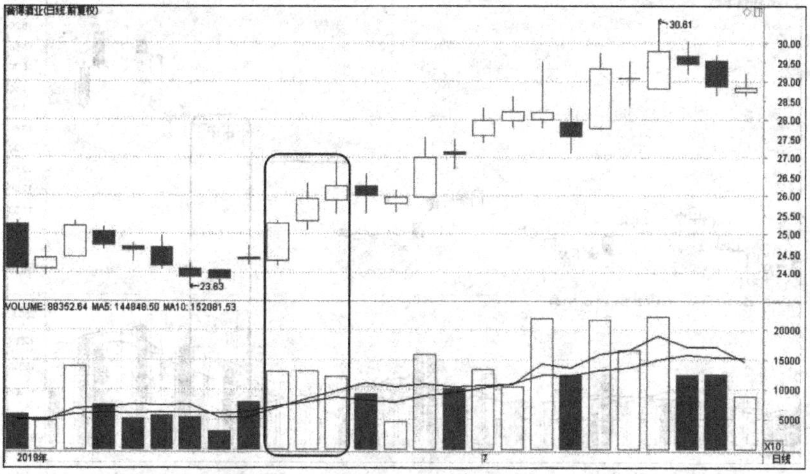

图 5-1 舍得酒业 2019 年 6 月至 7 月走势图

5.2 长阳线突破点窄幅放量整理

5.2.1 形态及市场含义解读

股价在长期盘整之后，走势不明朗，若此时出现长阳线放量突破盘整区，多预示着盘整区是多方积蓄力量的一个阶段，但是，多方也有可能因空方获利抛压较重、主力持筹数量不够而无功而返。此时，在长阳线的突破位置点，若股价走势能够出现小幅度整理形态，则这是多方已经在突破位置点占据主动地位的标志，也是有望展开突破行情的信号。在实盘操作中，这个突破点的窄幅整理位置区，就是我们中短线入场的好时机。

5.2.2 案例：三安光电

图 5-2 为三安光电 2019 年 7 月至 9 月走势图，股价在运行中先是出现了放量长阳线突破盘整区，随后在突破点出现了窄幅整理不回落的走势。此时股价正处于低位盘整区的突破形态中，而这种突破量价形态又是多方占优、主力拉升的信号。因此，在实盘操作中，在突破点的窄幅整理过程中，我们可以积极加仓买入。

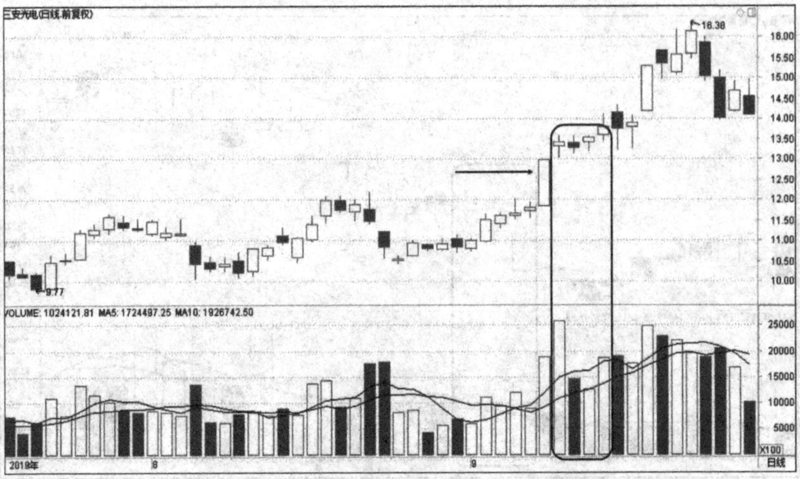

图 5-2 三安光电 2019 年 7 月至 9 月走势图

5.2.3 案例：广誉远

这种量价形态常出现在大盘股中。此时，股价在突破点是否有强势的窄幅整理形态出现是我们衡量多空力量的重要依据，也是判断上攻行情是否真实的标准。

图 5-3 为广誉远 2019 年 5 月至 7 月走势图，股价在以长阳线向上突破盘整区时，当日量能的放大较为明显，这是个股中没有强势主力参与的标志之一，

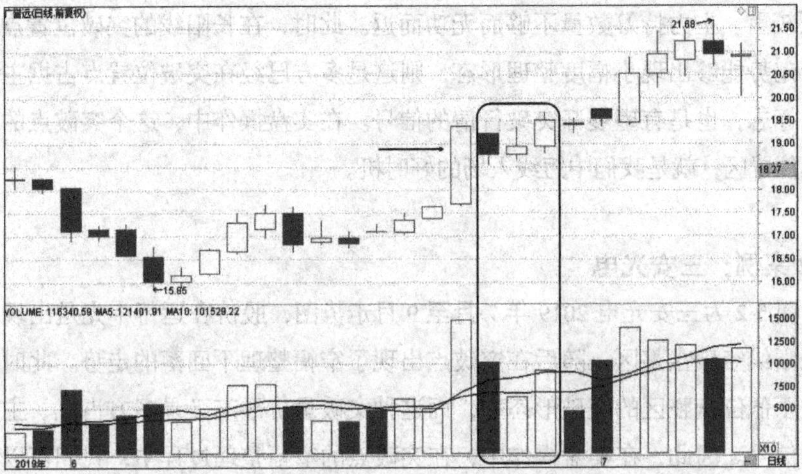

图 5-3 广誉远 2019 年 5 月至 7 月走势图

股价的运行方向是多股力量合力的结果。此时，若在突破点可以出现强势窄幅整理形态，则表明多方可以稳守胜果，仍完全占据主动地位，股价随后仍有上攻空间。在实盘操作中，我们可以耐心持股待涨或买股入场。

5.3 圆弧形突破套牢区温和放量

5.3.1 形态及市场含义解读

“圆弧形”常与主力的行为相关，因为仅凭市场正常交投是难以出现这种“优美”的运行形态的。当股价以温和放量的圆弧形态突破低位盘整区时，这多是主力快速拉升前的一次加仓操作。此时，圆弧右侧的滑落低点就是我们短线入场的最好时机。

5.3.2 案例：浙大网新

图 5-4 为浙大网新 2019 年 7 月至 11 月走势图，股价在长期盘整之后，先是出现了两条缩量阴线使股价降低至 7.76 元处形成破位之势，但在随后的运行中则以温和放量的圆弧形态“收复了失地”。在实盘操作中，我们应在股价圆弧形滑落时进行短线买入操作。

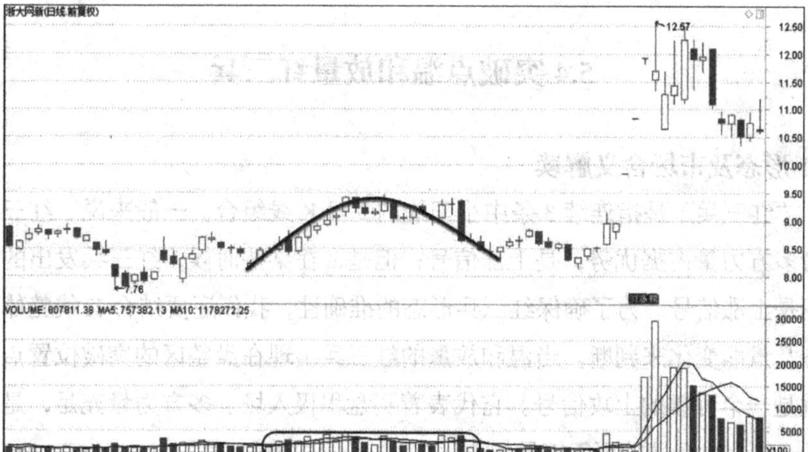

图 5-4 浙大网新 2019 年 7 月至 11 月走势图

5.3.3 案例：新华传媒

这种量价形态常与主力的积极参与有关，股价随后的中短线涨幅也十分可观。在实战中，对于这种量价形态，我们应多加观察，把握时机。

图 5-5 为新华传媒 2018 年 12 月至 2019 年 4 月走势图，股价以一个温和放量的圆弧形态突破了之前的短线整理套牢区。圆弧形态构筑完成之后，股价出现了短线回落，此时就是较佳的入场点。

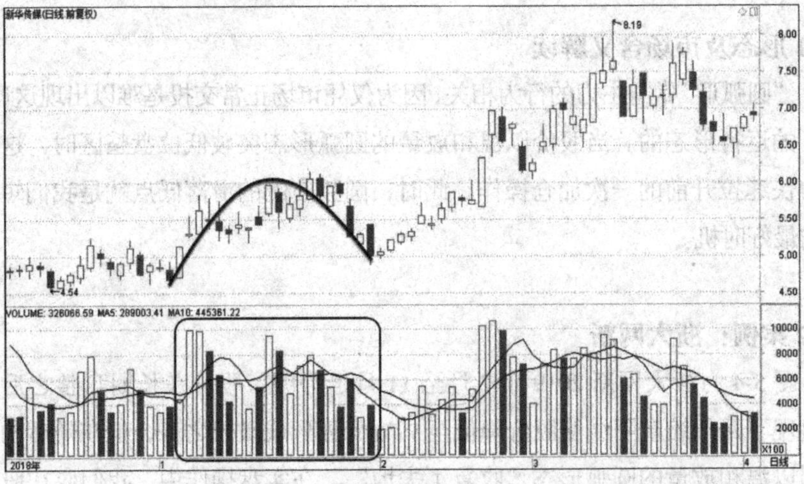

图 5-5 新华传媒 2018 年 12 月至 2019 年 4 月走势图

5.4 突破点温和放量红三兵

5.4.1 形态及市场含义解读

“红三兵”是指连续 3 条中小阳线的 3 日 K 线组合。一般来说，红三兵代表着多方力量占据优势，是上涨信号；但是，在某些时候，红三兵发出的信号并不是上涨信号。为了确保红三兵形态的准确性，我们还要结合 K 线整体运行形态及量能变化来判断。当温和放量的红三兵出现在盘整区的突破位置点时，这就是一个可靠的上攻信号。它代表着买盘积极入场、多方力量充足，是即将展开一轮上攻行情的可靠信号。

5.4.2 案例：龙建股份

图5-6为龙建股份2019年1月至5月走势图，股价在中短期深幅下跌后的低点出现了横向震荡走势。随后，连续3条温和放量的小阳线使得股价开始向上突破震荡区。这就是突破点温和放量红三兵形态，是买盘入场积极、股价有望展开上攻走势的信号。在实盘操作中，由于此时的股价中短线的涨幅均较小，因此我们可以追涨买入。

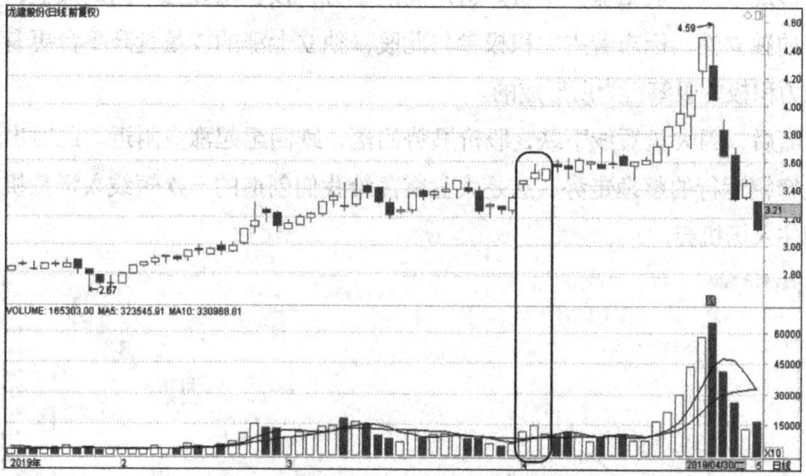

图5-6 龙建股份2019年1月至5月走势图

5.5 放量盘升后回调点缩量平台

5.5.1 形态及市场含义解读

放量盘升后回调点缩量平台是一个组合形态，它由两个局部形态构成。首先是温和放量并且股价缓慢向上攀升，一般来说，这种走势具有一定的独立性，强于同期大盘，往往是个股有主力资金积极参与的信号；随后，受大盘回落影响，股价没能在短线高点企稳，而是顺势回落至前期起涨点附近，此时，做横向窄幅整理，量能大幅缩减。

这种形态的出现常与主力的行为相关。只要股价当前处于累计涨幅不大的位置点，一般来说，随后会有较大的上涨空间，而这个回调后的缩量整理平台，常常就是主力快速拉升前的一个过渡阶段。在实盘操作中，此缩量平台是我们中短线入场的好时机。

5.5.2 案例：北京城乡

图 5-7 为北京城乡 2018 年 10 月至 2019 年 5 月走势图，股价在中短线回落幅度较大的相对低点，先是出现了持续的横向窄幅整理，随后，股价向上缓慢攀升，形成了一个放量盘升平台。这期间的走势，该股明显强于同期大盘，具有一定的独立性，标志着主力积极参与此股，独立上涨的放量盘升平台更有可能是主力积极的吸筹行为所形成的。

随后，因大盘短线下跌，股价顺势回落，跌回至起涨点附近。此时出现了缩量窄幅运行的整理走势，这是大盘震荡给我们创造的一次短线入场良机，应把握住入场机会。

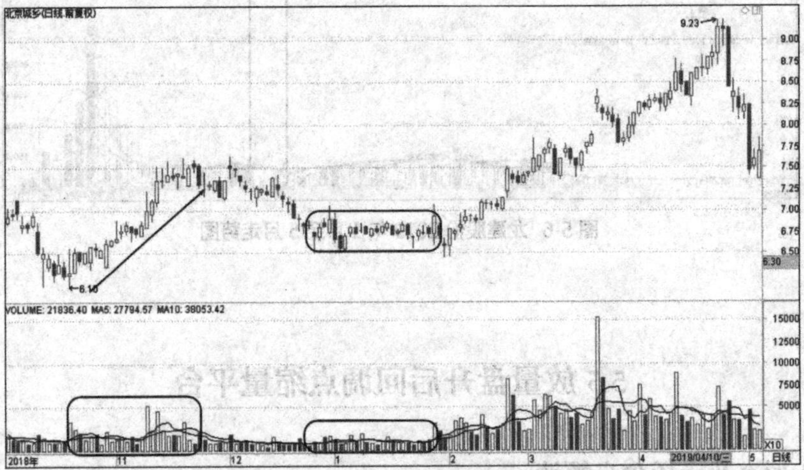

图 5-7 北京城乡 2018 年 10 月至 2019 年 5 月走势图

5.6 平量长阳突破宽震区

5.6.1 形态及市场含义解读

平量长阳突破宽震区形态是指股价走势在多个交易日内形成的长阳线、长阴线交替出现的宽震格局。虽然每个交易日的股价盘中振幅较大，但由于长阴线、长阳线交替出现，所以股价重心并未向上移动。此时，一条实体更长的阳线以平量的方式向上穿越了这个宽震区，股价也达到了近期小高点，较高的收盘价使得宽震区的筹码均处于获利状态。

穿越型的长阳线是多方积极做多的标志，平量则代表主力资金实力较强。如果股价的中短期涨幅较小，或者股价处于未启动状态，则多预示着有望展开一轮上攻行情，在实盘操作中，我们可以积极买入布局。

5.6.2 案例：杭州银行

图 5-8 为杭州银行 2019 年 9 月至 11 月走势图，该股缓慢攀升的价格走势十分稳健，在攀升区的突破点，形成了一个长阳线、长阴线交替出现的宽震区，这是多空产生分歧的区域，也是股价运行方向将明确的标志。随后的平量长阳线突破形态，表明股价的运行方向是向上，在实盘操作中，我们应跟随信号，积极买入。

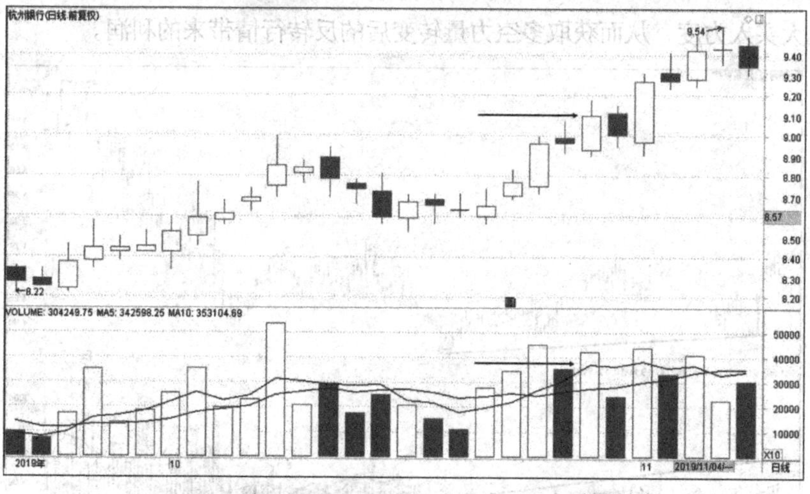

图 5-8 杭州银行 2019 年 9 月至 11 月走势图

5.7 缩量双（三）探低

5.7.1 形态及市场含义解读

缩量双（三）探低形态是指股价出现了类似于“W”的二次探低（或者三次探低）的震荡走势，在整个震荡过程中，成交量逐渐减少。

无论是第二次回探震荡区低点，还是第三次回探震荡区低点，成交量都较前一次回探震荡区低点时有所缩减，这说明欲使股价破位下行的做空力量逐渐减弱。如果此时股价的震荡区处于中线低点，那么这种量价形态可以被看作是多方力量转强、空方出货无力的标志，预示着随后有望展开突破上攻行情，二次（或三次）回探震荡区低点时便是很好的中短线入场点。

5.7.2 案例：赤峰黄金

图5-9为赤峰黄金2018年10月至2019年7月走势图，股价在中期低位区间出现了横向震荡走势。这期间的成交量随着震荡的持续而不断缩减，第二次回探震荡区低点时是一个买点，但此时的股价仍有破位下行的可能，因此，我们可以通过控制仓位的方式来降低风险；但是，当股价第三次回探震荡区低点时，成交量已明显缩小，且构筑了一个低点整理平台，企稳信号明显，我们此时可以加大买入力度，从而获取多空力量转变后的反转行情带来的利润。

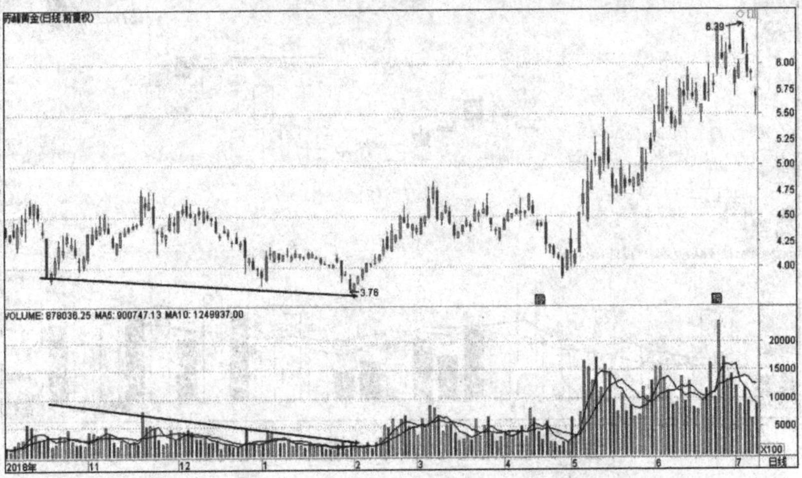

图5-9 赤峰黄金2018年10月至2019年7月走势图

5.8 宽幅箱体区低点强缩量

5.8.1 形态及市场含义解读

宽幅箱体区低点强缩量形态是指股价出现了横向的宽幅箱体震荡走势，震荡区一般处于中期高点位，箱体震荡持续时间较长。随着震荡的持续，当股价再度经短线回落至箱底时，成交量大幅缩减，明显小于前期震荡回调后的成交量，故称之为“强缩量”。

这种量价形态多标志着在箱体震荡的过程中有主力资金进行了积极的吸筹。在箱底位置出现强缩量时，也意味着主力参与能力较强、手中掌控的筹码较多，个股有望迎来突破箱体区的上攻行情。而且，从短线角度来讲，股价也有向上反弹再碰触箱顶的趋势，可以说，在中短线投资中，这是一个较佳的买入点。

5.8.2 案例：法尔胜

图 5-10 为法尔胜 2019 年 1 月至 4 月走势图，股价在短期上涨后的高点长期震荡。如图中的标注所示，当股价随着震荡的持续而再度回落至震荡区低点时，此时的成交量呈极度缩量形态，这是主力持筹数量较多、空方无力使股价降低的信号。而且，震荡区低点也是一个很好的反弹买入点，在实盘操作中，我们此时可以大胆买入。

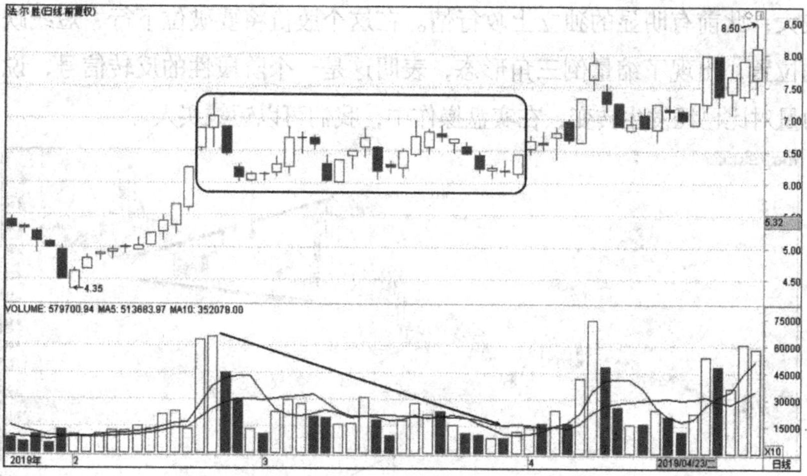

图 5-10 法尔胜 2019 年 1 月至 4 月走势图

5.9 低点缩量倒三角回升

5.9.1 形态及市场含义解读

“倒三角回升”形态由一条长阴线之后的连续多条小阳线组合而成，缩量倒三角是指包括长阴线当日的多个交易日内，成交量处于相对缩小的状态。一般来说，连续小阳线时的量能萎缩得更为明显。

低点缩量倒三角回升形态出现在短线低点，特别是在股价短线上冲后再度回探前期低点位时，此时股价无力破位下行，只要股价中短线累计涨幅小、短线跌幅大，则它多能准确地预示一波上攻行情的展开。在实盘操作中，如果长阴线之后出现了连续的缩量小阳线，并且此时的股价短线涨幅小，则缩量倒三角形态已完全形成，那么我们可以积极地买股入场。

5.9.2 案例：首钢股份

图 5-11 为首钢股份 2018 年 12 月至 2019 年 4 月走势图，股价的中短线跌幅较大，此前有明显的独立上攻行情。在这个股价将要破位下行、短线跌幅较大的位置，出现了缩量倒三角形态，表明这是一个阶段性的反转信号，说明多空力量对比已经发生转变，在实盘操作中，我们可以短线买入。

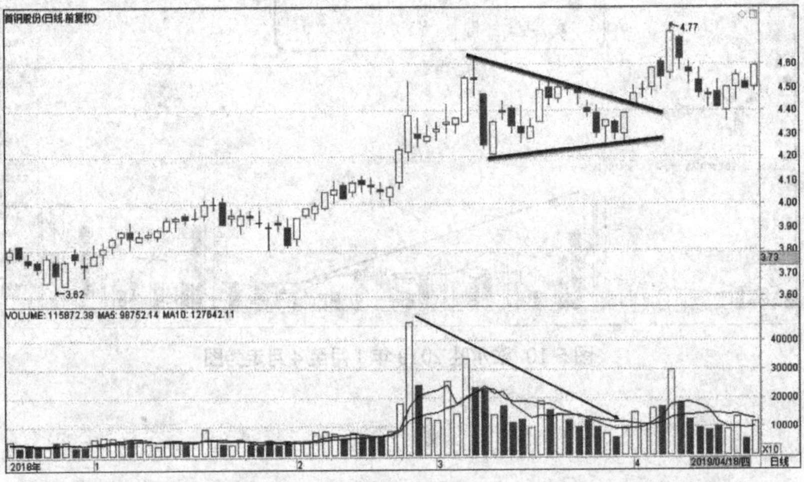

图 5-11 首钢股份 2018 年 12 月至 2019 年 4 月走势图

5.10 平量式攀爬上穿震荡区间

5.10.1 形态及市场含义解读

平量式攀爬上穿震荡区间形态是一种揭示主力参与股情况的量价形态。个股首先出现了持续时间较长的横向震荡价格走势，这是一种常见的运行格局，此时很难判断是否有主力参与其中，多数投资者只能结合震荡走势进行波段式的高抛低吸操作。一旦股价有向上穿越震荡区的趋势，投资者则很难作出判断。利用这种量价形态，我们可以判断股价是会开启突破上攻走势，还是会再度折转返回震荡区间内。

当股价向上运行至震荡区顶部时，若攀升速度缓慢、股价重心缓缓上移，并且此时的成交量未见放大，呈现出一种平量式的状态，则预示着经过震荡走势之后，主力已经拥有了较多的筹码。（此时的主力已有较强的参与能力，而此时股价向上缓慢攀升，是股价脱离主力成本区域的信号。）在实盘操作中，我们此时应耐心持股待涨，等待主力的进一步拉升，而不是过早地离场。

5.10.2 案例：盈峰环境

图 5-12 为盈峰环境 2018 年 10 月至 2019 年 3 月走势图，股价经历了长期的震荡，上下震荡幅度不大，累计涨幅较小，但震荡走势并不预示着一定有主力参与其中，股价运行方向不明朗。随着震荡的持续，当股价再度上涨至震荡区的相对高点时如图标注，以连续平量的方式突破震荡区。此时全盘获利，但获利抛售盘不多，说明主力参与能力较强，结合股价累计涨幅不大、当前正想要突破的价格形态来看，有望迎来一波上攻走势。在实盘操作中，我们此时可以积极跟随。

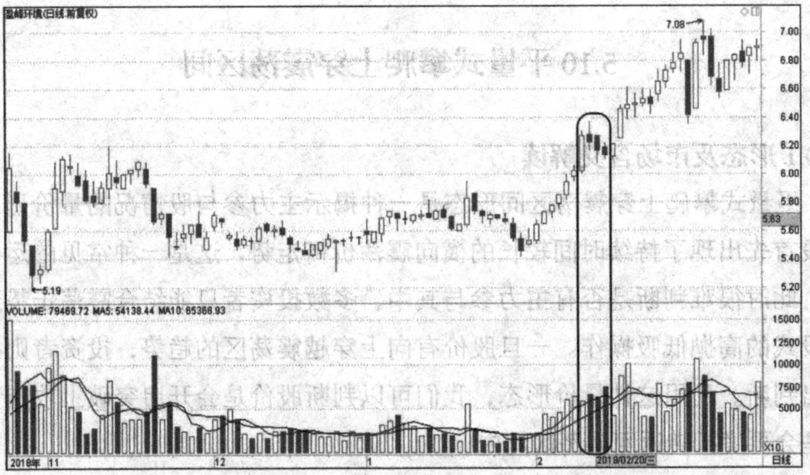

图 5-12 盈峰环境 2018 年 10 月至 2019 年 3 月走势图

5.11 中短线急跌后回升缩量

5.11.1 形态及市场含义解读

中短线的急速下跌往往会出现在股价的一波上冲之后。此时，或由于利空消息影响，或由于主力突然反手出货，股价开始了“雪崩”走势，中短线跌幅大、跌速快，但这种走势也容易引发强反弹行情。

一般来说，如果股价在中线已有较大跌幅且短线再度出现快速深幅跳水（以两三条长阴线的方式呈现），那么此时股价走势一旦企稳且以连续多日的小阳线缩量回升，则预示着短期内的做空力量已消耗殆尽，有望出现一波反弹走势。在实盘操作中，我们可以适当参与，从而获取反弹收益。

5.11.2 案例：桂林旅游

图 5-13 为桂林旅游 2019 年 7 月至 9 月走势图，股价中线跌幅大、短线跌速快，如图中的标注所示。在连续 2 条长阴线，股价跌至 5.05 元后，股价随着连续的小阳线而缓慢回升，回升时的量能萎缩。这是股价企稳的信号，也预示着反弹行情的展开，我们此时可以进行短线买入操作。

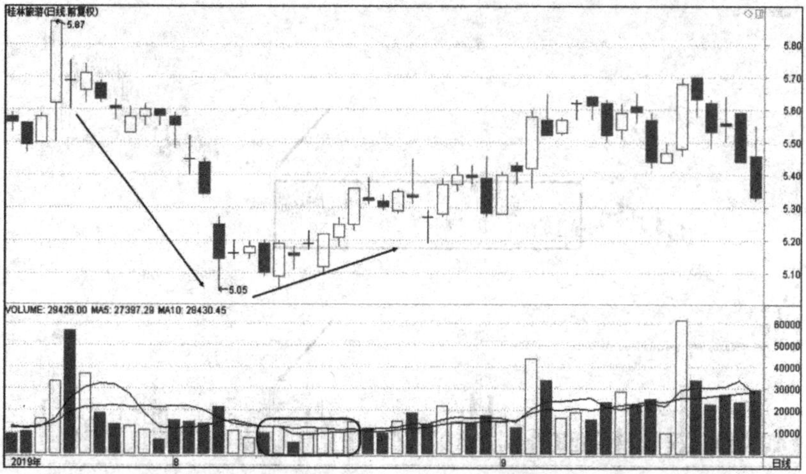

图 5-13 桂林旅游 2019 年 7 月至 9 月走势图

5.12 宽震式涨跌交映放量突破

5.12.1 形态及市场含义解读

“宽震式涨跌交映”是指盘中振幅较大的阴线、阳线在数个交易日内交替出现的量价形态，即这几个交易日的盘中波动幅度较大，但由于阴线、阳线交替出现，股价没有上涨。“放量突破”则是指股价突破这个短线宽幅区间时出现了明显的放量。

宽震式涨跌交映是股性开始明显活跃的信号，多与主力积极参与有关，此时的量能也会因盘中震荡幅度的加大而放大，股价运行方向尚不明确。随后的放量突破则表明主力资金的行为是做多的，而且经历了宽幅震荡区间后，多方已明显占据主动地位，这是有望展开一轮上攻行情的信号。在实盘操作中，我们可以在放量突破后逢短线回调之机买入。

5.12.2 案例：亿帆医药

图 5-14 为亿帆医药 2019 年 8 月至 2020 年 2 月走势图，股价在长期盘整之后出现了宽震式涨跌交映形态，随后的放量突破表明主力在积极做多。宽震式

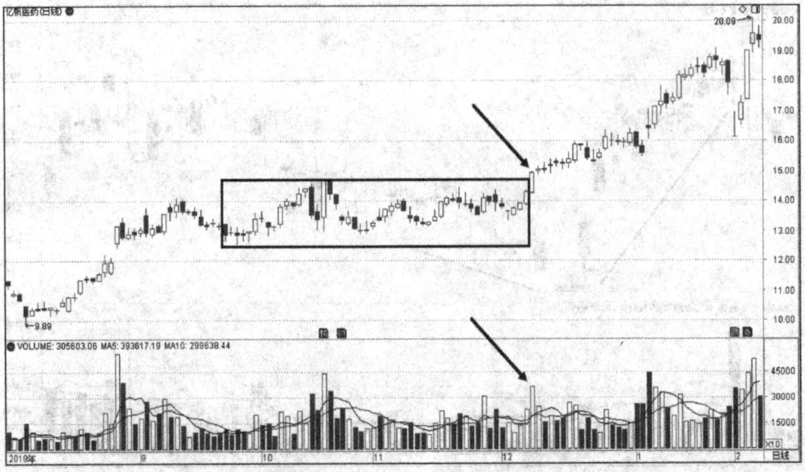

图 5-14　亿帆医药 2019 年 8 月至 2020 年 2 月走势图

涨跌交映是多空分歧明显的标志，主力此时的参与能力并不是很强，若是没有明显的利好消息驱动，股价很难实现突破后立即飙升的走势。在实盘操作中，当股价放量突破宽幅震荡区后，可跟随买进。

5.13 主力股震荡活跃式量能

5.13.1 形态及市场含义解读

主力股，是指从价格走势中可以明显看到有主力在其中参与的个股。一般来说，依据量价形态，我们可以判断出主力的存在。这类个股，其价格在进入高位区后，若正遇大盘系统性调整，往往也会随之暴跌，主力很可能在高位区出货数量较少，或者在暴跌后的低位区又进行了加仓。此时，判断主力是否会进行新一轮的拉升是关键，其中的“震荡活跃式量能”就是用来判断主力行为的依据之一。

“震荡活跃式量能”是指在震荡过程中，虽然股价短线波动幅度较大，但股价重心在上移。此时，成交量明显放大，而且股价也刚刚脱离近期最低点，累计涨幅不大。

5.13.2 案例：中闽能源

图 5-15 为中闽能源 2018 年 7 月至 2019 年 3 月走势图，我们来看看该股的价格走势变化过程。首先，股价在中长期低点出现了一波反弹走势，这一波反弹虽然让前期震荡平台区的筹码处于解套状态，但成交量没有明显放大，说明市场浮筹较少、解套盘未“蜂拥而出”，这也从侧面验证了主力仍参与在其中。

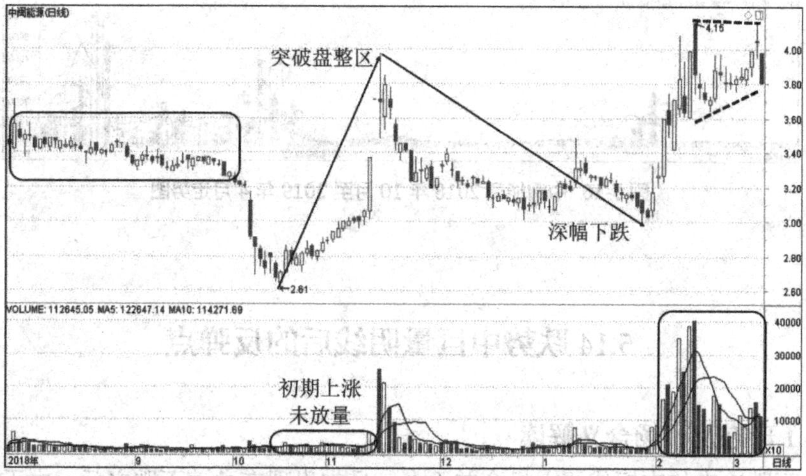

图 5-15 中闽能源 2018 年 7 月至 2019 年 3 月走势图

随后，借助于利好消息，股价以无量一字板的方式实现了短线飙升。但是，在高点位运行不久后，股价又受大盘系统性下跌的影响而出现了新一轮的暴跌。主力是否已在反弹过程中快速出货？这个问题暂时难以判断。

但是，随着低点企稳走势及随后反弹过程中的“震荡活跃式量能”的出现，我们预计主力仍有再度拉升股价的意愿，且此时股价距低点的累计涨幅不是很大。因股价反复波动，主力的持仓成本也相对较高，震荡活跃式量能又表明了主力积极参与的行为。在实盘操作中，震荡活跃式量能形态构筑期间，正是我们逢回调低点买入的好时机。图 5-16 展示了该股价格在 2018 年 10 月至 2019 年 4 月走势图，可以看到，在主力的积极参与下，股价涨势强劲，远强于同期大盘。

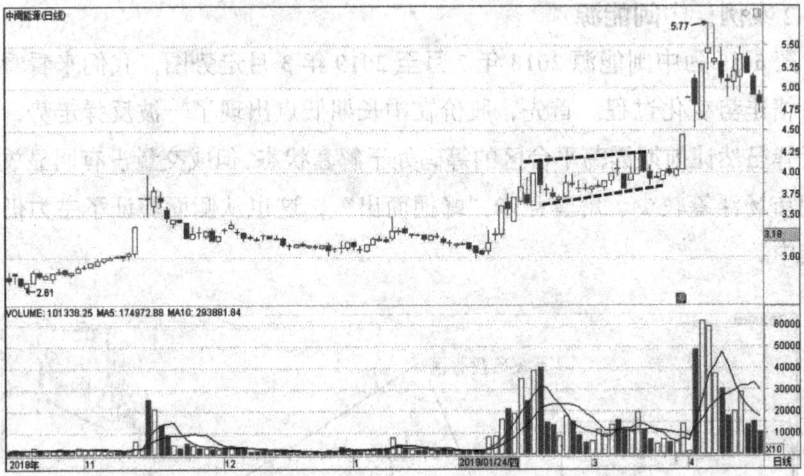

图 5-16 中闽能源 2018 年 10 月至 2019 年 4 月走势图

5.14 跌势中巨量阴线后的反弹点

5.14.1 形态及市场含义解读

下跌途中的中短线买入机会并不多，且常出现在急速下跌之后，由于技术面要求及短线做空力量的减弱，常会有反弹行情出现。

跌势中巨量阴线后的反弹点形态就是在跌势中获取反弹收益的一种量价形态。首先，股价的中短线跌幅已经较大，如果股价刚刚跌破高位整理区、距离最高点较近（少于 20%），则不宜参与。在下跌途中，股价以一条（或连续两三条）巨量长阴线再探新低，长阴线当日的量能远高于此前的均量水平，股价呈加速下跌状。随后，一旦股价走势在数日内企稳，多预示着短期内的做空力量释放过度，若同期大盘走势相对稳健，则股价有望迎来强势反弹。

这类形态的重点是长阴线的“放量”，只有放出了巨量，且在中短线跌幅较大的位置点，这种反弹行情才能“一触即发”，因为巨量阴线可以被看作是空方力量消耗过度的表现。

对于这类形态来说，由于是在跌势中获取反弹收益，因此我们更应注重仓位的控制，并密切留意股价短期走向，一旦数日内股价无法回升，始终无法脱离我们的建仓成本区，则应考虑卖出，规避股价有可能出现的新一轮下跌风险。

5.14.2 案例：福田汽车

图 5-17 为福田汽车 2019 年 6 月至 9 月走势图，股价走势呈震荡下跌状，下跌趋势明显，这是多空力量整体对比格局转变的表现，此时，我们不可过早抄底入场。但随着震荡走势的持续，如图中的标注所示，一条巨量长阴线使得股价快速下跌，中短线的跌幅极大，我们此时可留意反弹行情的出现。随后几日的走势企稳，就是我们短线入场、获取反弹收益的时机。

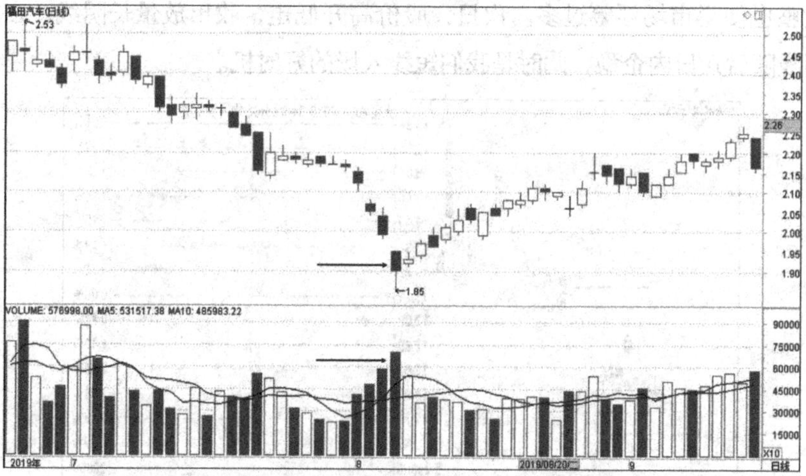

图 5-17 福田汽车 2019 年 6 月至 9 月走势图

5.15 强势板次日巨量阴线

5.15.1 形态及市场含义解读

涨停是股价启动的信号，也是主力参与的标志之一。当股价以涨停板强势突破启动时，主力很可能因为市场浮筹较多、拉升阻力较大而先卖出一些筹码，这时多以放量长阴线形态为主要表现方式。

强势板次日巨量阴线形态是指股价先以一个盘口走势强劲的涨停板向上启动，这个涨停板早盘封牢、全天未开板，当日量能放大不明显，是典型的强势涨停。次日，股价惯性高开，但在盘中却节节下滑，收于一条放量长阴线。

如果在随后的几日，股价能够企稳、不延续长阴线后的弱势运行格局，且股价累计涨幅小、正处于长期盘整后的突破起点，则这种“强势板＋放量长阴线”

的组合形态多为一次股价短暂的快速回落走势，我们可以择机买入。

5.15.2 案例：大唐电信

图 5-18 为大唐电信 2019 年 4 月 4 日分时图，股价在长期盘整之后，于 2019 年 4 月 4 日出现了一字板的强势板形态，结合股价正处于突破盘整区这一情况来看，这是股价再次启动的信号，也是主力有意拉升的信号。但是，长期的盘整也使得市场浮筹过多。次日，股价高开低走，收出放量长阴线，在放量长阴线随后几日内企稳，此时是我们短线入场的好时机。

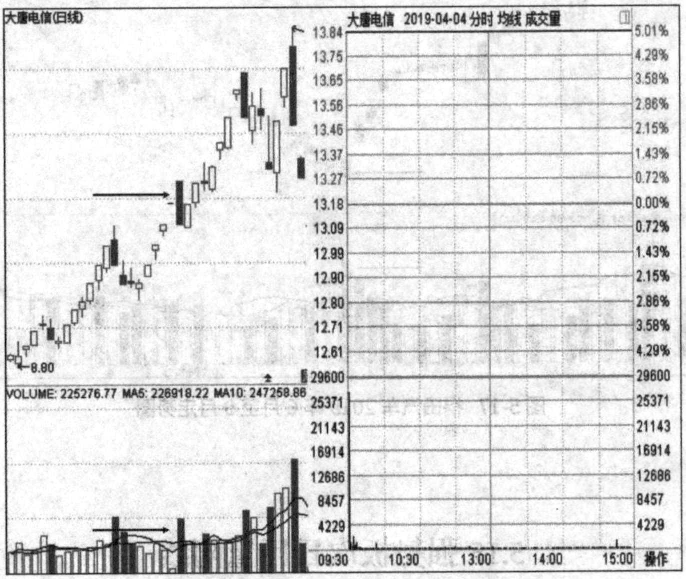

图 5-18　大唐电信 2019 年 4 月 4 日分时图

5.15.3 案例：高能环境

也有个股在两个涨停板之后，出现了这种放量长阴线的价格走势，“两个涨停板”往往也对应“两条放量长阴线”。在实盘操作中，第一条放量长阴线并不是最佳的入场抄底点，下面结合一个案例加以说明。

图 5-19 为高能环境 2020 年 1 月至 3 月走势图，股价走势在连续两个涨停板之后出现了两个交易日的放量长阴线。由于股价累计涨幅较小、无利空因素，出现这种形态往往是因为该股有题材面支撑，但主力手中筹码不够。在实盘操

作中，这类股价走势往往极为迅捷，我们应密切注意盘面变化，一旦出现盘中股价走势不弱，那此时往往就是主力选择再度拉升的时机。

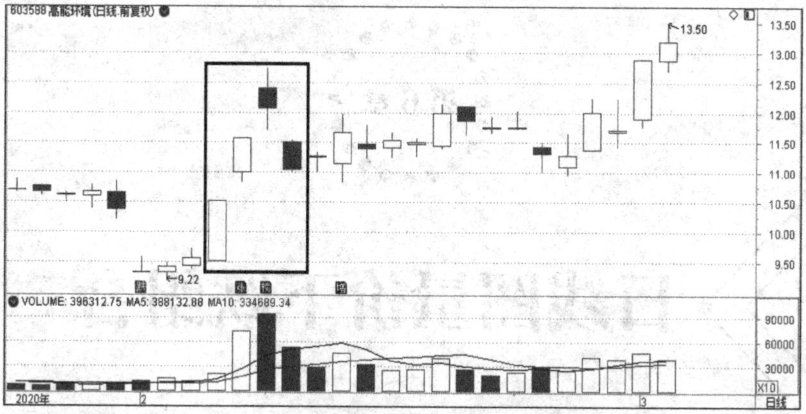

图 5-19 高能环境 2020 年 1 月至 3 月走势图

图 5-20 为高能环境两条长阴线后第二个交易日的分时图，股价并没有延续大幅走低的弱势，而是低开探低拉起，这是股价短期内整理完毕、有望展开新一波上涨走势的信号。在实盘操作中，我们应及时跟上，把握买入时机。

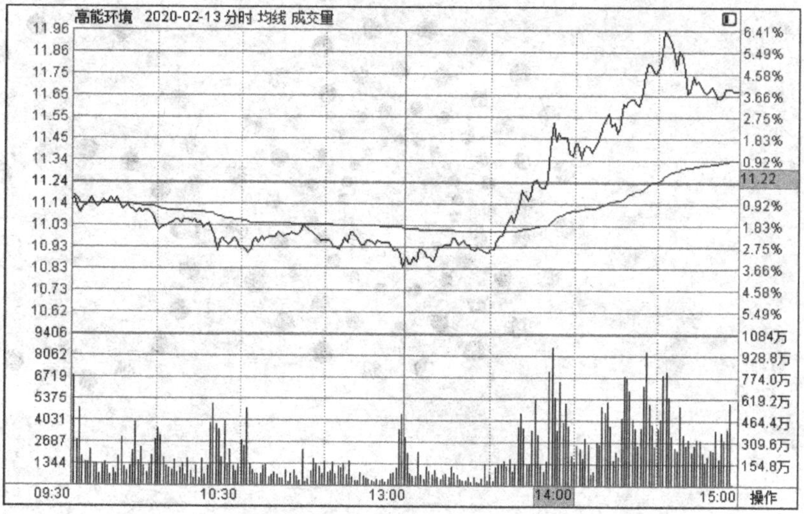

图 5-20 高能环境两条长阴线后第二个交易日的分时图

第6章

日线图量价下跌组合

在第 5 章中，笔者讲解了预示股价上涨的量价形态，依据这些形态，我们可以更好地把握中短线买入机会。与此相对的则是预示股价下跌的量价形态，它们是风险的象征。在股市中，把握机会只胜利了一半，要想长久地在股市中生存下去，还需要懂得规避风险的方法，通过讲解本章中的这些量价形态，笔者相信可以帮助读者从量价角度更好地规避风险。

6.1 单日放量长上影阳线

6.1.1 形态及市场含义解读

单日放量长上影阳线形态是指股价当日收出阳线，但上影线较长，一般来说，上影线长于阳线实体，且当日量能明显放大。

这种形态常出现在一波上涨后的短线高点，是股价在盘中上冲时遇到较大抛盘阻挡、上攻受阻的信号，预示着股价有短线回落的可能，在实盘操作中，我们应卖出股票以规避风险。

6.1.2 案例：中昌数据

图 6-1 为中昌数据 2019 年 10 月至 12 月走势图，股价上涨后的短线高点，

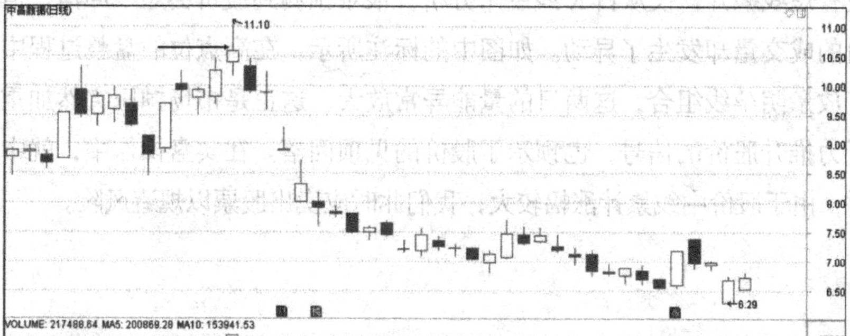

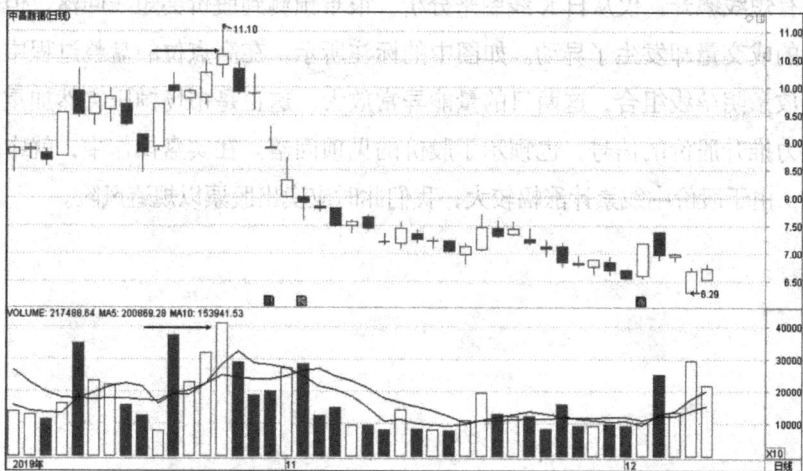

图 6-1 中昌数据 2019 年 10 月至 12 月走势图

出现了单日放量长上影阳线的形态，这是股价上涨遇阻、空方抛压较大的信号，也是股价短线回落的信号。

6.2 放量阴孕线组合

6.2.1 形态及市场含义解读

“孕线”是一种前长后短的双日 K 线组合形态。后面一条短 K 线的最高价低于前面一条长 K 线的最高价，后面一条短 K 线的最低价高于前面一条长 K 线的最低价，这使得后面一条 K 线犹如“孕于”前面一条长 K 线之中，故得名“孕线”。

在孕线形态中，如果前面的一条长 K 线为阳线，后面的一条短 K 线为阴线，则这种孕线被称为“阴孕线”。阴孕线多出现在一波上涨走势后的高位区，如果阴孕线形态伴有量能的放大，则表明空方抛压较重、多方上攻无力，预示着即将出现一波回调下跌走势。

6.2.2 案例：远达环保

图 6-2 为远达环保 2019 年 9 月至 11 月走势图，股价的上涨走势一直很稳健，并没有短线飙升，仅从日 K 线图来分析，很难预测到股价会短线回落，但是，此时的成交量却发生了异动。如图中的标注所示，在高点位的盘整过程中，出现了放量阴孕线组合，这两日的量能异常放大，这正是市场抛压突然加重、多方无力推升股价的信号，也预示了股价的见顶回落。在实盘操作中，就中短线来讲，由于股价中线累计涨幅较大，我们此时应卖出股票以规避风险。

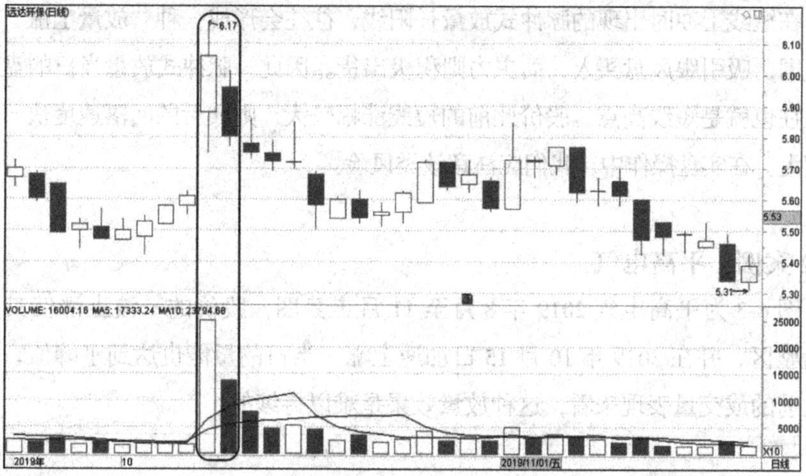

图 6-2 远达环保 2019 年 9 月至 11 月走势图

6.3 短线上冲单日天量

6.3.1 形态及市场含义解读

“单日天量”也称“脉冲式放量”。它是指成交量在单独一个交易日（或两个交易日）内突然大幅度放出，其成交量可达到正常水平的 4 倍以上，随后又突然恢复如初。从成交量的柱形图来看，这一日的放量效果十分明显，犹如跃动式闪现的电脉冲，打破了量能连续平稳变化的节奏。

短线上冲时的单日天量，伴以当日的长阳线，给人的直观感觉是放量上攻、行情可期，然而，这只是我们在不了解脉冲式放量上涨的市场含义时所得出的结论。随后的股价走势表明，这种直观感觉往往是错的。

在常态下，市场交投有一个相对连续的过程，量能体现了多空双方的竞争力度，基于市场交投的连续性，量能的放大与缩小也不会过突兀。但脉冲式放量显著地打破了这种连续性交投格局，它是量能的一次偶然性跃动。突然放量，又突然恢复如初，显然是由某种原因驱动的。只有理解脉冲式放量形态的成因，我们才能更好地理解、掌握这种形态。

在短线上冲时出现的脉冲式放量长阳线，往往会形成一种“放量上涨”的市场氛围，吸引跟风盘买入，而主力则积极出货。因此，脉冲式放量当日的盘中高点往往也就是短线高点，股价此前的短线涨幅较大，则随后的回落速度快、回落幅度大。在实盘操作中，我们应注意该类风险。

6.3.2 案例：平高电气

图 6-3 为平高电气 2019 年 8 月至 11 月走势图，股价的一波上涨使其突破了盘整区，并在 2019 年 10 月 15 日加速上涨，当日的量能也达到了峰值，从该股此前的成交量表现来看，这种放量效果是难以持续的。

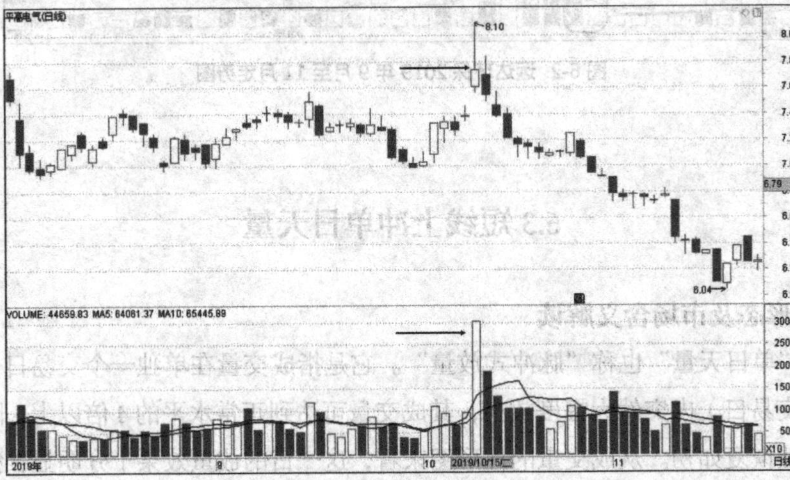

图 6-3 平高电气 2019 年 8 月至 11 月走势图

图 6-4 展示了平高电气 2019 年 10 月 15 日的分时图，当日出现天量是因为开盘后不久股价便冲高至涨停板附近，但未能封板，从而引发了巨量抛盘。结合股价短线涨幅较大且并无明显热点题材支撑来分析，这很有可能是多空力量转变的信号。在实盘操作中，我们在当日收盘前应卖出或减仓。

次日，该股成交量大幅度萎缩，表明 2019 年 10 月 15 日的单日天量形态是明确的短线见顶信号。

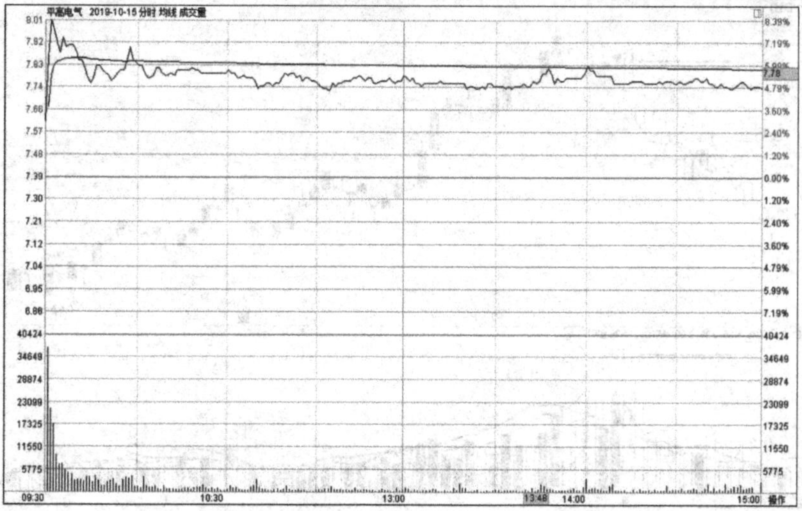

图 6-4 平高电气 2019 年 10 月 15 日分时图

6.4 放量上涨中探头式量能

6.4.1 形态及市场含义解读

放量上涨中探头式量能形态是指股价以放量的方式实现上涨，上涨过程中，在某个交易日中量能进一步放大，但在次日，量能恢复如初。

探头式量能的出现，说明股价的中短线上涨已是强弩之末，多方力量已有了较大的消耗。如果股价短线涨幅较大、涨速较快，则探头式量能一旦出现，往往就是股价短线见顶回落之时；如果股价之前的上涨相对稳健，那么虽然随后几日仍能进一步上涨，但上涨基石已不牢固，随时有反转下行的可能。

6.4.2 案例：航天动力

图 6-5 为航天动力 2019 年 8 月至 11 月走势图，股价以稳健的中小阳线的方式向上突破了盘整区间，但在累计涨幅不大的位置点出现了探头式量能，预示着此轮突破行情的根基并不牢靠。在随后的若干交易日内，我们应逐步减仓离场、锁定利润。

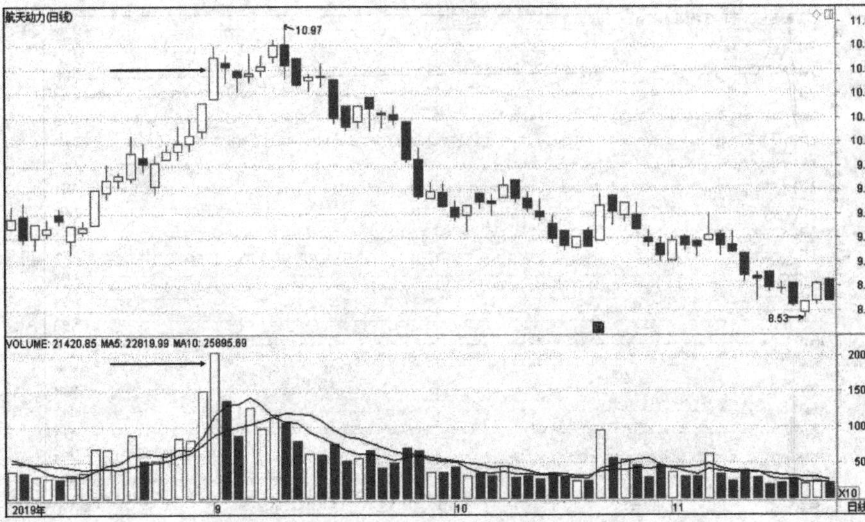

图 6-5 航天动力 2019 年 8 月至 11 月走势图

6.4.3 案例：航发科技

图 6-6 为航发科技 2019 年 1 月至 5 月走势图，与 6.4.2 中的案例不同，该股价格的短线上涨走势较为迅速，涨幅大，此时出现的探头式量能多是股价短线见顶的信号，特别是该股价格在次日又出现了滞涨。在实盘操作中，我们此时应果断卖出。

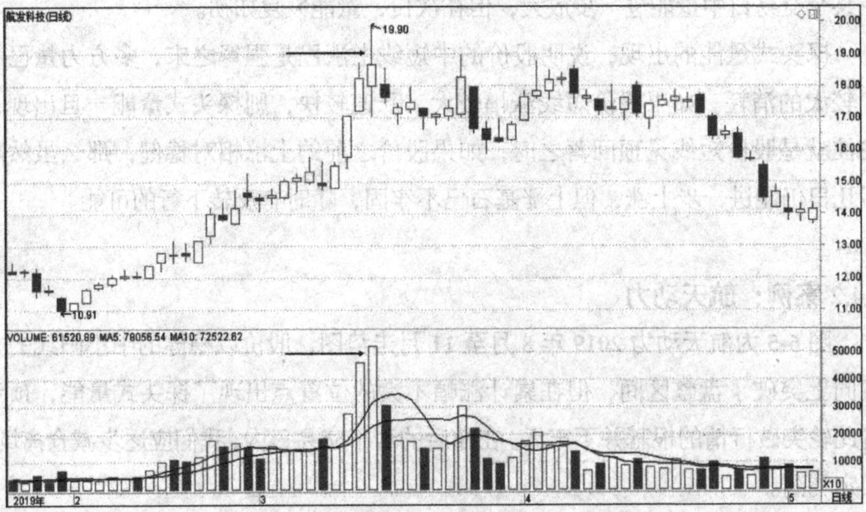

图 6-6 航发科技 2019 年 1 月至 5 月走势图

6.5 逐级式递增放量

6.5.1 形态及市场含义解读

逐级式递增放量形态是指在一波快速上涨过程中，股价连续收出阳线，且成交量呈现出逐级放大式的递增特征。所谓的逐级放大式，即后一交易日的量能略高于前一交易日，5 日均量线呈快速上扬状。

递增放量是一种只能持续数个交易日的局部放量形态。递增放量往往与股价走势沿某一方向快速发展有关，它是买盘持续加速流入（递增放量与股价上涨同步出现）或是卖盘持续加速抛售（递增放量与股价下跌同步出现）的表现。在实盘操作中，我们应关注递增放量形态下的量能峰值点，因为这里往往也是股价的阶段性高点或股价的阶段性低点。

6.5.2 案例：粤泰股份

图 6-7 为粤泰股份 2019 年 9 月至 10 月走势图，在股价震荡走高并创出短线新高的一波行情中，出现了连续 4 日逐级放大的递增放量形态，在第四个交易日股价收出长阳线，且量能创出近期新高。结合该股的历史表现来看，此时的量能难以再度放大，且短线上攻呈加速状，在实盘操作中，我们此时可以适当减仓、锁定利润。

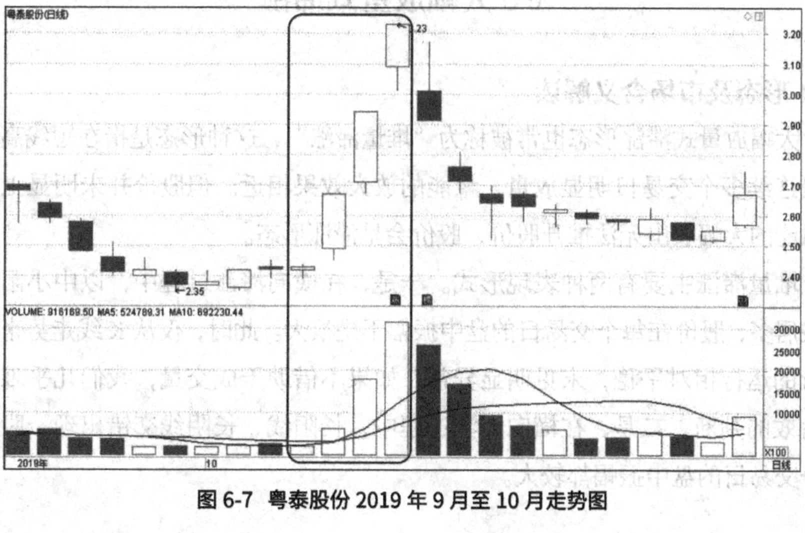

图 6-7 粤泰股份 2019 年 9 月至 10 月走势图

6.5.3 案例：动力源

图 6-8 为动力源 2019 年 9 月至 11 月走势图，在一波反弹走势中，股价连续 5 日上涨，量能递增式放大。如图中的标注所示，此时，量能无法进一步放大，这是反弹结束的信号。在实盘操作中，若我们想要短线抄底、获取反弹收益，则此时应卖出。

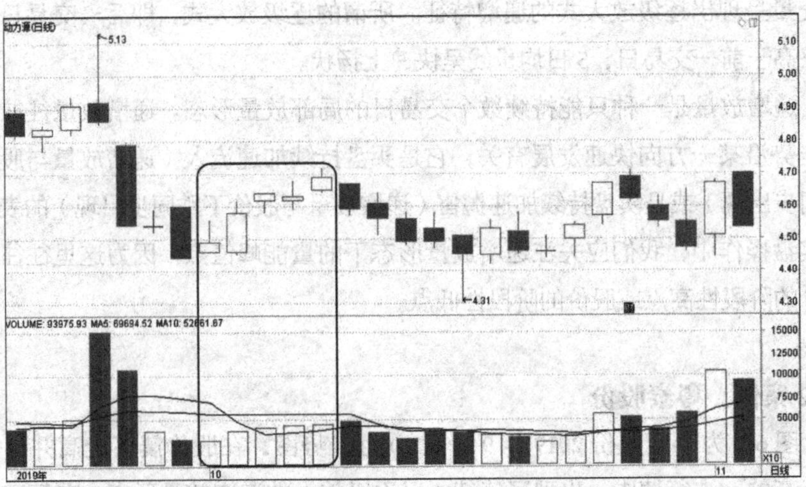

图 6-8 动力源 2019 年 9 月至 11 月走势图

6.6 大幅放量式滞涨

6.6.1 形态及市场含义解读

大幅放量式滞涨形态也常被称为“堆量滞涨”，这种形态是指在短线高点，个股连续多个交易日明显放量，量能的放大效果相近。但股价并未明显上涨，即量能的大幅放出无法推升股价，股价会呈滞涨形态。

堆量滞涨主要有两种表现形式。一是，在横向滞涨过程中，以中小阳线、阴线居多，股价在每个交易日的盘中振幅不是很大。此时，仅从 K 线走势来看，股价的运行相对平稳，未见明显异常，如果不借助于成交量，我们几乎难以做出有效的判断。二是，在横向滞涨过程中，长阳线、长阴线交错出现，股价在每个交易日的盘中振幅都较大。

这两种表现形态虽有所不同，但它们的市场含义是相近的。既然放大的量能无法推升股价，并且由于交易是双向的，那么，这种放量也就体现了短期内抛压很沉重。而大幅度的放量又较大地消耗了短期内的市场潜在买盘，严重削弱了多方力量，预示了股价的调整。

6.6.2 案例：科力远

图 6-9 为科力远 2019 年 3 月至 6 月走势图，股价因利好消息的驱动而涨至短线高点，此时股价上下震荡，长阳线、长阴线交替出现，量能急剧放大，但股价无法上行。这属于多个交易日盘中股价振幅较大的放量滞涨形态，是多空分歧过大的标志，也体现了沉重的抛压。在实盘操作中，我们应及时在逢盘中震荡冲高时卖股离场。

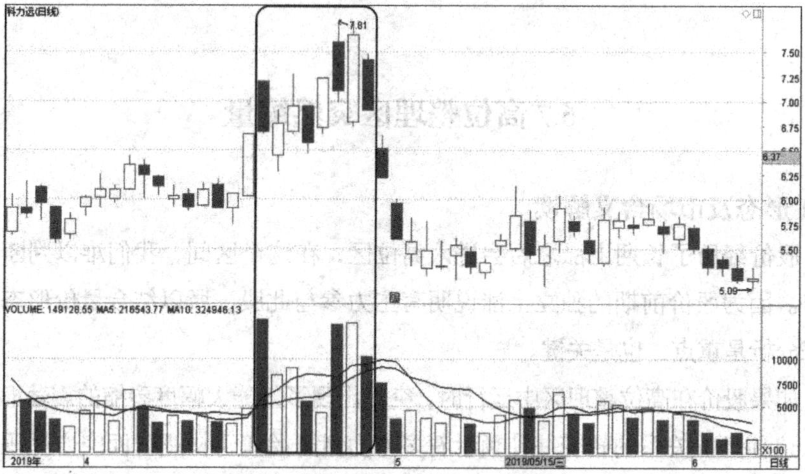

图 6-9 科力远 2019 年 3 月至 6 月走势图

6.6.3 案例：超讯通信

图 6-10 为超讯通信 2019 年 7 月至 11 月走势图，在短线涨幅较大的位置点，股价横向滞涨，K 线图呈小幅度波动状。单看 K 线的运行，这似乎是上升途中的一个中继整理平台，但是，结合同时间的量能情况来分析，这属于短线高点的放量滞涨形态，是一个危险的信号，预示着股价的调整。在实盘操作中，我们应卖出股票以规避风险。

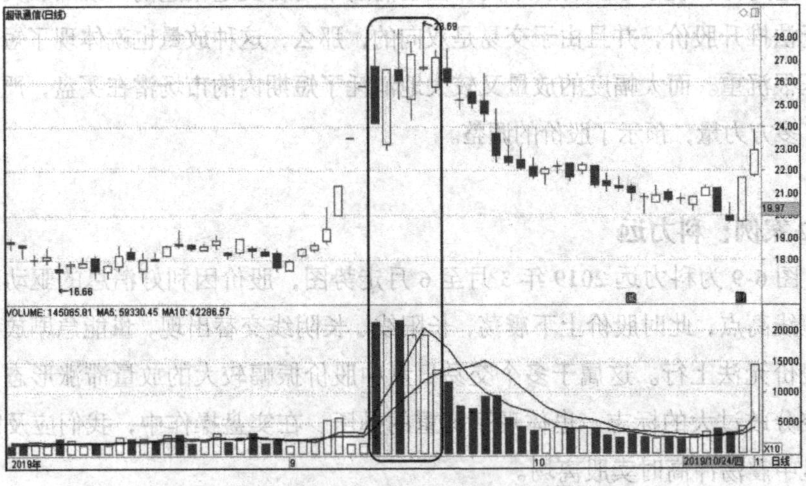

图 6-10 超讯通信 2019 年 7 月至 11 月走势图

6.7 高位整理区突然缩量

6.7.1 形态及市场含义解读

股价经历了长期上涨之后会进入高位区，在这个区间，我们难以判断股价走势。因为股价前期的独立上涨说明有主力参与此股，所以结合量价形态的变化来分析是重点，也是关键。

如果股价在高位整理区中运行时，突然出现了量能大幅度萎缩的震荡形态，那么这种量价关系的转变往往预示着多方力量开始趋于枯竭，而空方抛压则在陆续释放。这是多方力量转弱、空方力量转强的信号，预示着顶部的出现，也是我们中长线卖股离场的信号。

运用这一量价关系时，应注意两点。一是，股价的累计涨幅。只有在股价的累计涨幅较大、个股处于明显高估状态时所出现的这种缩量滞涨形态才是可靠的趋势反转信号。二是，要准确地识别出何为滞涨形态。整理形态一般会使得股价重心上移，而滞涨形态则不同，由于空方力量开始占据优势，因此，股价走势多以震荡缓跌、股价重心下移等为表现形式。

6.7.2 案例：苏农银行

图 6-11 为苏农银行 2018 年 12 月至 2019 年 8 月走势图，股价此前的上涨具有很强的独立性，主力参与明显。随着累计涨幅加大、主力拉升放缓，股价进入了高位震荡区，此时的股价重心无法继续上移，我们也应留意趋势的反转。如图中的标注所示，此时出现的整理区突然缩量形态就是股价盘整之后将破位下行的信号，也是提示我们中短线卖出离场的信号。

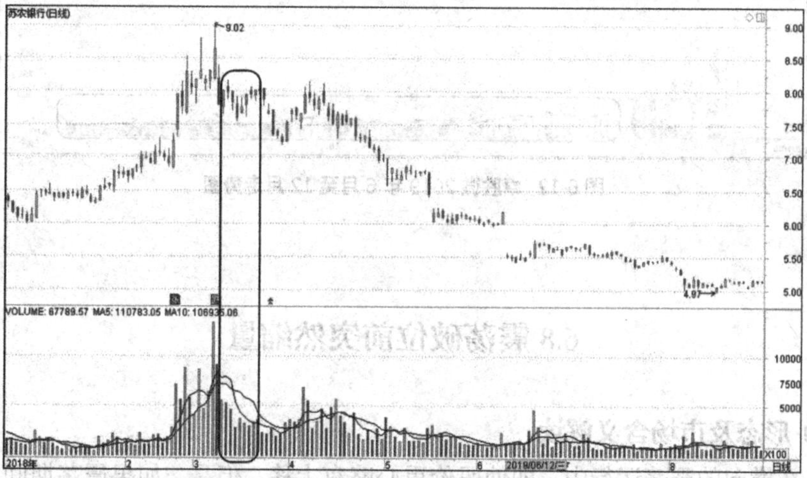

图 6-11 苏农银行 2018 年 12 月至 2019 年 8 月走势图

6.7.3 案例：卓胜微

对于价格累计涨幅巨大的个股来说，它们多有主力积极参与。当股价进入高位区时，若股价长期震荡滞涨且量能极度萎缩，则表明虽然此时主力的能力依旧较强，但由于主力获利空间巨大，股价在高位区的状态是极不稳定的。一旦大盘出现回调或主力有意大力出货，那么个股破位下行的空间极大。在实盘操作中，我们应规避此类个股。

图 6-12 为卓胜微 2019 年 6 月至 12 月走势图，股价在高位区长期震荡滞涨运行，此时量能极度萎缩，股价走势虽独立于大盘，但由于主力获利幅度大，股价破位下行的概率也随着震荡的持续而增加，散户不宜参与此类股票。

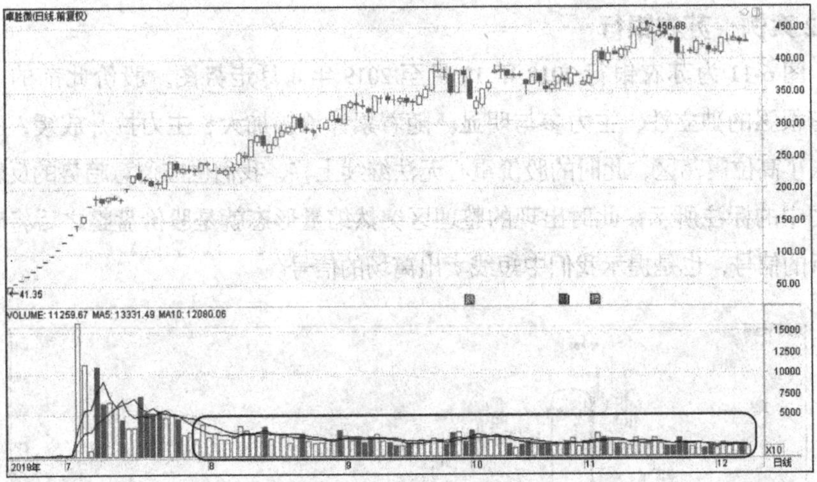

图 6-12 卓胜微 2019 年 6 月至 12 月走势图

6.8 震荡破位前突然缩量

6.8.1 形态及市场含义解读

在横向的震荡运行中，即使股价重心略有上移，但是，如果震荡期间没有主力入场，则随着多空交投趋于冷清、市场人气逐渐低迷，股价还是极有可能破位下行的。在实盘操作中，很多股票在震荡破位之前（即使震荡区间的累计涨幅不大）常常会出现突然缩量的形态特征，这是一个警示风险的信号，应引起我们的重视。

在实盘操作中，有时难以分析震荡之后的突然缩量是因为主力参与能力提升、积极锁筹，还是因为市场交投趋于冷清、买盘无意入场。此时，我们可以关注缩量时的 K 线形态特征，如果此时的阴线实体明显较长，多预示着买盘无意入场、空方力量有转强趋势；反之，多预示着主力参与能力有所提升。下面笔者将结合案例加以说明。

6.8.2 案例：韩建河山

图 6-13 为韩建河山 2019 年 5 月至 2020 年 2 月走势图，在横向震荡过程中，

成交量大幅萎缩，阴线实体明显较长，这是股价破位前的警示信号。

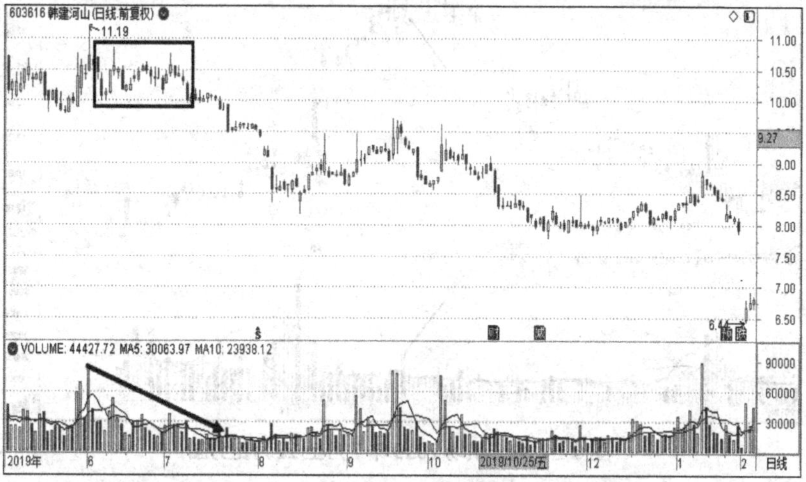

图 6-13 韩建河山 2019 年 5 月至 2020 年 2 月走势图

6.9 穿越式长阴放量反转

6.9.1 形态及市场含义解读

穿越式长阴放量反转形态常出现在盘整走势之中，从 K 线形态来看，它往往是高开低走的长阴线，阴线实体极长，从而使得当日的收盘价接近或跌破了原有的横向震荡区间。这种长阴线多伴有量能的放大，是主力资金快速出货的重要信号。一般来说，若同期大盘走势较弱，一旦股价走势中出现了这种类型的放量长阴线，则说明股价随后的短线跌速快、跌幅大。在实盘操作中，为了资金安全，我们此时应果断卖出。

6.9.2 案例：白云机场

图 6-14 为白云机场 2019 年 7 月至 12 月走势图，股价在高位区出现了横向震荡走势。此时，一条高开低走的放量长阴线极为明显，它是趋势反转的信号，预示着将展开一轮快速下跌行情，是明确的卖出信号。

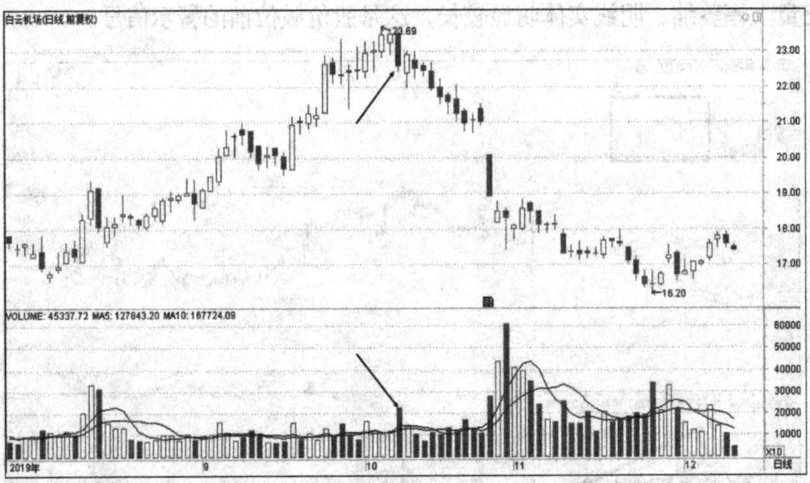

图 6-14　白云机场 2019 年 7 月至 12 月走势图

很多时候，我们不一定要等到收盘时才明确这是高开低走的放量长阴线，在盘中可以判定的前提下，逢反弹之机卖出将是更好的选择。

图 6-15 为白云机场 2019 年 10 月 14 日分时图，该股早盘放量跳水，从图 6-14 中可以看到当日量能明显放大，盘中跌幅较大，股价一直运行于均价线下方，这是资金加速撤出、多方无力反击的信号。结合图 6-14 中的放量长阴线来看，股价走势已呈破位状，我们应果断卖出，不必等到收盘时再做决定。

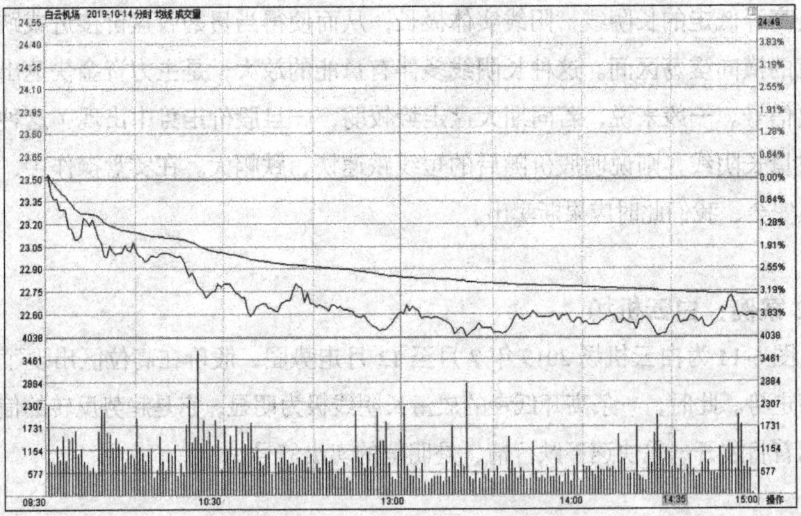

图 6-15　白云机场 2019 年 10 月 14 日分时图

6.9.3 案例：新疆天业

图 6-16 为新疆天业 2019 年 4 月至 8 月走势图，股价在震荡下跌的过程中出现了一波反弹，反弹时出现了一条高开低走的放量长阴线，这是反弹行情快要结束的信号，也预示了将展开新一轮下跌行情。在实盘操作中，我们应注意股价走势快速转变的特征，结合个股及大盘的变化，及时调整买卖策略。

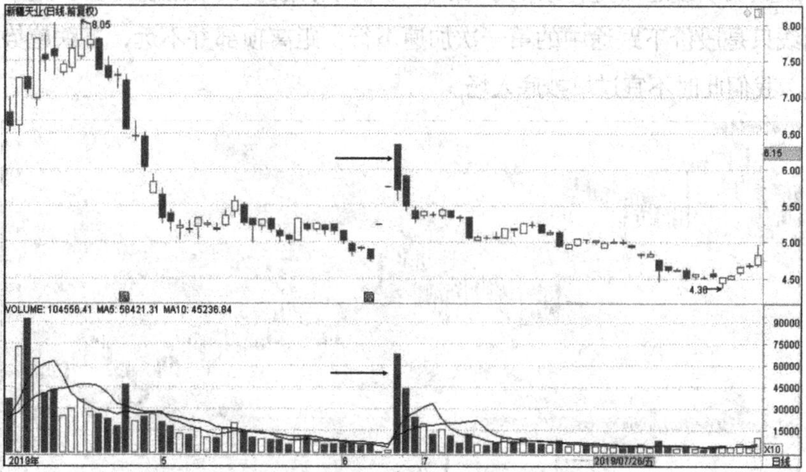

图 6-16 新疆天业 2019 年 4 月至 8 月走势图

6.10 跳空破位放量长阴线

6.10.1 形态及市场含义解读

一旦股价步入跌势时，“跌势不言底”这句用来警示风险的老话可能被那些喜欢抄底的投资者所忽略。在跌势中，能以更低的成本买入固然重要，但是若低点的整理只是暂时的，则此时买入无疑是十分危险的。从时间的角度来看，当前的低点很可能就是以后的高点。

跳空破位放量长阴线形态是我们判断跌势是否见底的重要形态之一。若股价以一条跳空低开、盘中放量低走的长阴线降至新低，则多表明市场中抛压依旧十分大，当前的这个低点很难形成真正的底部区。在实盘操作中，我们此时不宜过早抄底买入。

6.10.2 案例：特变电工

图 6-17 为特变电工 2019 年 6 月至 12 月走势图，股价自高点位开始震荡下行，并明确步入下跌通道。这时，我们应以应对跌势的方法进行操作，中长线持币观望，短线则可以结合股价及大盘的波动情况，适当参与以获取反弹收益。

如图 6-17 中的标注所示，一条跳空低开的放量长阴线加快了股价的下跌速度，放量长阴线之后是持续的小阳线、小阴线，股价出现企稳走势。这条放量长阴线只是股价下跌途中的第一次加速下行，距离顶部并不远，下跌趋势并未见底，我们此时不宜过早抄底入场。

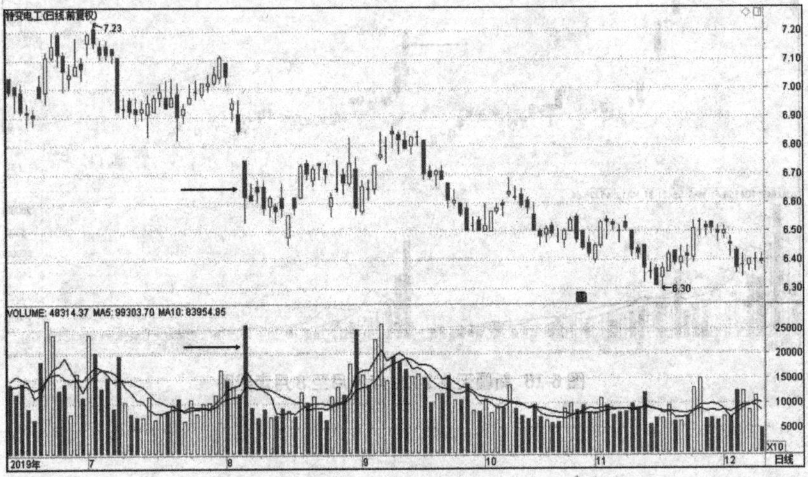

图 6-17 特变电工 2019 年 6 月至 12 月走势图

6.11 高点收涨的天量阴线

6.11.1 形态及市场含义解读

高点收涨的天量阴线形态出现在短线快速上涨过程中，此时股价跳空上涨，盘中惯性上冲，但在高点遇到抛盘阻挡，股价会出现一定的下滑。至收盘时，收盘价低于开盘价，当日收出阴线，但股价然而仍然处于上涨状态，跳空缺口未回补。

这种盘中走势伴以明显放大的量能，是多空力量对比格局在盘中快速转变的标志，多预示着短线上攻走势的结束。由于股价短线涨幅较大，其转向后的下跌幅度往往会较大，跌速也会较快。

6.11.2 案例：广州发展

图6-18为广州发展2019年5月至8月走势图，一波短线快速上涨之后，股价在早盘惯性冲高、随后快速下滑。图6-19为广州发展2019年7月29日的盘中运行情况图，股价在早盘高开高走的原因是惯性上涨，随后快速跌破均线，反弹无力，这是多空力量转变的信号。如图6-18所示，当日量能明显放大，结合股价在盘中震荡下行的情况来看，主力已开始出货，因此，每一次的盘中反弹都是我们减仓、卖股的好时机。

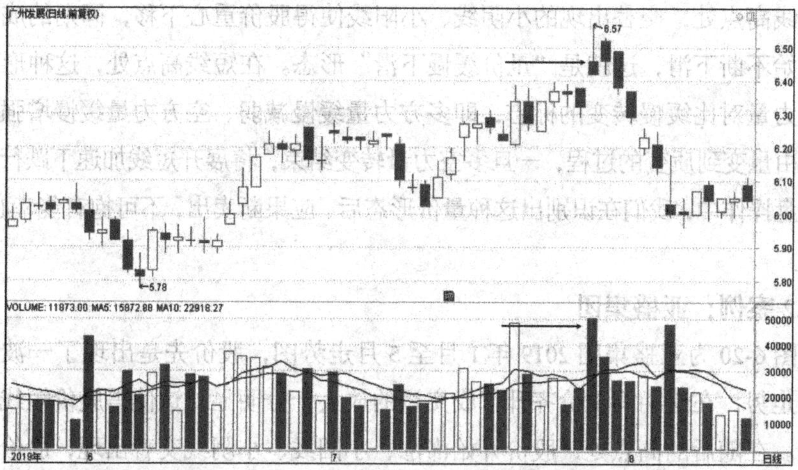

图6-18 广州发展2019年5月至8月走势图

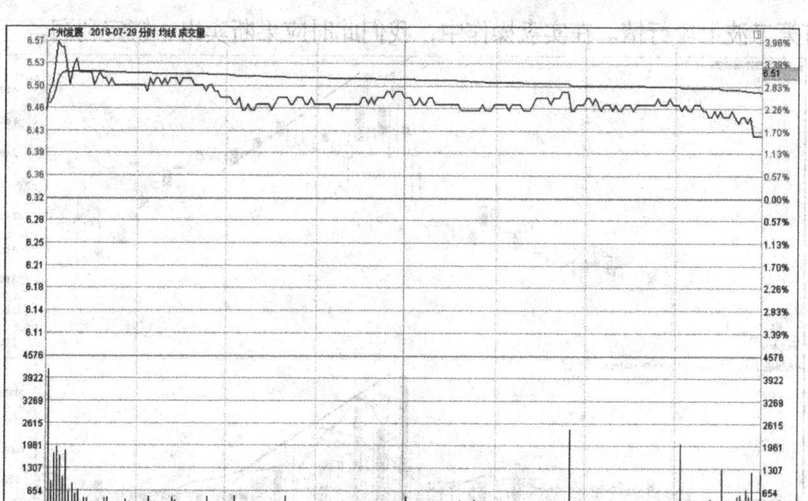

图6-19 广州发展2019年7月29日分时图

6.12 飙升股量价缓慢下滑

6.12.1 形态及市场含义解读

飙升股量价缓慢下滑形态出现在股价短线大幅飙升之后。由于股价飙升，成交量也大幅放出，但这种走势持续的时间较短。随后，股价失去了上涨动力，在短线高点处，交替出现的小阴线、小阳线使得股价重心下移，同期的成交量也开始不断下滑，这就是“量价缓慢下滑”形态。在短线高点处，这种形态是多空力量对比缓慢转变的标志，即多方力量缓慢减弱、空方力量缓慢增强，是一个由量变到质变的过程，一旦多空力量转变结束，将展开短线加速下跌行情。在实盘操作中，我们在识别出这种量价形态后，应果断卖出，不可抱有侥幸心理。

6.12.2 案例：亚盛集团

图 6-20 为亚盛集团 2019 年 1 月至 5 月走势图，股价先是出现了一波短线飙升走势，在这期间量价齐升，成交量的放大十分明显，这使得股价短线涨幅极大。在随后的高点处，股价开始滞涨，小阳线、小阴线交替出现，股价重心开始下滑，成交量也随之不断缩小。这种量价同步缓慢下滑的形态预示着该股难有第二波上攻行情。在实盘操作中，我们此时应果断卖出、锁定利润。

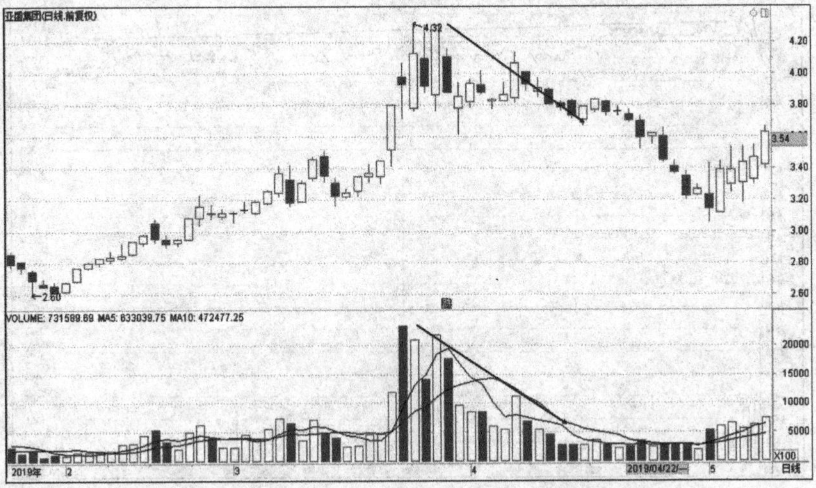

图 6-20 亚盛集团 2019 年 1 月至 5 月走势图

6.13 巨量的长下影线

6.13.1 形态及市场含义解读

“长下影线”是多空双方盘中竞争较为激烈且最终以多方占优收盘时所出现的一种 K 线形态，它往往被视作是股价上涨信号。但是，若结合股价的局部走势及量能来分析，则需区别对待。

如果长下影线出现在短线高点处且当日伴有巨量放出，那么这是空方抛压突然增大的信号。虽然多方当日进行了有力的承接，但是当日的巨量也预示了多方力量的过度消耗。这种巨量长下影线出现当日无论是收阳线还是收阴线，只要其出现在局部高点处，都可以被看作是股价回落的信号，我们此时应短线卖出离场。

6.13.2 案例：兴发集团

图 6-21 为兴发集团 2019 年 6 月至 8 月走势图，股价在经历了长期盘整之后开始突破上行，在短线涨幅为 30% 左右的位置点，出现了一条巨量长下影阴线，这是一个较为明确的短线反转信号，也是上攻行情受阻的信号，我们此时应卖出。

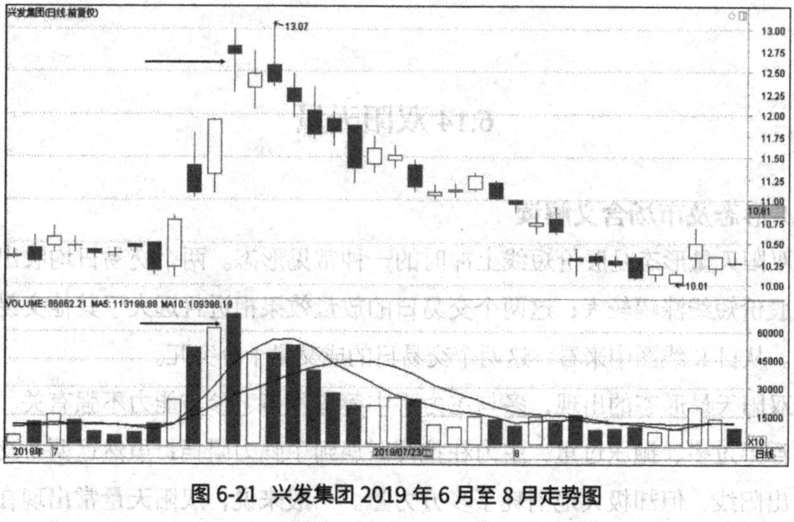

图 6-21 兴发集团 2019 年 6 月至 8 月走势图

6.13.3 案例：建发股份

在盘整走势中，巨量长下影线形态也是我们提前作出判断的重要依据。图 6-22 为建发股份 2019 年 8 月至 11 月走势图，股价在中线涨幅较大的位置区，持续横向震荡运行，随着震荡走势的持续，股价运行方向仍不明朗。如图中的标注所示，此时出现巨量长下影阴线形态，说明该股中有较多的空方抛压，虽然当日未使股价马上降低，但随着多方力量的不断减弱，股价随后破位下行的概率加大。在实盘操作中，我们应逐步减仓、降低风险。

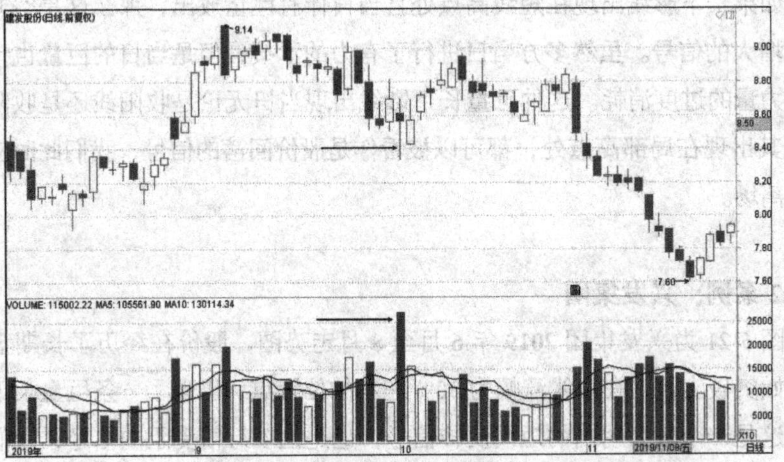

图 6-22　建发股份 2019 年 8 月至 11 月走势图

6.14 双阳天量

6.14.1 形态及市场含义解读

双阳天量形态是股价短线上冲时的一种常见形态。两个交易日均收出长阳线且股价短线涨幅较大；这两个交易日的放量效果相近且远大于其他交易日的量能。从日 K 线图中来看，这两个交易日的成交量十分突兀。

双阳天量形态的出现，多与主力手中筹码不多、参与能力不强有关。由于获利浮筹过多、抛压过重，主力在拉升时遇到了强力阻挡，虽然这两个交易日日收出阳线，但却极大地消耗了多方力量。一般来说，双阳天量常出现在低点位盘整后的突破走势中，虽然它不是主力出货的信号，但却预示着股价的短线深幅调整。在实盘操作中，我们应卖出股票以规避风险，等待股价回调企稳后再择机买入。

6.14.2 案例：中闽能源

图 6-23 为中闽能源 2019 年 2 月至 12 月走势图，股价在向上突破时短线涨速较快、涨幅较大，此时出现的双阳天量形态是股价短线见顶的信号。

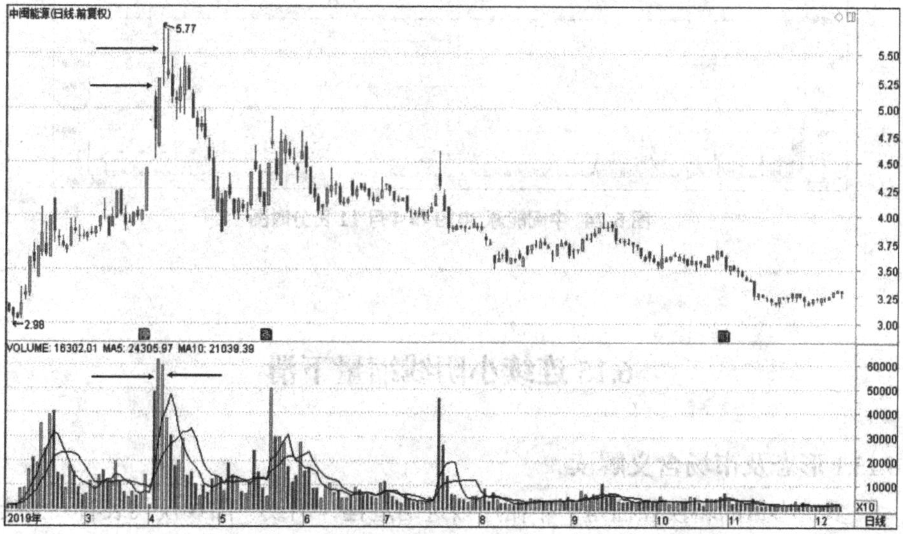

图 6-23 中闽能源 2019 年 2 月至 12 月走势图

对于该股来说，双阳天量中的第二个交易日收盘前是最好的卖出时机。图 6-24 为中闽能源 2019 年 4 月 11 日的分时运行情况图，当日股价振幅超过 10%，尾盘时又无法封板，这说明经过了一天的上涨之后，由于多方力量消耗过大，因此在收盘阶段已是空方占优了。这是典型的弱势型分时图，次日低开的概率较大，结合双阳天量这个卖出信号进行综合分析，收盘前果断卖出、锁定利润是较佳的策略。

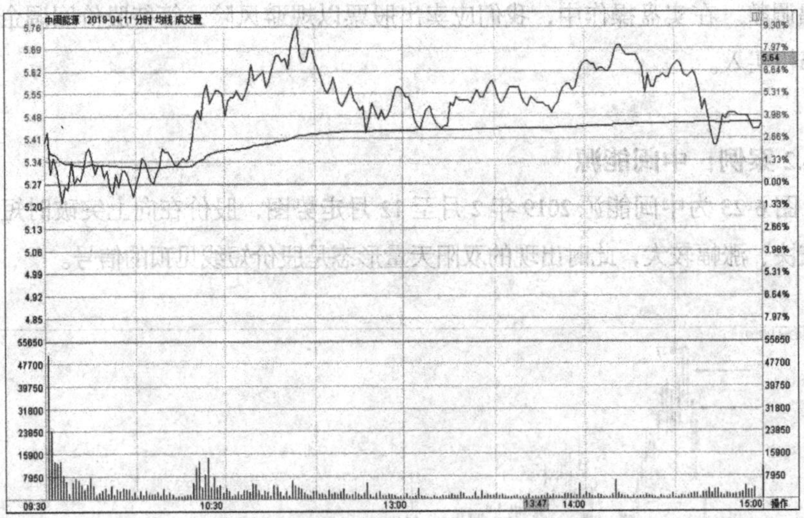

图 6-24 中闽能源 2019 年 4 月 11 日分时图

6.15 连续小阴线缩量下滑

6.15.1 形态及市场含义解读

多空力量的转换往往是一个循序渐进的过程，阴线、阳线仅代表着一天交易后的多空胜负情况。若个股连续收出小阴线、使得股价开始下滑，则即使同期的量能萎缩，这也是空方力量开始转强的信号。特别是当股价处于短线上涨后、潜在获利抛盘较多的位置点时，这种连续缩量小阴线的走势很容易使得持股者失去耐心，选择抛售，从而进一步加快股价的下跌速度。

一般来说，盘整后出现这种连续小阴线缩量下滑形态往往是股价破位下行前的警示信号，短线高点出现这种形态则预示着股价深幅调整的展开。

6.15.2 案例：联美控股

图 6-25 为联美控股 2019 年 5 月至 9 月走势图，股价在大盘横向震荡期间经过了“特立独行”的上涨，累计涨幅较大，主力在高位区有出货的需求。如图中的标注所示，此时出现了连续小阴线缩量下滑形态，这就是高位反转、股

价加速下行前的警示信号，也是多空力量转变过程中的一个短暂的过渡时期，如果我们不能准确地辨识它，就很有可能在高位区被套牢。

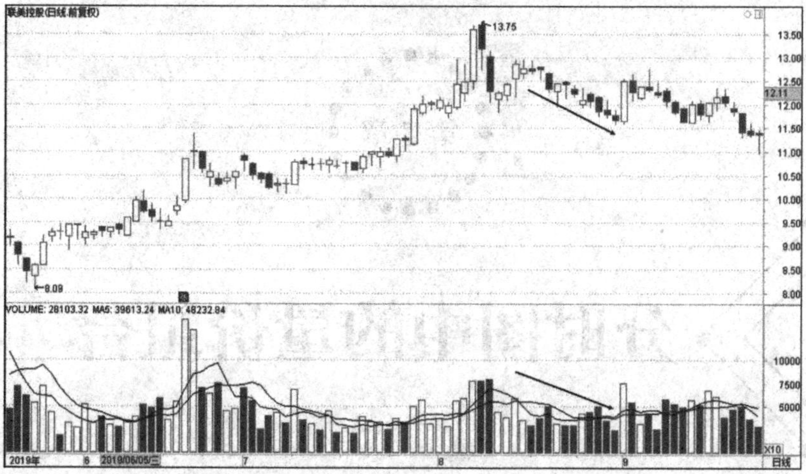

图 6-25 联美控股 2019 年 5 月至 9 月走势图

第7章

分时图中的量价组合

07

日 K 线图中的量价配合关系固然重要，但对于短线交易来说，能够在盘中捕捉到最佳买卖点往往才是交易的关键。短线的买点越低，我们在操作中就会越主动，设立的止盈位和止损位就更不易受大盘偶然波动的影响。短线的卖点把握得好，就可以获取更多的利润，从而实现“正确的交易多赚、亏损的交易少赔”，有利于资金的滚动增值。而要想更精准地判断盘中高点、低点，正确解读盘中量价形态就是其中的关键。在本章中，我们将聚焦分时图，看看哪些经典的分时图中的量价关系能为我们提供买卖信号。

7.1 早盘放量拉升盘中走高

7.1.1 形态及市场含义解读

早盘是多空双方的必争之地，特别是对于主力而言，参与能力相对较强的主力往往会选择在早盘拉升股价，而非尾盘。

如果股价中短线涨幅较小，在早盘中出现了放量上扬的形态，随后能在盘中节节走高、呈强势运行格局，并且当日放量效果温和，那么多预示主力有意拉升股价、市场抛压相对较轻，一轮中短线上攻行情或将开启。在实盘操作中，在随后几个交易日中，我们可以逢盘中股价震荡回落的低点进行短线买入操作。

7.1.2 案例：上海贝岭

图 7-1 为上海贝岭 2019 年 8 月 15 日分时图，股价在缓缓攀升的过程中，当日加速上涨。早盘放量上扬、盘中节节走高，这是主力开始大力拉升股价的信号，短期内出现一波上攻走势的概率较大。若无明显的热点题材支撑，则随后一两个交易日就是短线入场的最好时机；若有消息、题材面配合，则当日即可追涨买入。

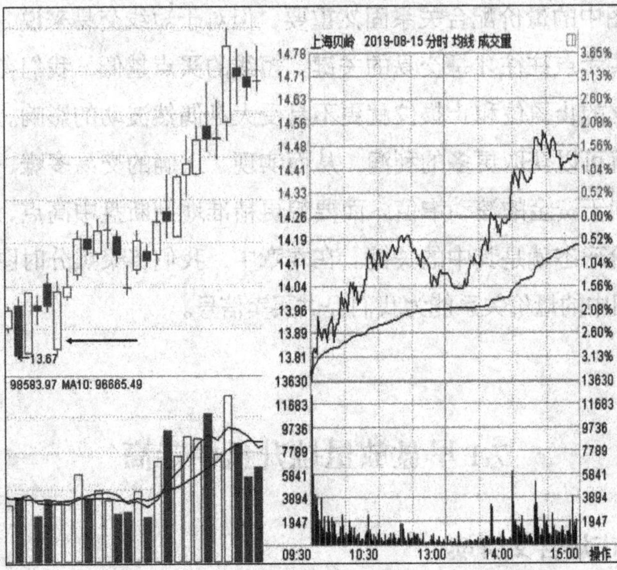

图 7-1 上海贝岭 2019 年 8 月 15 日分时图

7.2 盘中量价齐升不回落

7.2.1 形态及市场含义解读

盘中量价齐升不回落形态是指股价在中盘交易时间段出现了流畅快速上扬，主力拉升动作明显。在快速上扬的过程中，成交量随着股价的冲高而不断放大，即量与价呈同步不断上升的态势。在随后的盘中高点，股价强势整理而不回落，距离下方的均价线始终有一定的距离。

这是一种极为强势的分时图中的量价组合，流畅快速的股价上扬伴以同步放大的量能，这是主力大单入场拉升的表现。股价在随后的盘中高点处不回落，说明市场获利抛压轻、主力参与能力强。若此时股价的中短线涨幅较小，则这种盘口形态预示着有望展开一轮上攻行情。在实盘操作中，若当日盘中涨幅不大（小于 5%），则收盘前可以进行积极的短线买入操作。

7.2.2 案例：中国巨石

图 7-2 为中国巨石 2019 年 11 月 7 日分时图，当日盘中股价快速上扬，分时

图中呈现出了量价齐升的形态，而且随后股价在盘中高点处强势运行、震荡缓升，股价重心不回落。结合日K线图来看，此时正处于低位盘整突破点，因此，可以判断出这个强有力的上扬分时图是一波上涨行情开始的信号，也是提示我们应短线入场的信号。

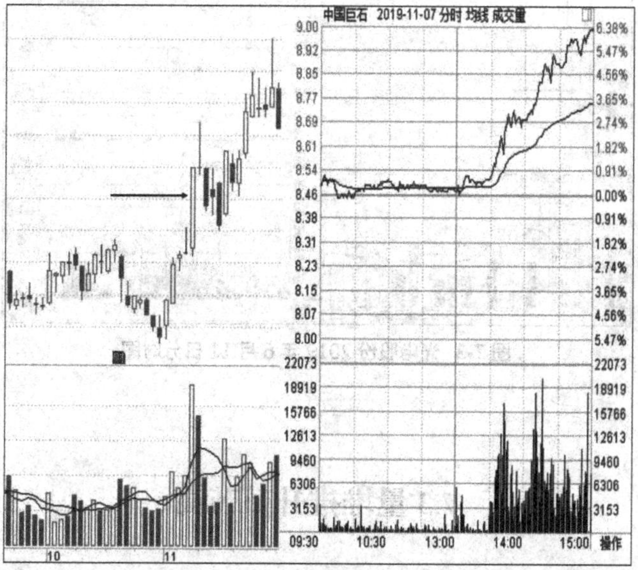

图 7-2 中国巨石 2019 年 11 月 7 日分时图

7.2.3 案例：光电股份

在实盘中，还有很多与 7.2.2 中的例子的形态相似但不完全相同的分时图，我们应注意其形态的变化。其中，理解形态的市场含义、学会解读形态的变化才是关键。下面来看一个与 7.2.2 中的例子的形态相近但又略有不同的分时图。

图 7-3 为光电股份 2019 年 6 月 11 日分时图，该股在其价格盘中上扬时出现了量价齐升形态，但量价的配合还不够理想，量能的放大不充分、分时线不够挺拔，随后在盘中高点股价也出现了一定的回落，但回落幅度较小。

综合来看，这是一个与 7.2.2 中所讲形态相似但又相对“弱势”的分时图，但它仍不失为一个预示股价短线上涨的信号。

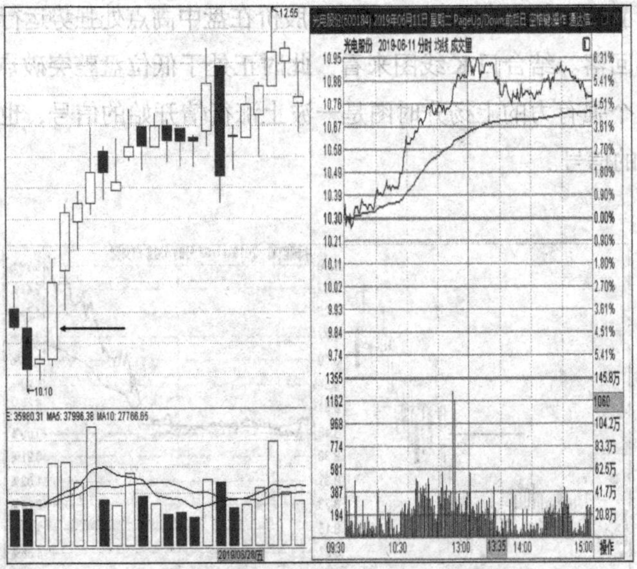

图 7-3　光电股份 2019 年 6 月 11 日分时图

7.3 量堆推升节节高

7.3.1 形态及市场含义解读

量堆推升节节高形态也称为“台阶式上扬”形态。从形态的角度来看，股价如同迈着台阶向上涨，在每一波快速上扬后都会出现一个量能堆；随后，股价在推升后的高点强势横向运行，这是一个整理过渡时期；最后，再度出现量能堆，推升股价至盘中新高点。

这种盘口量价形态往往是中长线主力入场并积极拉升股价的信号，股价的上涨有着坚实的基础，盘中高点的买盘承接力度也很强，市场抛压不重。若股价累计涨幅不大或者正处于盘整后的突破点，则这种盘口形态预示着将展开一轮上涨行情，短线交易有一定的利润空间，股价中线的上涨空间也较为可观。

7.3.2 案例：长城电工

图 7-4 为长城电工 2019 年 8 月 19 日分时图。在低位的横向整理之后，股价在 2019 年 8 月 19 日开始向上突破。盘中出现了多次较为明显的上涨，每一次上

涨后都有一个量能堆，股价在每次上涨后的盘中高点都能够强势企稳运行，从而能在盘中不断走高。这是一个强势型的分时图，有主力积极参与，此时是买入时机。

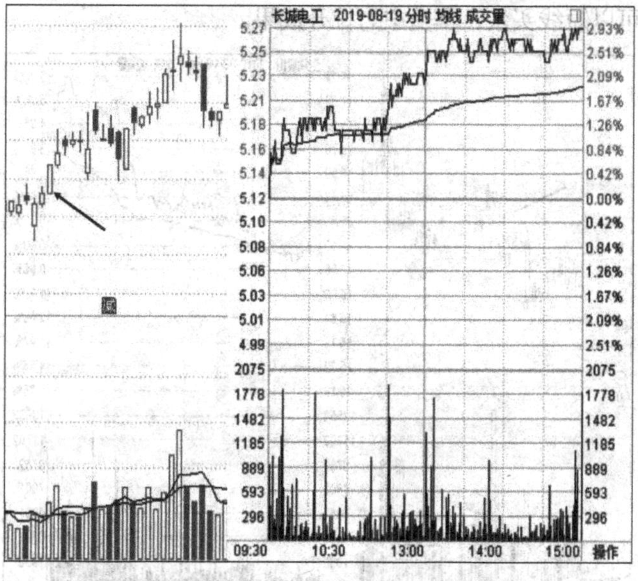

图 7-4 长城电工 2019 年 8 月 19 日分时图

7.4 活跃量能的斜线式拉升

7.4.1 形态及市场含义解读

活跃量能的斜线式拉升形态是显示出主力踪迹的一种盘口量价形态。在盘中，常常是在尾盘阶段，股价的上扬走势呈 45 度角（或 60 度角）的斜线状，持续上涨的时间较长，整个上扬过程中的量能保持着放大的态势。

一般来说，如果斜线拉升的幅度不是很大，且股价在盘中高点能够企稳不回落，那么表明主力参与能力较强。其拉升行为会在随后的交易日中持续下去。在实盘操作中，我们还应关注日 K 线图，如果这种盘口量价形态出现了中短线的低点，则是一个风险低、潜在收益高的买入时机。

7.4.2 案例：生物股份

图 7-5 为生物股份 2019 年 8 月 16 日分时图，股价在尾盘阶段出现了斜线式

放量拉升，当日成交量放大，股价正处于盘整突破点，结合此分时图所显示出的主力参与行为进行分析，可知随后股价出现突破上攻的概率极大。在实盘操作中，我们可以短线买入，享受主力拉升成果。

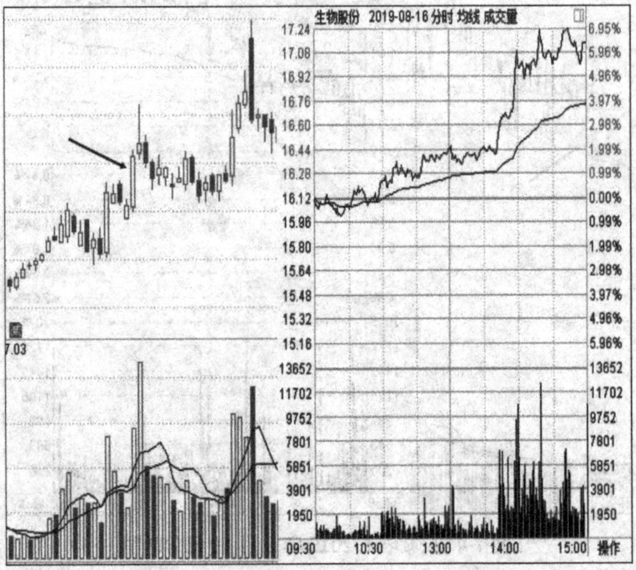

图 7-5　生物股份 2019 年 8 月 16 日分时图

7.5 低开下探带量震荡上扬

7.5.1 形态及市场含义解读

低开下探带量震荡上扬形态常出现在一波快速下跌走势中。股价当日惯性低开，开盘后出现了一波跳水，但随后即在买盘的承接下开始震荡上扬并跃升至均价线上方，成交量保持相对放大的状态。

这种量价形态是短期内多空力量转变的信号，在实盘操作中，当股价震荡上扬、向上攀升明显时，说明多方力量已经明显占据了主动地位，我们可以逢盘中回调低点买入，因为股价在随后的盘中节节走高的概率较大。若个股出现这种量价形态，则其收盘价往往接近全天最高价，短线买入的风险较低。

7.5.2 案例：西藏药业

图 7-6 为西藏药业 2019 年 8 月 12 日分时图，股价短线下跌，幅度大、速度快。当日早盘股价下探，随后震荡上扬、放量攀升。至此，多空力量对比格局开始转变，虽然因盘中的震荡回升，股价略有上涨，但从日 K 线图来看，短线的反弹才刚刚开始。在实盘操作中，我们应逢盘中回调低点买股入场。

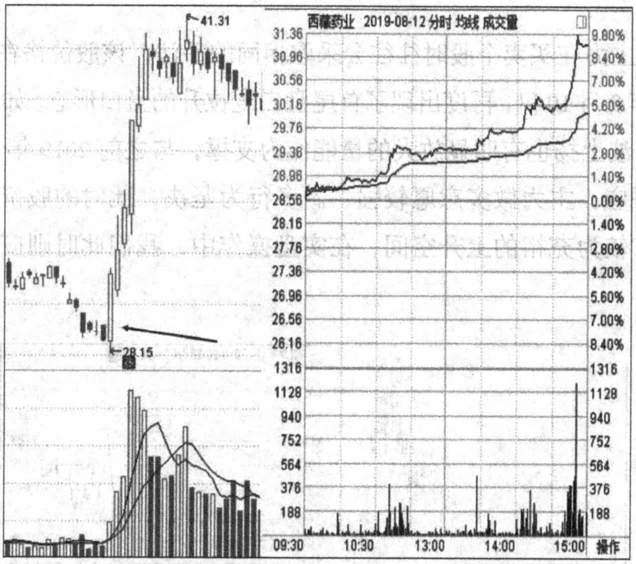

图 7-6 西藏药业 2019 年 8 月 12 日分时图

7.6 早尾盘二度上扬

7.6.1 形态及市场含义解读

早尾盘二度上扬形态是主力拉升股价时出现的一种较为常见的盘口形态。早盘开盘后不久，股价快速上扬，分时成交量同步放大，股价随后在盘中横向运行，持续时间长；在尾盘阶段，股价再度上扬，分时成交量同步放大。通过这两波拉升，股价在盘中实现了稳健上涨，这也是中短线内主力有意拉升股价、股价步入上升通道的信号。在实盘操作中，如果股价突破低位盘整区或处于短线超跌状态，则此分时图中的形态预示着一波上攻行情的出现，这是买入信号。

7.6.2 案例：江泉实业

图7-7为江泉实业2019年8月26日分时图，个股在早盘阶段、尾盘阶段均出现了流畅、挺拔的上扬走势，中盘阶段股价强势横向运行，这与主力资金的积极参与密切相关。从日K线图中来看，当日正处于低位整理后的突破点，结合分时图进行分析，这是主力拉升的信号，预示着上行情的展开，是买股入场的时机。

同一个主力在买卖个股时往往会采取相同的手法，该股价格在整理数日之后的2019年9月10日，再度出现了首尾盘二度拉升的盘口形态。如图7-8所示，首尾盘的两波上扬也有明显放大的量能作为支撑，与之前2019年8月26日的拉升遥相呼应，主力做多意愿较强、做多行为坚决，此时的股价中短线涨幅较小，仍有较为充裕的上升空间，在实盘操作中，我们此时则应该耐心地持股待涨。

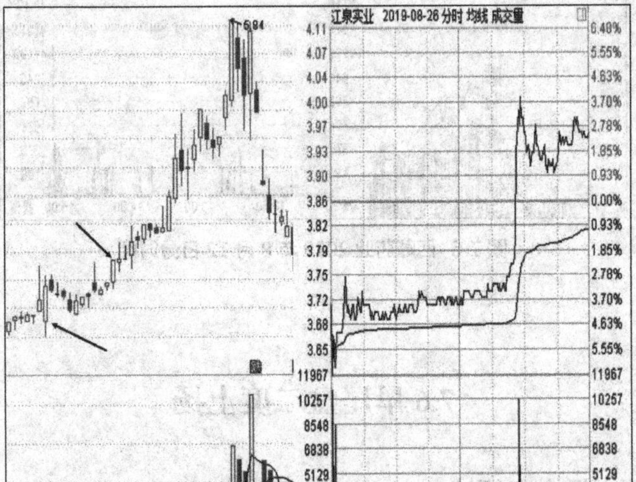

图7-7 江泉实业2019年8月26日分时图

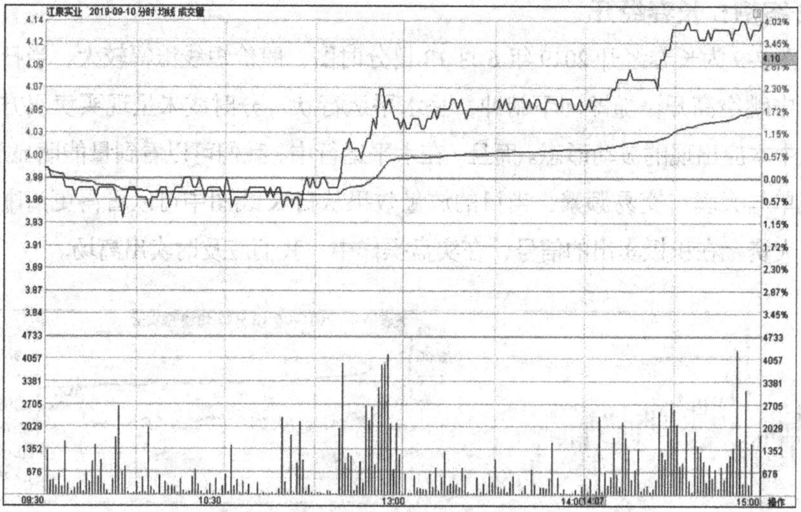

图 7-8 江泉实业 2019 年 9 月 10 日分时图

7.7 水平式心电图巨量

7.7.1 形态及市场含义解读

水平式心电图巨量形态也称为“一字形巨量”形态，它是指个股在盘中的分时线呈水平运行状或水平式的上下跳动状，分时成交量大幅放出。水平巨量形态的运行时间可长可短，短则十几分钟，放量较为明显，长则几小时，放量较为均匀，但两者的市场含义是一样的，不必单独分析。一般来说，在水平巨量分时线形态出现之前，股价往往会先在盘中出现一波快速上冲走势，随即快速跳水，并且呈现出水平巨量的分时线走势。

水平巨量分时图给人的直观感觉是大买单与大卖单正展开交锋，似乎有老主力出局，新主力在入场吸筹。然而，实际情况并非如此，股价在随后的运行中往往会快速下跌，这表明并没有新入场的主力在积极买卖个股。

根据众多案例进行分析，此形态的分时图常出现在股价短线涨幅较大的情况下，它是一种较为可靠的短线下跌信号，在这种分时图出现之后，股价在短期内有很大的概率将会出现急速下跌。因此，对于散户来说，当遇到此类分时图中的形态时，不应抱有侥幸心理，应第一时间卖股离场以规避风险。

7.7.2 案例：长春经开

图 7-9 为长春经开 2019 年 6 月 18 日分时图，股价短线涨幅较大，当日股价在盘中跳空高开，随即向下俯冲，呈水平运行状，分时线未呈现买卖双方交易过程中本应出现的波动形态。而且，在水平运行中，我们可以看到量能明显放大、大买单与大卖单交易频繁，当日的放量效果从日 K 线图中可以看得更清晰。这是有大资金在积极卖出的信号，在实盘操作中，我们应及时卖出离场。

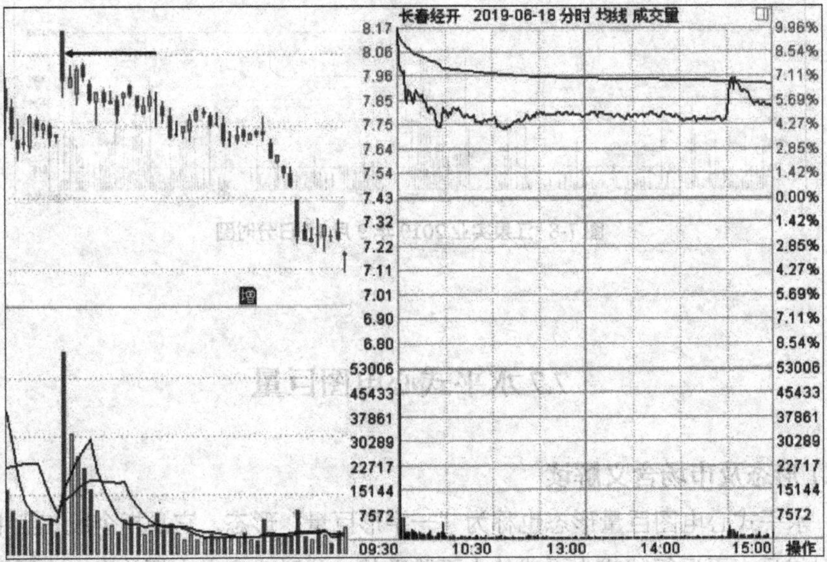

图 7-9 长春经开 2019 年 6 月 18 日分时图

7.8 “皮球落地”巨量跌停

7.8.1 形态及市场含义解读

“皮球落地”巨量跌停形态是一种形象的说法。它的形成过程一般是这样的：当日个股因利空消息或价格短线涨速过快，先是出现了跌停或接近跌停，随后股价在盘中被突然拉升，但在盘中高点没有得到支撑，股价开始快速地向下滑落，向下滑落过程中的反弹力度越来越弱，整个过程如同“皮球落地”，股价最终又向下滑落至跌停价附近，当日成交量呈巨量形态。

这种分时图中的形态是短线暴跌拉开序幕的信号，也是短线主力快速出货的标志，在实盘操作中，我们应该逢反弹及时卖出才能更好地规避风险。

7.8.2 案例：ST 昌鱼

图 7-10 为 ST 昌鱼 2019 年 4 月 18 日分时图，当日股价在急速上涨、高开后快速跳水、奔向跌停板，并在盘中反复封住跌停板；午盘之后被突然拉升超过 10%。这种拉升并不意味着有跟风盘进入，只是主力在制造多空分歧，目的就是快速出货，随后的盘口运行犹如“皮球落地”，当日放出了巨量。在实盘操作中，主力在盘中的快速拉升给了持股者逢高退出的时机，不可错过。

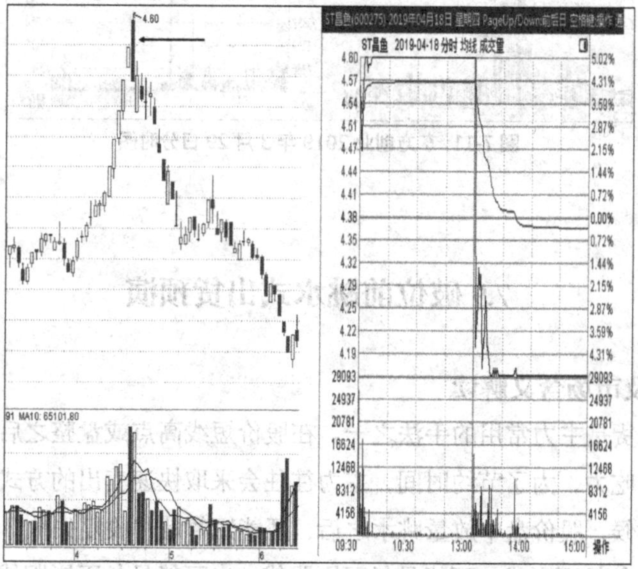

图 7-10 ST 昌鱼 2019 年 4 月 18 日分时图

7.8.3 案例：东方创业

图 7-11 为东方创业 2019 年 3 月 29 日分时图，股价短线涨幅极大，短线主力对股价进行了快速拉升，在出货时往往也十分快速，主要采取突然下砸跌停板、然后盘中拉升的方式，从而吸引短线跟风盘入场，主力则在跟风盘入场时，减仓出货。

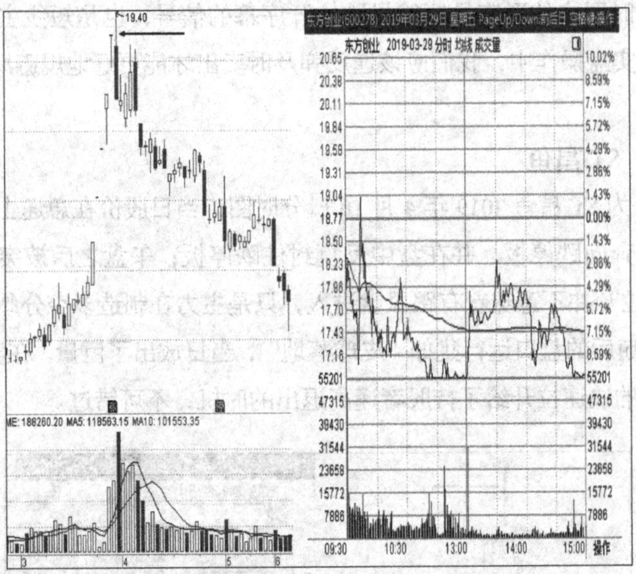

图 7-11　东方创业 2019 年 3 月 29 日分时图

7.9 破位前跳水式出货预演

7.9.1 形态及市场含义解读

快速出货是主力常用的手法之一。在股价短线高点或盘整之后，若主力感觉出货较为吃力，为了节约时间，主力往往会采取快速卖出的方式来提升出货速度。有时候，股价盘中放量跳水之后，还能短暂地“收复失地”，在日 K 线图上收出一条长下影线，可能是长下影阴线，也可能是长下影阳线，但它们的市场含义较为接近。这给投资者带来的印象是买盘承接力较强，殊不知这只是股价真正破位前的一次警示信号，若我们不能正确解读它，则会损失惨重。

7.9.2 案例：富奥股份

图 7-12 为富奥股份 2019 年 4 月 19 日分时图，股价在上涨之后，当日走势突变，早盘直线跳水并伴以分时成交量的大幅放出。虽然在收盘前股价再次被拉回，但这种放量长下影线可以被看作是股价破位前的一次预演。在实盘操作中，我们此时应警惕风险，及时卖出。

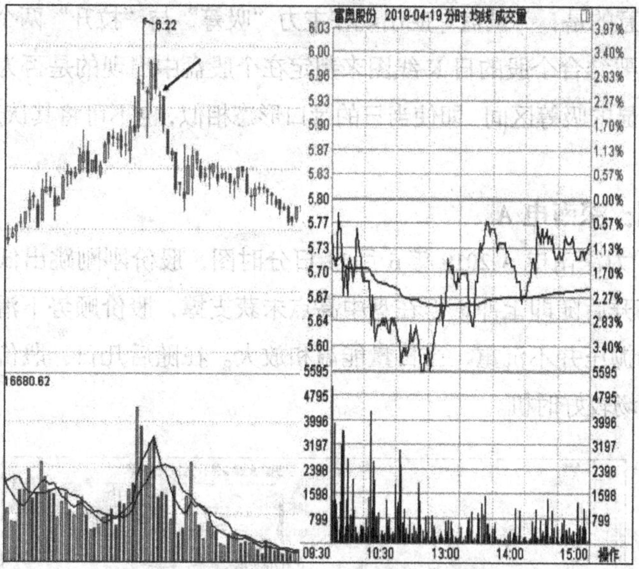

图 7-12 富奥股份 2019 年 4 月 19 日分时图

7.10 向上试盘型温和放量

7.10.1 形态及市场含义解读

主力在拉升股价时，往往会采取试盘的方法，“向上试盘”就是一种常用的方法。它的形成过程是这样的：在盘中交投较为平静的背景下，主力突然拉升股价，拉升时间较短，往往在几分钟内结束，拉升幅度多在 5% 以内；随后，主力放弃拉升，让股价在盘中高点自然回落，通过股价的回落方式、回落速度、回落幅度，主力可以大致了解市场获利抛压情况，从而决定是否继续实施拉升计划。

如果在回落时，分时线能够以均价线为支撑或者围绕均价线运行，且当日放量温和，那么这是试盘效果较为理想的信号。股价随后稍做整理，主力对其进行拉升的概率较大，一轮上涨行情有望出现。在实盘操作中，试盘当日往往并不是最好的入场时机，我们可以再观察几日，若随后几日能够保持强势整理的态势，则可以买入，等待主力拉升；反之，若随后几日走势较弱，则从短线角度来看，暂不宜参与。

值得注意的是，“试盘”应出现在主力“吸筹”与“拉升”两个环节之间，因此，我们要结合个股的日 K 线图来判定在个股盘中出现的是否为试盘线，若此前没有明显的吸筹区间，即使当日的盘口形态相似，也不可将其认定为试盘线。

7.10.2 案例：深南电 A

图 7-13 为深南电 A 2019 年 6 月 11 日分时图，股价刚刚跳出低位盘整区，当日小幅高开后随即上冲，但在盘中高点未获支撑，股价顺势下滑。从成交量来看，市场抛压并不沉重，当日量能温和放大。在随后几日，股价强势整理，这是短线入场较好时机。

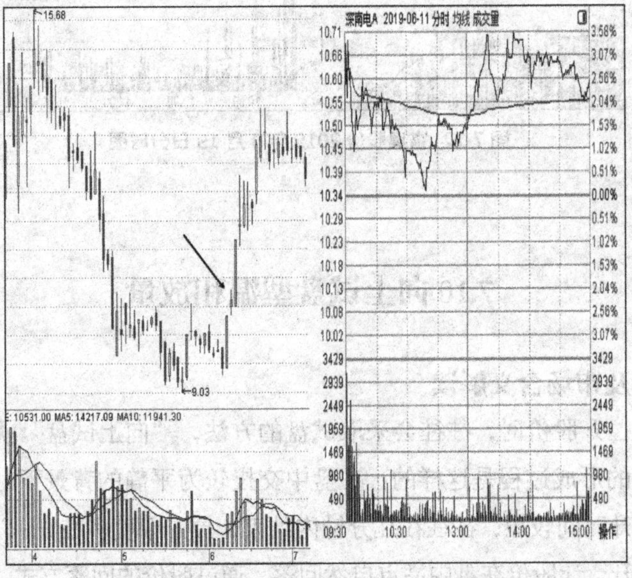

图 7-13　深南电 A 2019 年 6 月 11 日分时图

7.11 缩量向下试盘线

7.11.1 形态及市场含义解读

“向下试盘”是主力通过抛售几笔大单的方式来快速出货的行为，这会使得股价大致呈直线下跌，随后，主力不再出货，以此判断多方的承接能力，看看在股价快速下跌之后，究竟是恐慌性的卖盘更多，还是抄底性的买盘更多。

若股价能够震荡回升至均价线上方或者股价下跌后无恐慌盘卖出，则预示着试盘成功。由于抛压很轻，当日会呈现缩量状态（这与向上试盘时的温和放量不同），随后股价有望在主力的拉升下不断上涨，在实盘操作中，我们此时可以短线买股入场。

7.11.2 案例：中航善达

图 7-14 为中航善达 2019 年 10 月 23 日分时图，从日 K 线图走势来看，股价正处于调整后的低位盘整之中，短期内有震荡突破的趋势。如图中的标注所示，开盘后，突然出现了几笔大抛单使得股价快速下挫，在大抛单出现后的几分钟内，分时量异常放大，随后，市场又恢复了正常的交投状态，股价也震荡回升至均价线上方。盘中出现这种走势说明，在主力向下试盘的过程中，并没有引发恐慌性抛盘的离场，这是该股筹码锁定程度良好的标志，也预示了随后股价极有可能在主力的拉升下突破上行，在实盘操作中，我们此时可以短线买入。

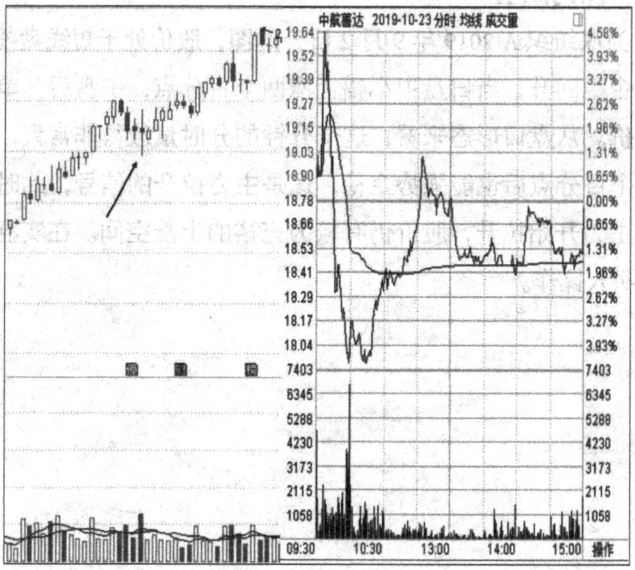

图 7-14 中航善达 2019 年 10 月 23 日分时图

7.12 有效推升的单笔天量买单

7.12.1 形态及市场含义解读

有效推升的单笔天量买单形态是指股价在盘中平稳运行时，多处于小幅上涨状态，盘中出现了一笔或连续几笔高价大买单，使得股价突然跃升了两三个百分点，随后，股价在盘中高点强势地横向运行并且不回落。当日的量能呈温和放大形态。

这种盘口形态体现了两个方面的市场含义：一是，突然出现的大买单使得股价有效上涨，因此，这个大买单并不是大户的随机性买入；二是，市场短期内的获利抛压较轻。综合这两个方面的含义来看，若股价处于中短线的低点位，则它是主力有意拉升的信号，预示着短线上攻行情的展开，我们此时可以买入。

7.12.2 案例：深纺织 A

图 7-15 为深纺织 A 2019 年 9 月 2 日分时图，股价处于短线盘整的位置，短期内走势已企稳回升，当日盘中小幅上涨两个百分点，午盘后，单笔大买单有效推升了股价。从盘口形态来看，这一分钟的分时量放得非常大，股价在突然上涨了约 5 个百分点后也能强势企稳，这是主力拉升的信号，此时的反弹幅度很小，一旦主力开始拉升，股价仍有较为充裕的上涨空间。在实盘操作中，我们可以进行买入操作。

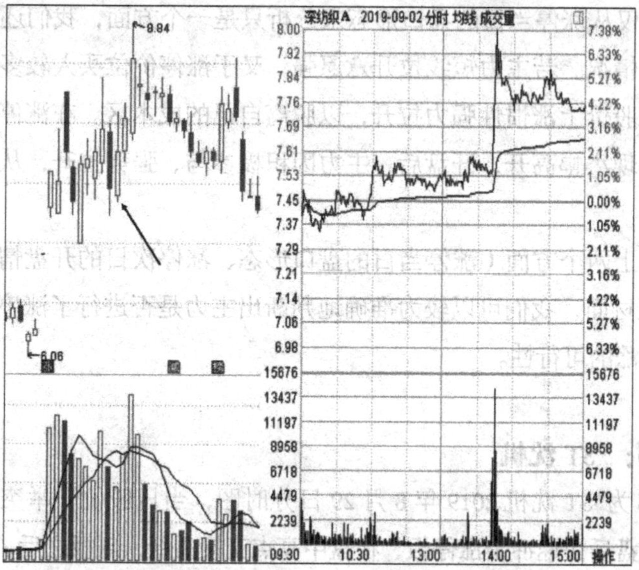

图 7-15 深纺织 A 2019 年 9 月 2 日分时图

7.13 盘中涨停板吸筹

7.13.1 形态及市场含义解读

盘中涨停板吸筹是主力资金在买卖短线黑马股时常用的手法之一，主力一般将其用在有热点题材支撑，且基本面良好、前期价格未出现大幅上涨的个股上。此时，为了迎合热点题材，主力往往会借助于涨停板来制造多空分歧，于涨停板上大力买入，随后快速拉升，实现涨停吸筹、涨停拉升一体化的飙升格局。对于散户来说，能否正确地辨识涨停板吸筹形态，将直接决定其短线追涨的成功率。

一般来说，个股在早盘阶段即强势上封涨停板，但也未牢牢封住，中短线获利浮筹在看到涨停板无法封牢后，往往有较强的卖出意愿，而真正的主力资金则会借此机会大力买入。上封涨停板后，为达到充分吸筹的目的，个股在涨停板上会多次开板，但因主力的积极买入，一般来说，股价不会从涨停板处向下滑落，开板时以短暂的裂口形态居多。从日 K 线图来看，当日成交量明显放大，但不会出现天量。

当然，仅从涨停当日的盘口形态来分析只是一个方面，我们还要关注涨停次日的开盘情况。若主力短线拉升意愿强，又于涨停价位买入较多筹码，则主力多会利用股价上涨惯性强力拉升，以脱离自己的成本区。在涨停吸筹次日，股价多会呈现小幅高开，开盘后，主力因积极参与、强势拉升，从而快速脱离成本区。

基于以上两个方面（涨停当日的盘口形态、涨停次日的开盘情况），再结合个股的题材面，我们可以较为准确地判断出主力是否进行了涨停吸筹操作，从而确定追涨的可行性。

7.13.2 案例：*ST 沈机

图 7-16 为*ST 沈机 2019 年 8 月 29 日分时图，当日股价一举突破了前期盘整平台，午盘后快速冲击涨停板，在盘中高点交投活跃，封板之后，多次开板，当日量能明显放大。综合该股的日 K 线走势，可以判断出主力进行涨停吸筹操作的概率较大。

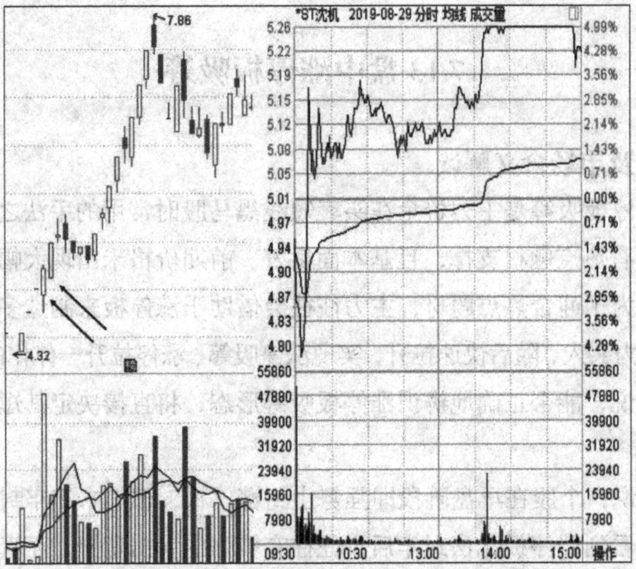

图 7-16 *ST 沈机 2019 年 8 月 29 日分时图

次日，如图 7-17 所示，可将该股高开高走的盘口形态作为进一步的验证，在实盘操作中，次日股价开盘冲高后回落至均价线附近时，就是一个较好的短线追涨入场点。

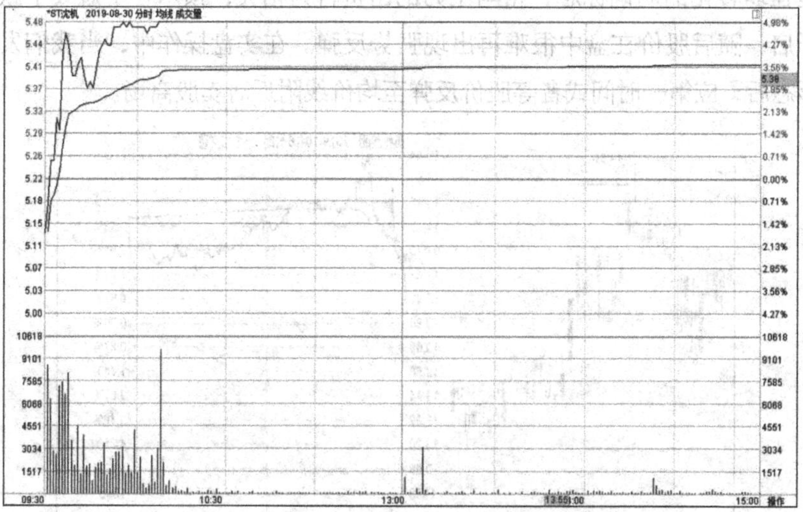

图 7-17 *ST 沈机 2019 年 8 月 30 日分时图

7.14 冲高后放量跳水至均价线下方

7.14.1 形态及市场含义解读

均价线代表着盘中的支撑与阻力。股价在盘中，特别是在早盘阶段，快速上冲后，若出现放量跳水式下行并直接跌至均价线下方，则多表明之前的上冲可能与主力的拉升出货有关。

主力在个股早盘开盘不稳定时，快速将股价拉升到一个高点位，随即大量抛售，股价迅速下滑，持股者难以成功卖出。当发现股价已远离盘中最高点时，持股者往往会产生惜售心理，希望在随后的盘口中的卖出价位可以与最高点接近。主力正是利用了持股者的这种心理，降低了盘口抛压，而自己则悄悄出货。

7.14.2 案例：英特集团

图 7-18 为英特集团 2019 年 10 月 16 日分时图，股价早盘快速冲高，但随即跳水至均价线下方，跳水时量能明显放大，这是资金撤出的信号。一般来说，

股价在盘中直线跳水幅度大、伴有明显放量且经过一波跳水后直接跌破均价线，就是强弱转化的明确标志，常与主力的出货行为相关，预示着中短线下跌走势的开启，随后股价在盘中很难再出现强势反弹。在实盘操作中，当我们发现这种形态后，应第一时间或者等股价反弹至均价线附近时卖股离场。

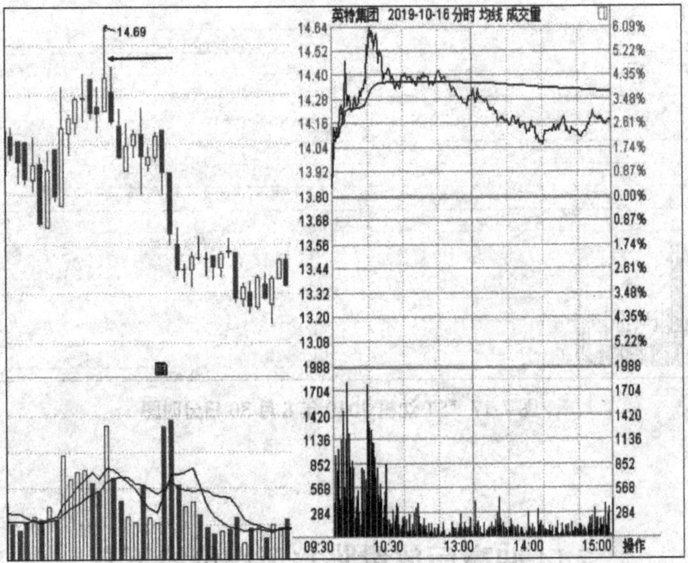

图 7-18 英特集团 2019 年月 10 月 16 日分时图

7.15 盘中 45 度角放量下行

7.15.1 形态及市场含义解读

盘中 45 度角放量下行形态是主力资金持续撤出时的重要盘口形态之一，它的形态特征是分时线呈 45 度角形态且股价不断下滑，这种运行态势的持续时间长，至少会保持半个交易日，并且随着股价的下滑，分时量也同步地不断放大。45 度角放量下行常出现在午盘之后，且会一直运行至收盘，这使得收盘价接近当日最低点。

相对于盘中稳步攀升、放量走高的形态来说，下行时的放量则更为真实，因此，这种放量的 45 度角下行也体现了做空力量的强大，是随后个股或有深幅下跌行情出现的信号。在实战中特别要注意的是，如果股价的中短线涨幅相对较大，在高点出现了这种 45 度角放量下行形态，往往是趋势反转的信号，股价短线回落后，我们此时不宜抄底入场，因为后期的下跌幅度将更大。

7.15.2 案例：英特集团

图 7-19 为英特集团 2019 年 10 月 17 日分时图，当日股价处于中短线涨幅较大的高点位，早盘冲高，随后走势出现转变，股价开始震荡下行，呈 45 度角放量下行，一直持续到收盘。在下行过程中，可以看到量能明显放大，这是场内资金大量撤出的信号，而且此时的股价又正处于中短线高点，在实盘操作中，我们应及时卖出该股以规避风险。

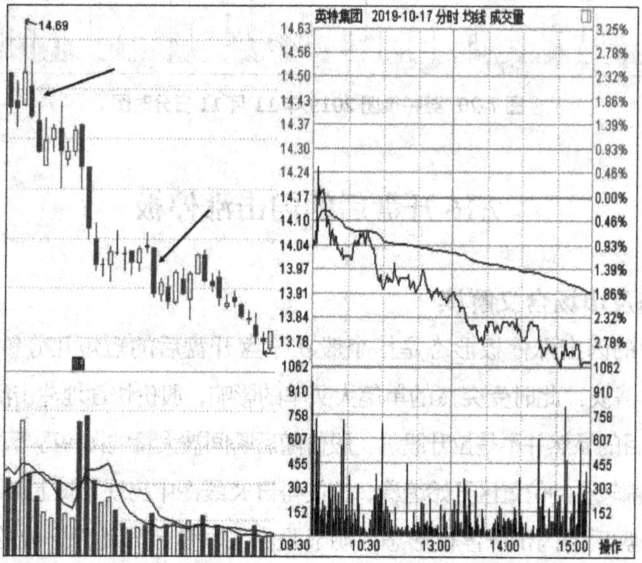

图 7-19 英特集团 2019 年 10 月 17 日分时图

相同的盘口形态总是预示着相同的未来走向。如图 7-20 所示，在 2019 年 11 月 11 日股价开盘后便呈 45 度角放量下行，当日也处于短线高点，主力运用了同样的出货手法。

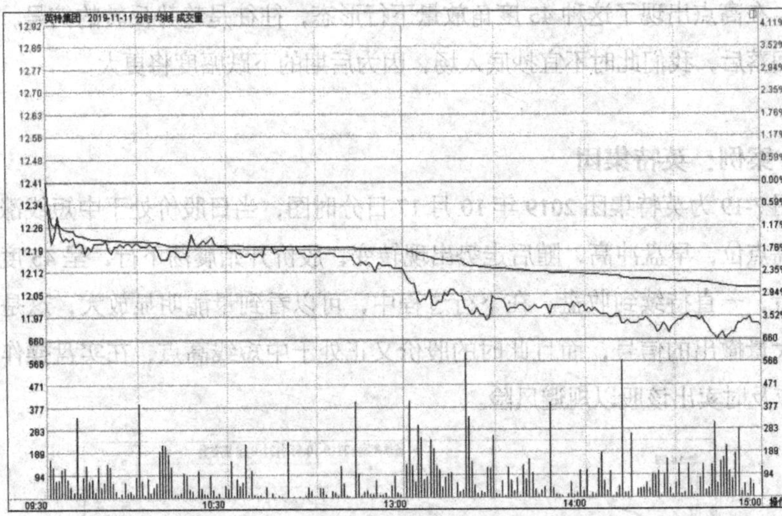

图 7-20 英特集团 2019 年 11 月 11 日分时图

7.16 开盘后的闪击涨停板

7.16.1 形态及市场含义解读

开盘后的闪击涨停板形态是指个股在早盘开盘后的短短几分钟内，由于个股交投相对清淡，此时受突然的单笔大买单的影响，股价快速地冲击涨停板，但这笔大买单的目的显然并不是拉升股价，股价随后瞬间被大量的抛单砸下；随后，分时线在盘中涨幅较小的位置区开始趋稳，这使得日 K 线图中出现了长上影线。

这种开盘后的闪击涨停板形态很明显是由大额资金异动而形成的，它往往是主力资金将有所行动的信号。在实盘操作中，当个股出现了这种分时图形态时，我们可以结合两个要素来综合分析其价格的后期走势。一是，看股价的全天走势是否呈持续滑落状。如果股价在早盘闪击涨停板后，其随后在盘中的走势持续滑落，甚至还出现了跳水，那么这多是主力短期内有意出货的体现，主力通过开盘时的闪击涨停板让市场投资者认为随后股价还会再度上涨至涨停板附近的价位，也可以大大降低那些喜欢“逢高出局”的持股者的卖股意愿，而主力则可借机出货；如果股价在早盘闪击涨停板后，其走势较为稳健、可以稳稳地运行于均价线上方，那么这种走势就极大地限制了主力的出货行为。二是，看个股的局部价格走势情况。如果这种分时图形态出现在一波快速上涨后的阶段性高点，那么它多是价格将反转下行的信号；如果这种分时图形态出现在短期深幅下跌后的低点时，那么它更有可能是主力拉升前的一次向上试盘行为。相对而言，这种分时图形态更常见于一波上涨走势后的高点。

7.16.2 案例：西部资源

当这种分时图形态出现在一波快速上涨后的阶段性高点时，它说明主力在短期内有着较强的出货意愿，往往预示着短期内将有快速下跌行情出现，是提示我们应及时卖股离场的信号。

图 7-21 为西部资源 2019 年 9 月 18 日分时图，当日该股价格在早盘开盘后向上闪击涨停板。我们可以看到，股价上冲涨停板的速度是极快的，随后再度跌回的速度也是极快的，因此，我们称之为闪击涨停板形态。从日 K 线走势图中可以看到，如图 7-22 所示，当日股价正处于一波快速上涨走势后的阶段性高点，而且，股价在当日震荡下行，因此，这种闪击涨停板形态可以看作是主力短期内出货意愿较强烈的信号。在实盘操作中，我们应及时卖股离场，以规避风险。图 7-22 为西部资源 2019 年 8 至 11 月走势图，箭头所指处为 2019 年 9 月 18 日。

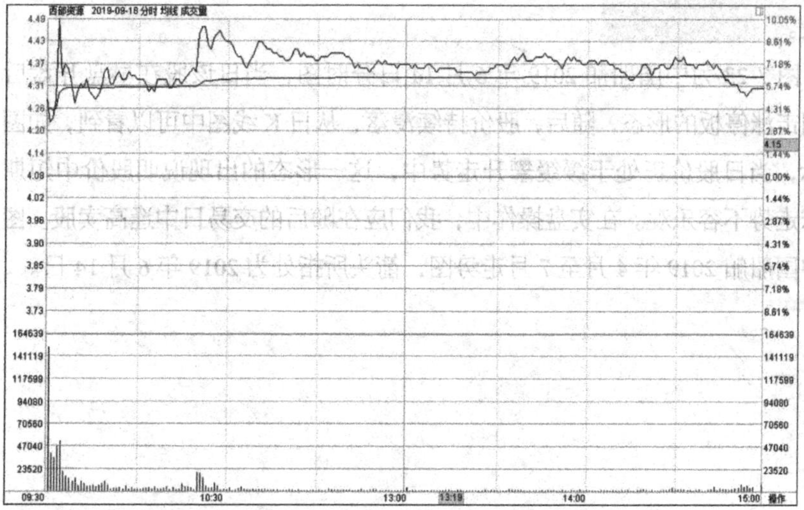

图 7-21 西部资源 2019 年 9 月 18 日分时图

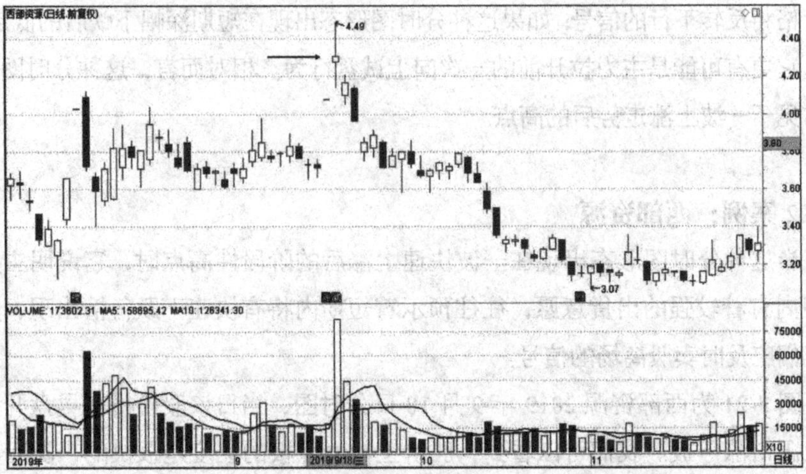

图 7-22 西部资源 2019 年 8 月至 11 月走势图

7.16.3 案例：中国船舶

当这种分时图形态出现在缓缓攀升的走势中时，这说明个股价格短期内或有宽幅震荡走势出现，而当日的盘中最高点也极有可能是随后一段时间的区域高点。但由于股价的阶段性上涨速度较为缓慢，因此，股价在短期内出现深幅下跌的可能性不大。在实盘操作中，我们可以在随后数个交易日内逢高卖股。

图 7-23 为中国船舶 2019 年 6 月 14 日分时图，当日该股在早盘开盘后出现了闪击涨停板的形态，随后，股价持续滑落，从日 K 线图中可以看到，如图 7-23 所示，当日股价正处于缓缓攀升走势中，这一形态的出现说明股价中短期内的上涨走势不容乐观。在实盘操作中，我们应在随后的交易日中逢高卖股。图 7-24 为中国船舶 2019 年 4 月至 7 月走势图，箭头所指处为 2019 年 6 月 14 日。

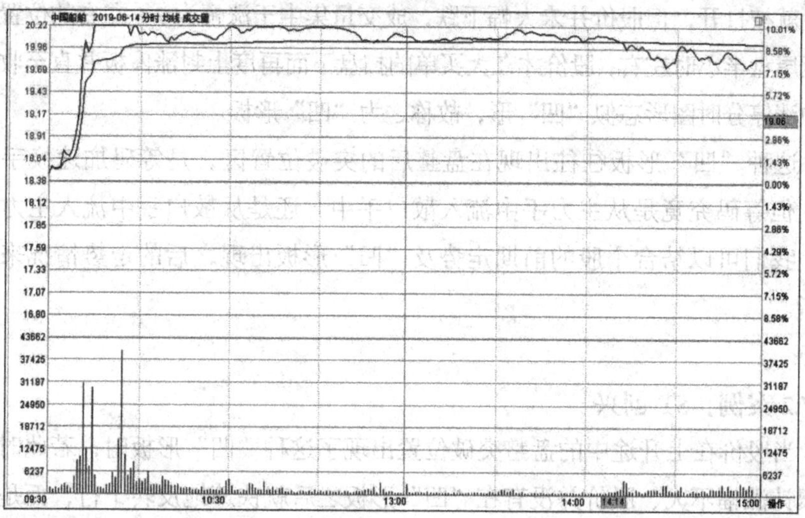

图 7-23 中国船舶 2019 年 6 月 14 日分时图

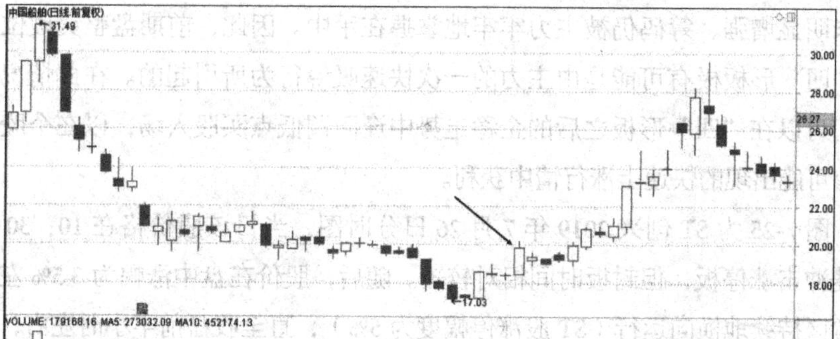

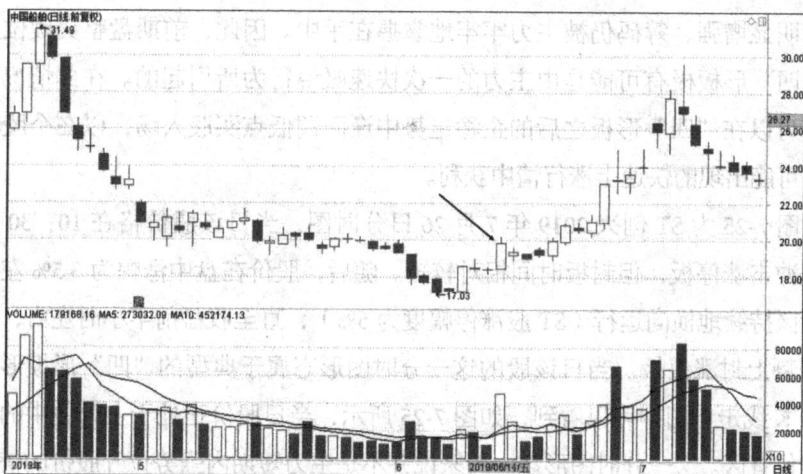

图 7-24 中国船舶 2019 年 4 月至 7 月走势图

7.17 开盘封板、中盘打开的“凹”形板

7.17.1 形态及市场含义解读

开盘封板、中盘打开的“凹”形板形态是指股价在早盘开盘后的几分钟内就快速上封涨停板（或者是个股直接以涨停板的方式开盘），但随后不久，涨

停板就被打开，但股价并未大幅下跌，成交量集中于涨幅为 7% 左右的位置区，直至尾盘半小时左右，股价才在大买单的扫盘下而再度上封涨停板并直至收盘。这种涨停分时图形态似“凹”形，故称之为“凹”形板。

这种“凹”形板往往出现在盘整后的突破位置区，是筹码加速换手的标志。但筹码究竟是从主力手中流入散户手中，还是从散户手中流入主力手中呢？我们可以结合个股的前期走势及“凹”形板出现之后的走势情况来综合分析。

7.17.2 案例：ST 创兴

当股价在上升途中的盘整突破位置出现了这种“凹”形板时，若此时的股价累计涨幅不大、股价并没有在“凹”形板之后就快速地反转下行，而是呈现出了长时间的企稳盘整走势，则这多代表“凹”形板形态出现后，市场的抛压并未明显增强、筹码仍被主力牢牢地掌握在手中。因此，前期盘整突破位置处的“凹”形板极有可能是由主力的一次快速吸筹行为所引起的。在此情况下，我们可以在“凹”形板之后的企稳走势中逢回调低点买股入场，以在个股随后极有可能出现的快速上涨行情中获利。

图 7-25 为 ST 创兴 2019 年 7 月 26 日分时图，当日该股价格在 10：30 左右快速冲击涨停板，但封板时间相对较短。随后，股价在盘中涨幅为 3.5% 左右的位置区持续地横向运行（ST 股涨停幅度为 5%），直至收盘前半小时左右，才再度强势上封涨停板。当日该股的这一分时图形态属于典型的“凹”形板形态。从日 K 线走势图中可以看到，如图 7-25 所示，当日股价正处于上升途中的盘整突破位置区。这一分时图形态一般来说并不是主力短期内强势拉升股价的信号，在实盘操作中，我们不妨多观察一段时间再做决定。该股在 2019 年 7 月 26 日之后，于突破后的位置区再度涨停，这说明 2019 年 7 月 26 日的筹码大幅换手并非主力资金出货行为的体现，既然主力在当日没有出货，那么主力就极有可能是买家。图 7-26 为 ST 创兴 2019 年 4 月至 8 月走势图，箭头所指处为 2019 年 7 月 26 日。

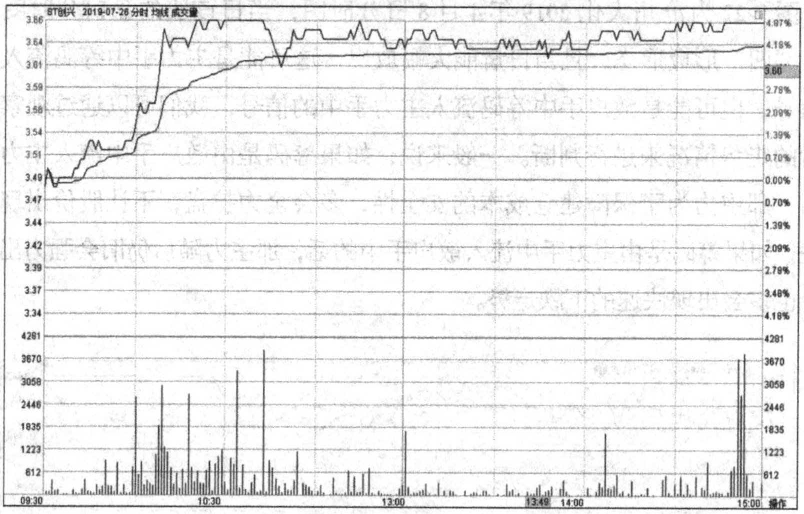

图 7-25 ST 创兴 2019 年 7 月 26 日分时图

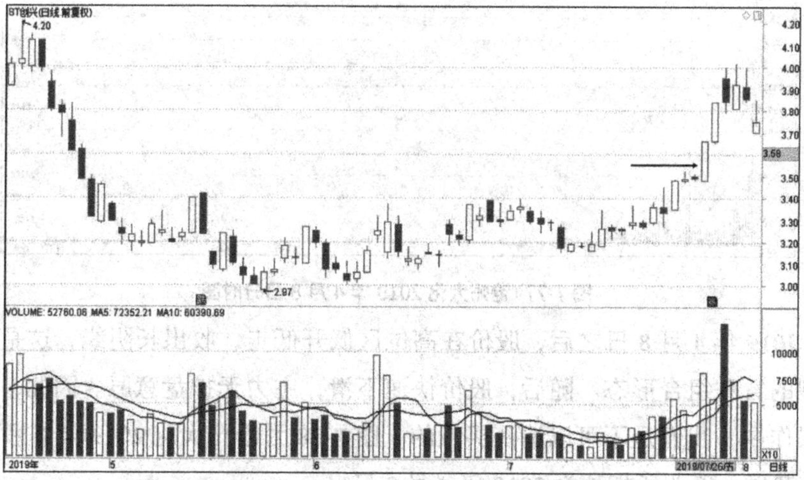

图 7-26 ST 创兴 2019 年 4 月至 8 月走势图

7.17.3 案例：沧州大化

在高位区的盘整震荡走势之后，若个股于盘整突破位置处出现了这种“凹”形板，并且在“凹”形板之后还出现了典型的看跌组合形态或快速回落走势，则此“凹”形板多代表主力的出货行为，是风险的预示，而非机会的象征。

图 7-27 为沧州大化 2019 年 4 月 8 日分时图，当日该股的盘口分时图呈现出了“凹”形板形态，且当日量能大幅放出，这可能是主力手中筹码流入市场的信号，也可能是散户手中筹码流入主力手中的信号，我们可以通过观察个股随后的走势情况来进行判断。一般来说，如果筹码是由散户手中流入主力手中的话，那主力为了保障建仓成本的安全性，多会全力护盘，不让股价出现深幅下跌；如果筹码是由主力手中流入散户手中的话，那主力随后仍旧会强力出货，股价也多会出现快速的下跌走势。

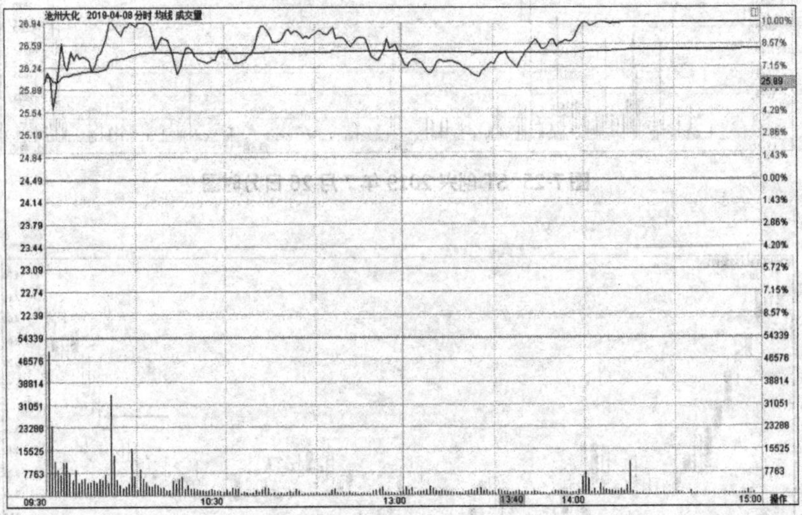

图 7-27 沧州大化 2019 年 4 月 8 日分时图

2019 年 4 月 8 日之后，股价在高位区低开低走，收出长阴线，这是一种典型的看跌组合形态。随后，股价快速下滑，主力无护盘意愿。因此，在实盘操作中，我们是不可以追涨买入的。图 7-28 为沧州大化 2019 年 2 月至 12 月走势图，箭头所指处为 2019 年 4 月 8 日。

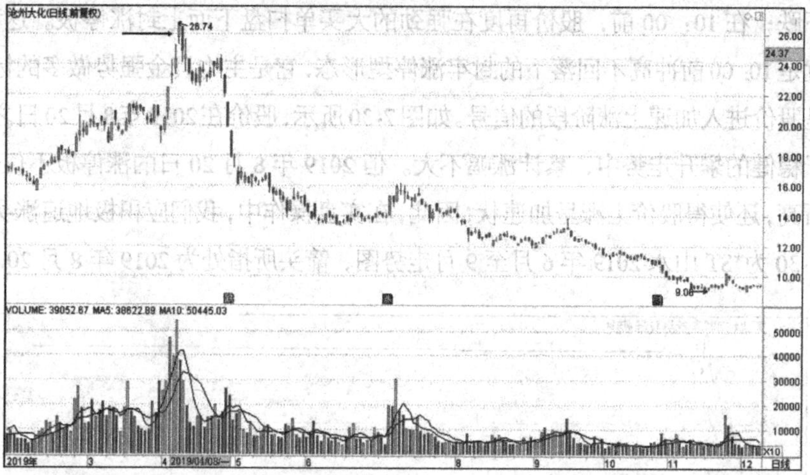

图 7-28 沧州大化 2019 年 2 月至 12 月走势图

7.18 10：00 前冲高不回落下的封牢涨停型

7.18.1 形态及市场含义解读

10：00 前冲高不回落下的封牢涨停型形态是指股价在早盘开盘之后大幅上涨，一般来说，其涨幅会超过 7%，并且在当日大涨之后的高位区强势运行，且未出现明显的回落；随后，股价在 10：00 之前于这一高位区再度上涨并且牢牢地封住涨停板。

早盘开盘之后股价就大幅上涨，这说明有主力在积极地推升股价，随后，股价可以在大涨后的盘中高点位置区强势运行而不明显回调，这说明主力参与能力强、市场获利抛压轻。在 10：00 之前就强势上封涨停板说明个股的封板时间早，这也是主力做多意愿坚决的一种体现。因此，这种涨停分时图形态是一种典型的看涨形态，在实盘操作中，若个股之前的 K 线走势较为配合，则我们不妨进行短线追涨操作。

7.18.2 案例：*ST 山水

图 7-29 为*ST 山水 2019 年 8 月 20 日分时图。当日股价在早盘开盘后快速上涨且涨幅较大；随后，股价在大涨后的高位区强势运行，且没有出现明显的回

调下跌；在 10：00 前，股价再度在强劲的大买单扫盘下而上封涨停板。这种形态就是 10：00 前冲高不回落下的封牢涨停型形态，它是主力资金强势做多的标志，也是股价进入加速上涨阶段的信号。如图 7-30 所示，股价在 2019 年 8 月 20 日之前，处于稳健的攀升走势中，累计涨幅不大。但 2019 年 8 月 20 日的涨停板不仅创出了新高，还使得股价上涨呈加速状，因此，在实盘操作中，我们应积极地追涨买股。图 7-30 为*ST 山水 2019 年 6 月至 9 月走势图，箭头所指处为 2019 年 8 月 20 日。

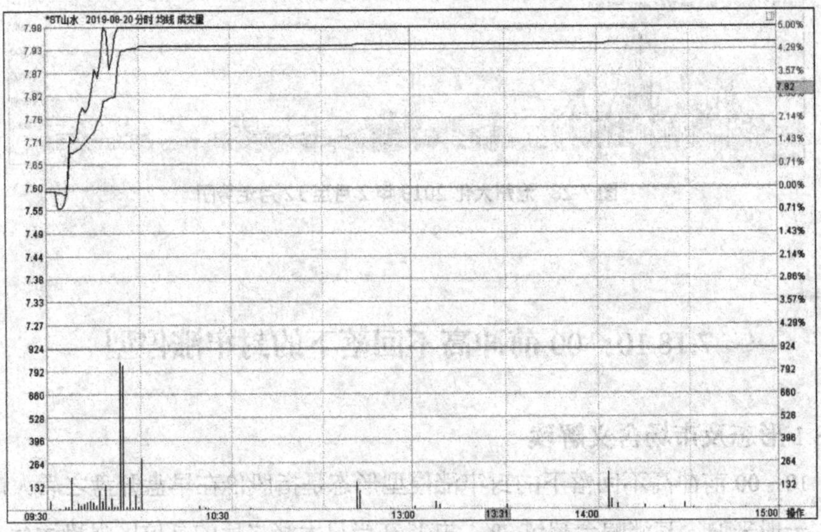

图 7-29 *ST 山水 2019 年 8 月 20 日分时图

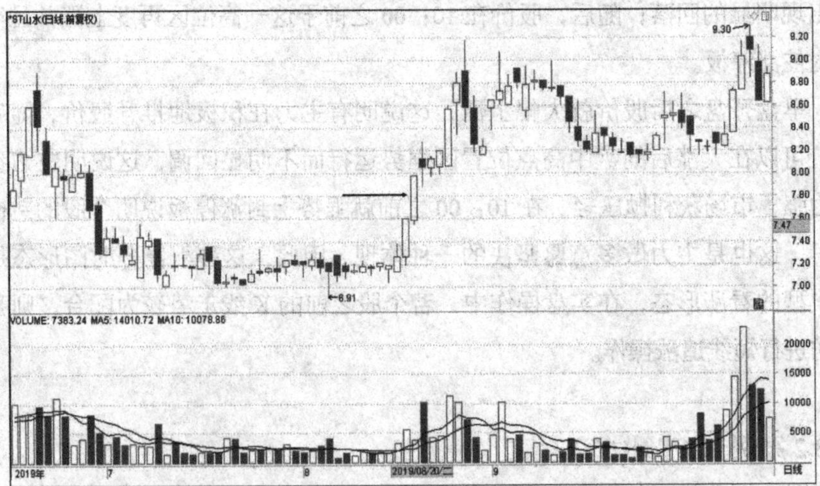

图 7-30 *ST 山水 2019 年 6 月至 9 月走势图

7.18.3 案例：ST 椰岛

图 7-31 为 ST 椰岛 2019 年 6 月 19 日分时图，当日该股在盘中也出现了这种 10：00 前冲高不回落下的封牢涨停型形态，结合该股之前的日 K 线走势（当日股价正处于长期盘整后的突破位置处），我们可以认为这是主力资金对股价展开强势拉升的信号。在实盘操作中，我们应在第一时间追涨买股，以享受主力的拉升成果。图 7-32 为 ST 椰岛 2019 年 5 月至 8 月走势图，箭头所指处为 2019 年 6 月 19 日。

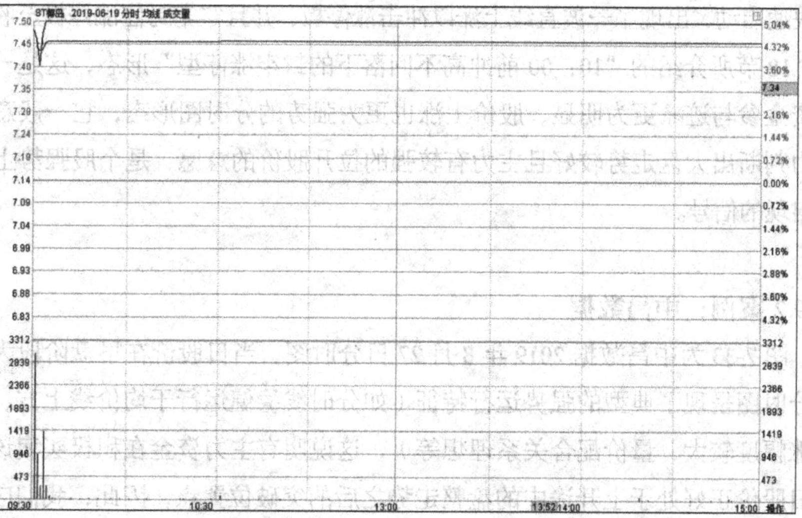

图 7-31 ST 椰岛 2019 年 6 月 19 日分时图

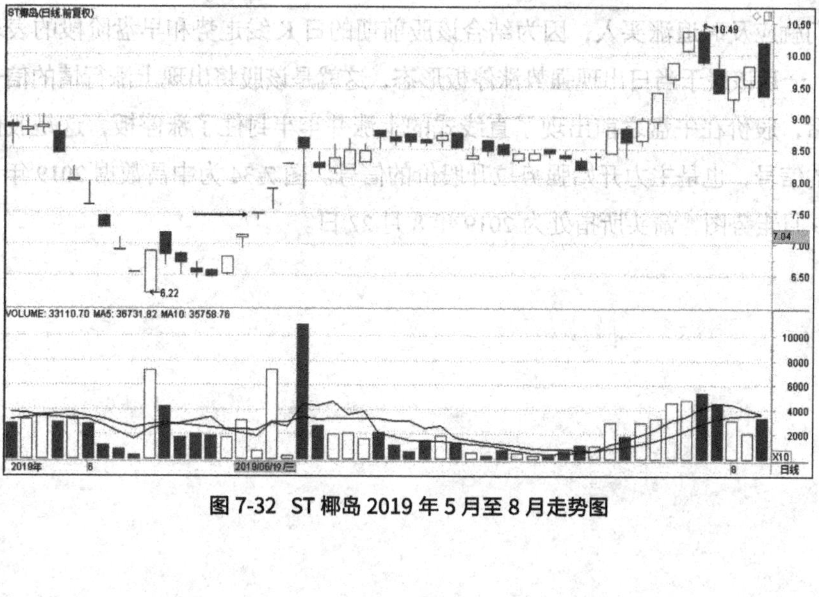

图 7-32 ST 椰岛 2019 年 5 月至 8 月走势图

7.19 早盘大涨后、午盘前后的直线封牢型

7.19.1 形态及市场含义解读

早盘大涨后、午盘前后的直线封牢型形态是指，股价在早盘阶段大幅上涨，并且呈现出了明显的强势运行特征；随后，在午盘前后，股价再度自均价线附近快速启动，出现了一波直线上涨以冲击涨停板，并且牢牢封住涨停板至收盘。与 7.18 节所介绍的“10：00 前冲高不回落下的封牢涨停型”形态，这是一种主力资金参与迹象更为明显、股价上涨也更为强势的分时图形态，它一般意味着主力判断出大盘走势较好且主力有较强的拉升股价的意愿，是个股强势上涨行情出现的信号。

7.19.2 案例：中昌数据

图 7-33 为中昌数据 2019 年 8 月 27 日分时图，当日股价在早盘阶段大涨，且分时图呈现了典型的强势运行特征（如分时线稳健运行于均价线上方、股价上涨幅度较大、量价配合关系理想等），这说明有主力资金在积极买卖该股。当日股价正好处于上升途中的盘整走势之后的突破位置点，因此，我们应留意股价盘中随后的走势，一旦股价在盘中有再度强势启动并上封涨停板的倾向时，我们就应及时追涨买入，因为结合该股前期的日 K 线走势和早盘阶段的表现来看，一旦该股于当日出现强势涨停板形态，这就是该股将出现上涨行情的信号。随后，股价在午盘之前出现了直线式的上涨并牢牢封住了涨停板，这是股价启动的信号，也是主力开始强势拉升股价的信号。图 7-34 为中昌数据 2019 年 7 月至 9 月走势图，箭头所指处为 2019 年 8 月 27 日。

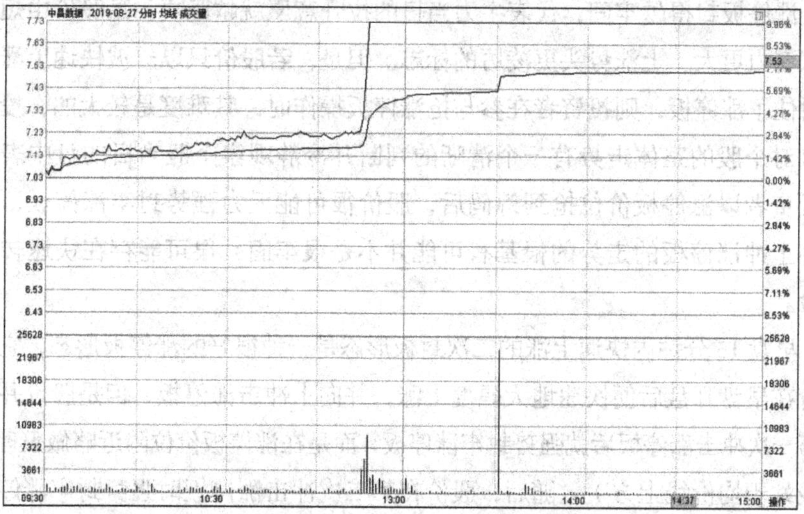

图 7-33 中昌数据 2019 年 8 月 27 日分时图

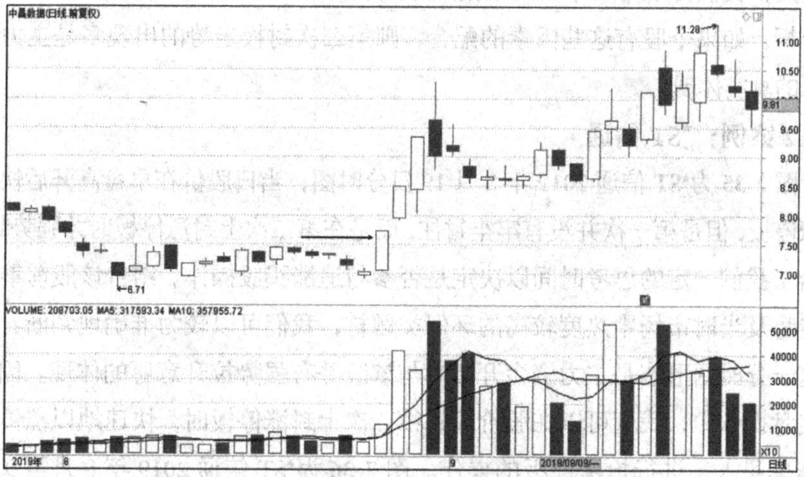

图 7-34 中昌数据 2019 年 7 月至 9 月走势图

7.20 早盘 15 分钟内快速上涨的二次封板

7.20.1 形态及市场含义解读

追涨是最为重要的一种操作涨停板的方式，一般来说，个股的封板时间越早、涨停板封得越牢固，代表主力当日的拉升意愿就越坚决，是股价中短期内上涨潜力更大、上涨势头更凌厉的标志。但是，若股价只以一波快速上涨就牢牢封住了涨停板，则投资者在参与抢涨停板操作时，其难度是较大的，投资者应该对个股的整体走势有一个清晰的判断并冷静观察个股当日的盘中表现。当投资者以涨停板价位抢到筹码后，股价很可能无力强势封牢涨停板，因为这种上冲涨停板的走势的根基有可能并不是很牢固，很可能存在快速转向的风险。

早盘 15 分钟内快速上涨的二次封板形态是一种很好的涨停板形态，它是指股价在早盘开盘后便快速地大幅度上涨，并向上冲击涨停板，但是股价并没有在第一次冲击涨停板后就强势封牢涨停板，而是在涨停板价位附近略做整理（分时线站于均价线上方），随后，股价在第二次冲击涨停板时强势封牢涨停板，直至收盘。一般来说，对于股价第二次能否强势封牢涨停板，我们是比较容易判断的，我们可以结合个股之前的 K 线走势形态、当日是否有利好消息等因素来分析，如果个股有这些因素的配合，则第二次封板走势的出现多是主力做多意愿的真实体现。

7.20.2 案例：*ST 信通

图 7-35 为*ST 信通 2019 年 8 月 19 日分时图，当日股价在早盘高开后快速冲击涨停板，但是第一次并没有牢牢封住，而是在第二次上封涨停板时才强势封牢，这给了我们一定的思考时间以决定是否参与追涨买股操作。结合该股前期的突破走势及当时市场中热度较高的环保类题材，我们可以较为准确地判断：当日的这一分时图形态是主力资金开始参与该股并有强势拉升意愿的体现。因此，在实盘操作中，我们可以在股价即将第二次上封涨停板时，快速地以涨停板价位挂单买入，进行抢涨停板的操作。图 7-36 为*ST 信通 2019 年 8 月至 9 月走势图，我们可以看到，箭头所指处为 2019 年 8 月 19 日，该股在随后 2019 年 8 月 21 日、22 日又出现了强势的涨停，因此，在 2019 年 8 月 19 日所出现的这种早盘 15 分钟内快速上涨的二次封板形态是主力资金短期内强势拉升股价的可靠信号。

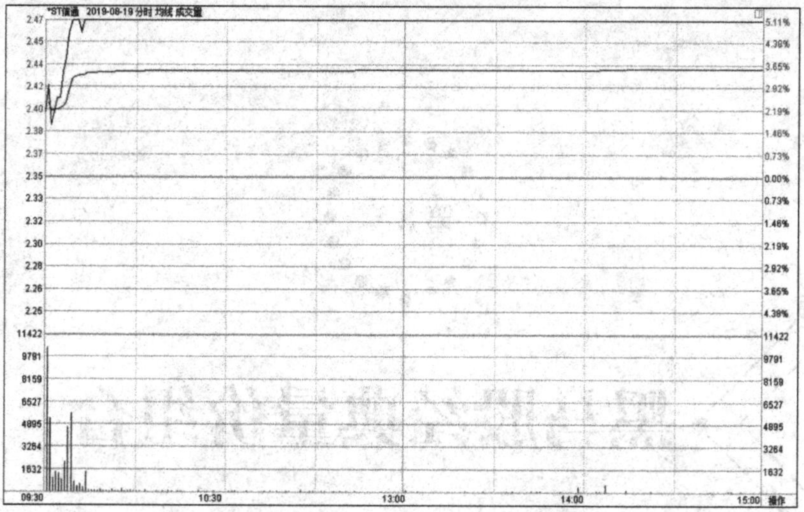

图 7-35 *ST 信通 2019 年 8 月 19 日分时图

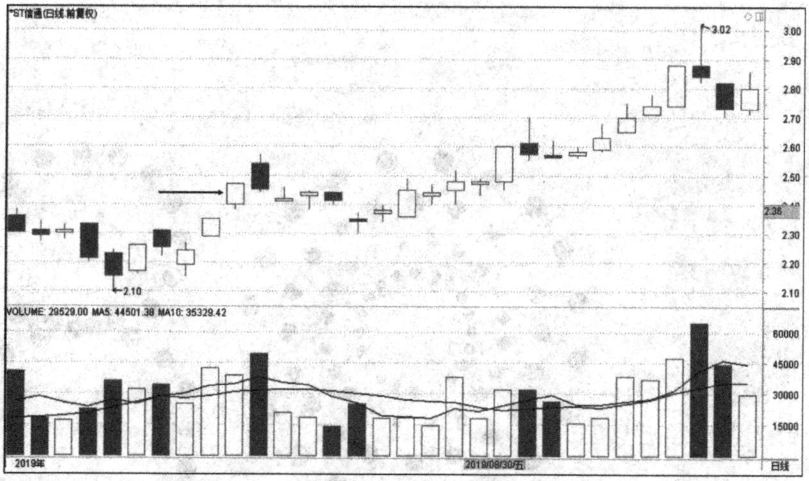

图 7-36 *ST 信通 2019 年 8 月至 9 月走势图

第8章

黑马股经典量价组合

黑马股是指那些可以在中短期内实现价格快速上涨且涨幅惊人的个股。成功地买入并持有这类股票，我们将享受“资金裂变”的喜悦，这也是股市的魅力所在。但想要成功地捕捉到黑马股并不是一件易事，它需要我们要有较丰富的看盘经验并掌握一定的技巧。基于量价形态来说，捕捉黑马股更需要我们善于分析，从量价形态的变化来感知主力的市场行为，进而及时买股入场。在本章中，我们仍以“量价”为核心，看看黑马股是如何透过量价的变化向我们发出信号的。

8.1 吸筹后极度缩量整理

8.1.1 形态及市场含义解读

吸筹后极度缩量整理形态常出现在主力吸筹之后、快速拉升之前，是一个相对短暂的过渡整理过程。该形态的构筑过程如下：股价首先缓慢地震荡攀升，此时量能明显放大，这是资金积极入场的标志；随后，股价小幅调整，呈横向窄幅整理状，在这期间的成交量明显地大幅度萎缩（与之前股价震荡攀升时的量能相比）。

极度缩量整理平台的出现，标志着主力吸筹已经较为充分、主力参与能力得到了很大的提高，市场浮筹很少。此时，在大盘企稳的背景下，主力随时可以向上拉升股价，而且从中长线角度来看，这个缩量整理平台也是处在低位区的。可以说，无论中线还是短线，这都是一个很好的入场点。

8.1.2 案例：中国联通

图 8-1 为中国联通 2018 年 5 月至 2019 年 3 月走势图，股价的震荡攀升较为缓慢，但是量能充分放大，结合股价重心上移的走势来看，有资金在积极入场。随后，股价回调进行平台式整理，此间的成交量突然大幅度萎缩，这就是“吸筹后极度缩量整理”形态，预示着该股有成为黑马股的潜力，此时的缩量平台也是较佳的中短线入场点。

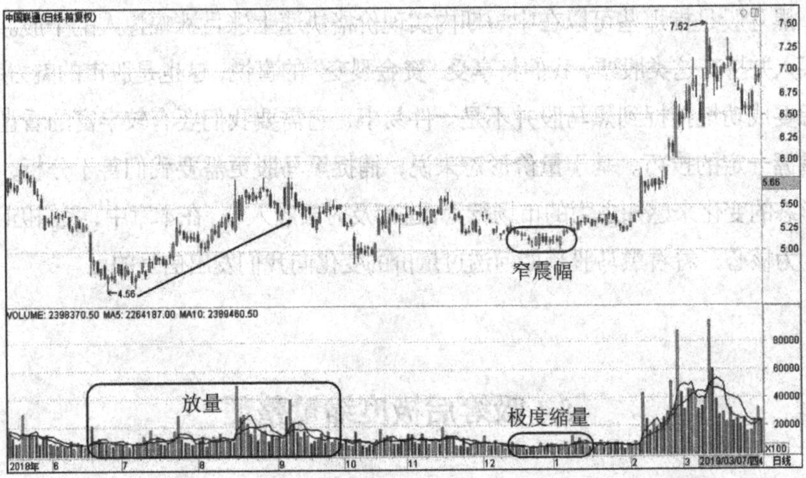

图 8-1 中国联通 2018 年 5 月至 2019 年 3 月走势图

8.2 盘整中的极度缩量

8.2.1 形态及市场含义解读

盘整（我们这里主要指低位盘整区间）中的极度缩量形态是指，股价处于中短线深幅下跌后的低位震荡区间，震荡幅度不大，多在 10% 左右，在这期间的成交量相对平稳。但是，随着震荡的持续，某几个交易日的成交量突然大幅萎缩，远小于之前的均量，呈现出极度缩小的形态。

极度缩量形态的出现标志着有主力参与且主力持筹数量多。由于在这几日的盘中，主力没有参与买卖，股价的波动幅度也不是很大，所以市场交投极为冷清，出现了极度缩量形态。

这是一个需要仔细观察才能发现的量价特征，极度缩量并不是个股被市场抛弃的结果，它只是主力高度参与下的产物。其实我们可以结合个股之前的运行情况来进行综合分析，一般来说，个股此前的运行都会有一定的独立特征，并不是随波逐的流边缘股。

8.2.2 案例：厦门象屿

极度缩量表明大量的筹码并没有在市场上，而是在主力手中。如果此时的股价处于中长期的低位区，那么这种市况预示着个股有望在主力的参与下成为黑马股，这是机会的象征。

图 8-2 为厦门象屿 2019 年 7 月至 9 月走势图，该股在低位区的震荡过程中连续 4 日出现了极度缩量形态，缩量效果十分明显。一旦股价向上运行、突破这一整理区，就是主力开始拉升股价的标志。在实盘操作中，对于这类股票，我们可以积极买入，耐心持有并等待突破。

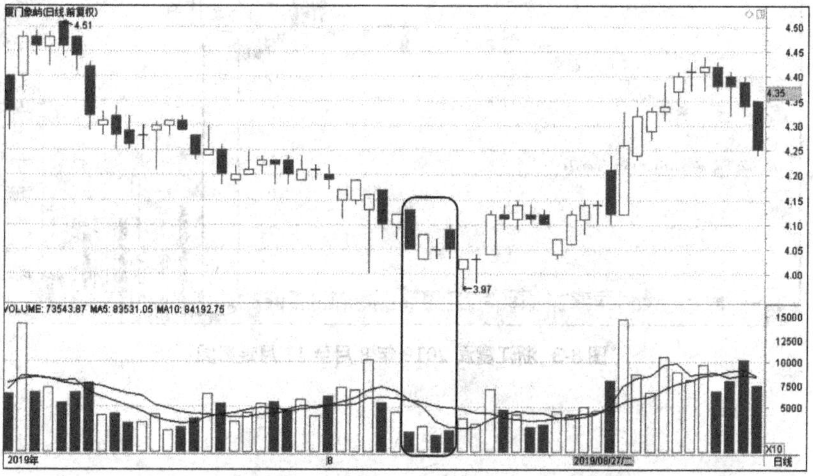

图 8-2 厦门象屿 2019 年 7 月至 9 月走势图

8.2.3 案例：浙江富润

对于特立独行的强势股来说，主力参与其题材的时间往往较长。当股价经历了上涨而到达一个高位平台后，若在平台震荡过程中出现了极度缩量形态，则表明主力仍旧持筹较多，结合强劲的盘整走势来看，主力的参与能力依旧很强，因此，个股有望迎来新一波上攻行情。在实盘操作中，我们可以适当短线参与。

但是，相对于低位盘整区的极度缩量形态来说，此时买入毕竟是追涨行为，而且我们的买入成本要远高于主力，本着资金安全的原则，轻仓参与才是上策。

图 8-3 为浙江富润 2019 年 8 月至 11 月走势图，此股走势十分强劲。在中短线已有明显升幅的背景下，股价仍能够强势震荡，股价重心不回落，从盘面形态上来看，没有主力出货的迹象。如图中的标注所示，一小波回调后，出现

了极度缩量整理，这表明主力参与能力依旧较强、市场浮筹较少，该股出现新一波上攻行情的概率较大。在实盘操作中，在强者恒强的市场格局下，我们可以适当参与、获取中短线收益。

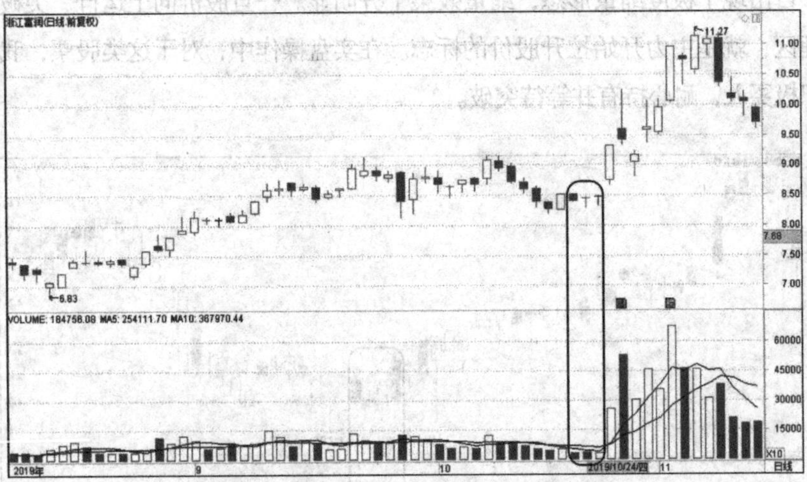

图 8-3　浙江富润 2019 年 8 月至 11 月走势图

8.3 独立股回落启动点缩量盘整

8.3.1 形态及市场含义解读

价格强势上涨、脱离于大盘震荡格局的个股，其中定有主力在积极参与。但是，若股价在中短线独立上涨之后，恰逢大盘出现了系统性的回调且回调幅度较大，则股价往往也会因此而出现大幅度下跌，甚至回落至上涨波段的启动点附近，而这也给了我们买入的机会。在实盘操作中，我们可以借助于回落后的量价关系来判断主力是否在之前的高点位进行了出货、主力在当前低点的参与能力如何、市场抛压如何，以此来决定是否进行短线交易。

股价在回落至上涨波段的启动点附近后，一触即发的反弹上攻、收复失地走势较为少见，更多的是持续的横向震荡。若股价在反复震荡之后能够伴有明显的缩量，则表明随着震荡的持续，主力的能力得到了提高，股价也有望在主力的积极参与下，再度强势上攻，恢复此前的独立运行态势。

8.3.2 案例：激智科技

图 8-4 为激智科技 2019 年 5 月至 11 月走势图，图中叠加了同期的创业板指，对比可见，在大盘横向滞涨时，该股价格独立上扬、震荡攀升。随后由于受大盘影响，股价再度回落至上涨波段的启动点附近。此时的大盘走势不稳，主力也没有进行过激的逆市拉升，而是让股价随大盘横向整理。

随着整理的持续，我们可以看到该股成交量大幅缩减，这是市场抛压逐步减轻的标志，也是主力参与能力仍旧较强的信号。结合该股前期的独立上攻行情，可以预测其价格随后仍有望恢复上涨走势。在实盘操作中，我们此时可以买股入场。

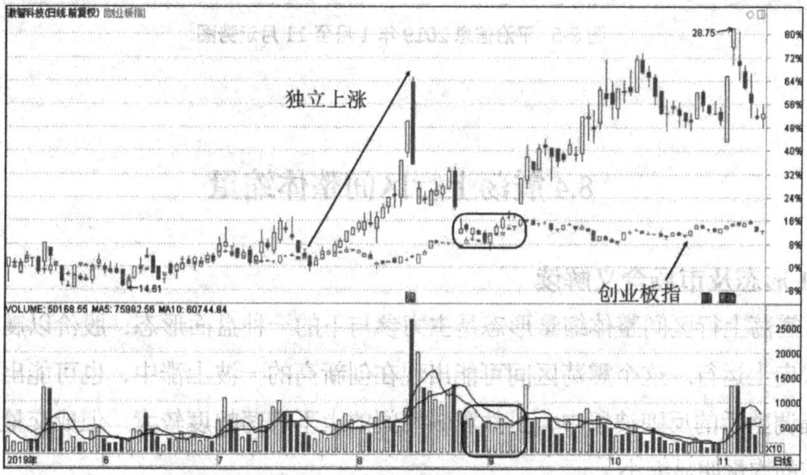

图 8-4 激智科技 2019 年 5 月至 11 月走势图

8.3.3 案例：平治信息

图 8-5 为平治信息 2019 年 1 月至 11 月走势图，该股因主力参与，前期出现了连续快速上攻的价格走势。股价随后在高点停留的时间不长，受大盘影响出现了深幅调整并跌至启动点附近，主力没有足够的时间与空间出货。

在启动点附近，该股因前期价格的强势上涨已完全激活了股性，其在上下震荡期间十分活跃，这是进行波段操作的好时机，随着震荡的持续，成交量出现了较大幅度的萎缩。如图 8-5 所示，在这个明显缩量的整理时期之后，该股也迎来了较为强劲的反弹上攻行情。

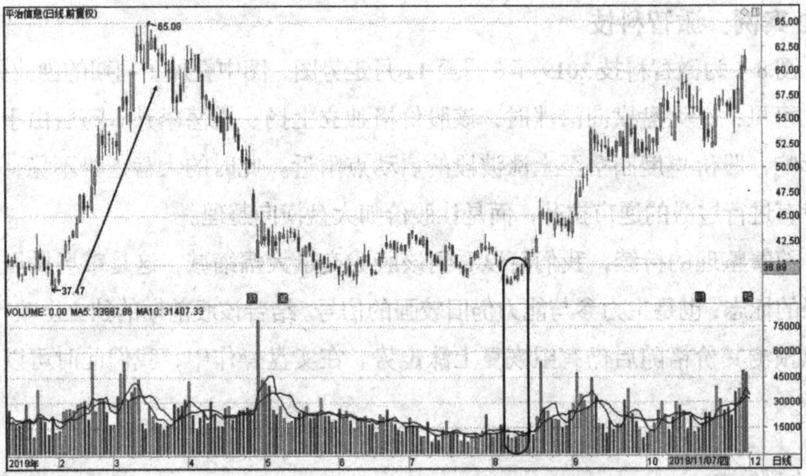

图 8-5　平治信息 2019 年 1 月至 11 月走势图

8.4 震荡上行区间整体缩量

8.4.1 形态及市场含义解读

震荡上行区间整体缩量形态是主力参与下的一种盘面形态，股价以震荡的方式向上运行。这个震荡区间可能出现在创新高的一波上涨中，也可能出现在深幅调整后的反弹波段中，虽然震荡期间的上下震荡幅度较大，但成交量却较之前的均量明显缩小。

震荡上行时的整体式缩量形态，表明主力持筹数量多、参与能力强。若此时的股价累计涨幅不大，则后期仍有较为充裕的上行空间。在实盘操作中，我们可以逢股价震荡回调低点时买入。

8.4.2 案例：兴齐眼药

图 8-6 为兴齐眼药 2019 年 1 月至 12 月走势图，股价在短线深幅调整之后，开始震荡上行，震荡期间的量能大幅度缩减。结合该股此前较为独立的攀升走势来看，主力仍参与在其中，且持筹数量多。对于该类有强主力参与的股票，我们应及时逢震荡回调的短期低点买入并耐心持有。

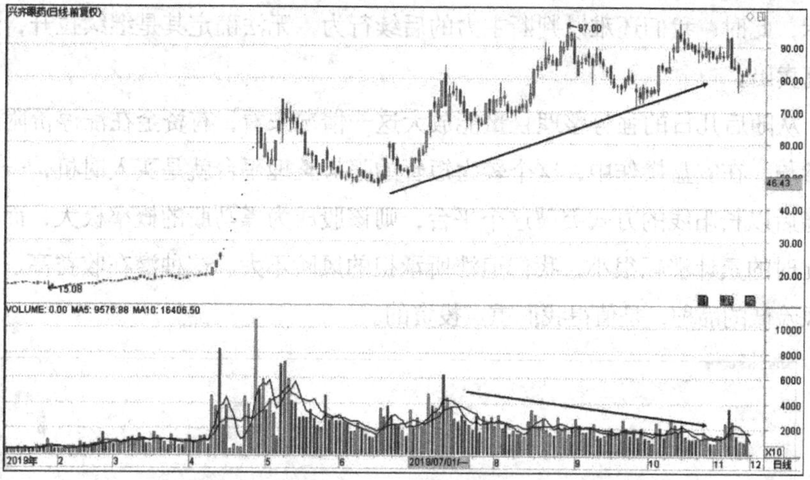

图 8-6 兴齐眼药 2019 年 1 月至 12 月走势图

8.5 涨停突破点强势放量整理

8.5.1 形态及市场含义解读

涨停板，往往是主力强势拉升股价的信号，但也有一些涨停板如昙花一现，若我们贸然追涨，将承受较大风险。涨停突破点强势放量整理形态是我们用来捕捉黑马股的一种量价形态，它是指股价首先以一个涨停板突破盘整区间，并在涨停板当日伴有明显放量。这是股价突破时多空分歧加剧的结果。随后数日，股价未出现回落，而是在涨停当日的收盘价附近强势整理，整理期间量能保持放大状态。

涨停突破点是一个关键点，它是多空双方争夺的重要关口。强势放量整理往往是主力进一步拉升前的加仓信号，再结合股价之前处于低位盘整区间的状态来看，一旦主力加仓完毕，则股价在主力的积极拉升下出现快速、大幅上涨的概率极大。在实盘操作中，这个强势放量整理平台就是我们中短线入场的较佳时机。

8.5.2 案例：深科技

图 8-7 为深科技 2019 年 11 月至 2020 年 2 月走势图，股价于 2020 年 1 月 3 日以涨停板的方式突破了长期整理平台，这并不是强势型的涨停板，如图 8-8

所示，此时，我们还难以判断主力的后续行为，无法确定其是继续拉升，还是逢高卖出。

从随后几日的强势整理且量能放大这一情况来看，有资金在涨停价附近大力参与。在实盘操作中，这个较为短暂的强势整理平台就是买入时机，一旦股价随后以长阳线的方式突破这个平台，则该股成为黑马股的概率极大，而且股价此时的累计涨幅很小，我们追涨所承担的风险不大。这种潜在收益高、中短线风险低的品种，是值得我们重点投资的。

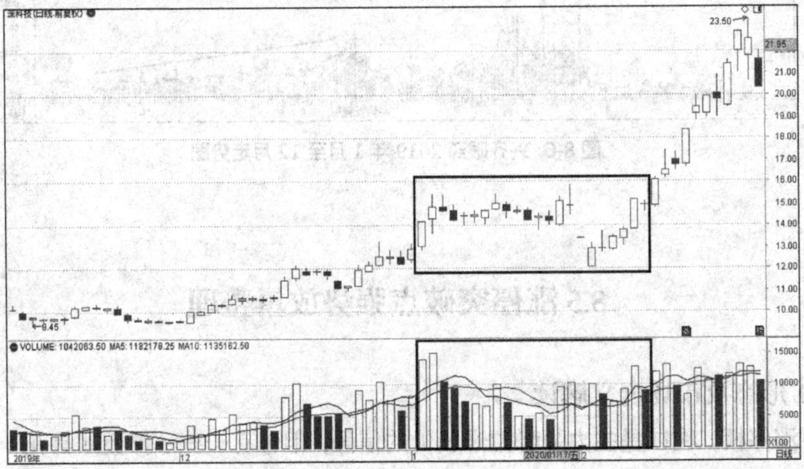

图 8-7 深科技 2019 年 11 月至 2020 年 2 月走势图

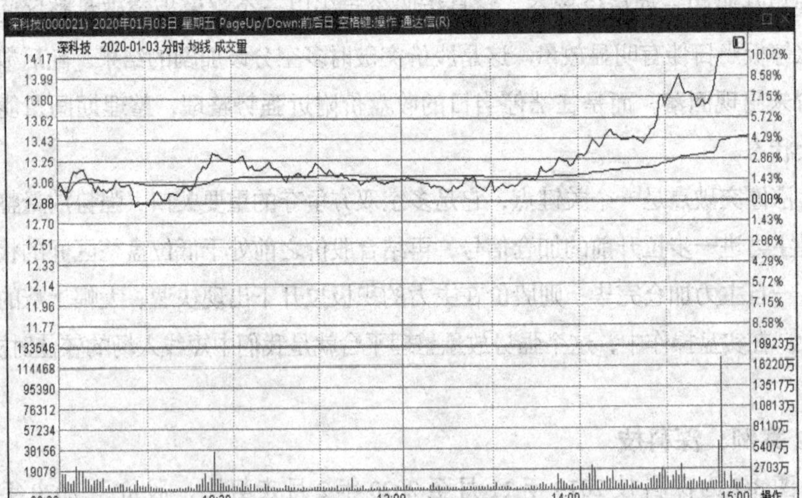

图 8-8 深科技 2020 年 1 月 3 日分时图

8.6 突破点连续加仓式放量

8.6.1 形态及市场含义解读

突破点连续加仓式放量形态是中线主力快速建仓、加仓时的一种盘面形态。从日 K 线图来看，股价先是在低位区长期整理，波动幅度较小，主力吸筹较为缓慢，受大盘或行业回暖等因素影响，主力看到了拉升时机，但手中筹码数量不多。此时股价仍处于低位区，主力采取快速拉升、突破平台区的方法进行短线加仓，连续几日（一般来说，至少 3 日）的长阳线伴以放量，主力可以大量吸筹，从而为随后的进一步拉升打好基础。

在实盘操作中，我们还应观察连续放量后的股价走势，若股价能够在短线高点强势整理不回落，则说明主力中短线做多意愿较强，不愿让股价再度回落至持仓成本区。此时，我们也应顺着主力的思路，短线追涨入场。若出现放量长阴线，则说明主力参与能力仍不强，我们在中短线操作上，不宜追涨，应等短线回调较为充分时，再选择买入。

8.6.2 案例：华能水电

图 8-9 为华能水电 2019 年 5 月至 8 月走势图，股价在突破时，连续 3 日放量并伴以中阳线，这是主力加仓买入、进行拉升的信号。随后的强势整理和缩量向我们表明：市场抛压较轻、主力无出货行为。结合股价中短线涨幅较小的情况来看，股价在主力的积极参与下，有望进一步震荡走高。在实盘操作中，我们在这个缩量整理平台可以进行买入操作，并且耐心持有，等待股价上涨。

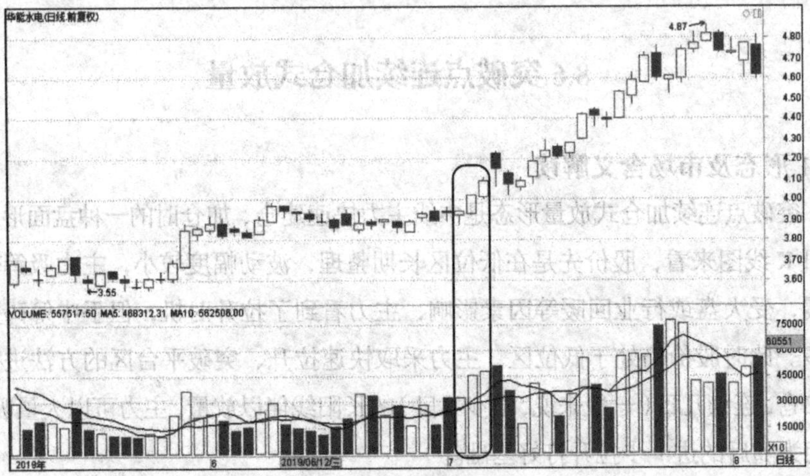

图 8-9 华能水电 2019 年 5 月至 8 月走势图

8.7 “N”字形放量涨停

8.7.1 形态及市场含义解读

“N”字形放量涨停形态是指个股前后出现了两个涨停板，中间数日为回调走势，两个涨停板当日均明显放量，中间数日则相对缩量。这是一种较为独特的涨停形态，其出现多与主力积极参与有关。

放量涨停的两个交易日，是主力快速吸筹的表现，中间的缩量回调则是整理不稳定获利浮筹的一种方式。综合大量案例来看，这类股票随后成为黑马股的概率较大。在实盘操作中，当“N”字形放量涨停形成后，我们不必急着追涨入场，因为这样很有可能短线被套，可以等股价短线小幅回落、追涨风险释放后，再择机买入。无论是长线还是短线，这都是投资的好时机。

8.7.2 案例：银鸽投资

图 8-10 为银鸽投资 2019 年 7 月至 8 月走势图，在股价突破低位窄幅整理区时，出现了这种“N”字形放量涨停形态，这是主力积极参与该股的明确信号。如图 8-10 所示，随后股价短线回落后的投资时机，不可错过。

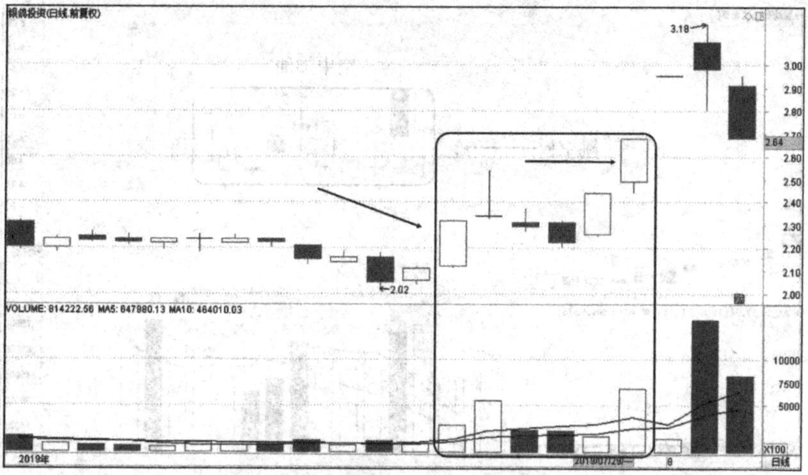

图 8-10 银鸽投资 2019 年 7 月至 8 月走势图

8.8 跳空板空中加油放量平台

8.8.1 形态及市场含义解读

跳空板空中加油放量平台形态是个股在利好消息的刺激下，主力快速建仓时所采取的一种方式。利好消息促使股价以跳空涨停板的方式突破了平台区间，从而激发了多空分歧，此时主力手中的筹码不足，主力没有选择继续拉升，而是让股价在涨停价附近进行横向整理。由于全盘获利，且市场在对利好消息的解读上存在分歧，主力可以积极地加仓、吸筹，股价在走势上呈横向的强势震荡整理，期间量能放大，一旦主力加仓完毕，就会进行新一轮的拉升操作。

从个股案例来看，在业绩驱动型、资产注入型这两种利好消息的刺激下，最有可能出现此类形态，特别是在利好消息较为突然、主力前期吸筹不充分的情形下。一旦个股出现类似的形态，我们不妨在涨停平台区积极投资，等待新的上攻走势出现。

8.8.2 案例：长城动漫

图 8-11 为长城动漫 2019 年 11 月至 12 月走势图，受云游戏概念的刺激，市场的热情被引燃，当日的跳空涨停板突破了前期震荡平台。

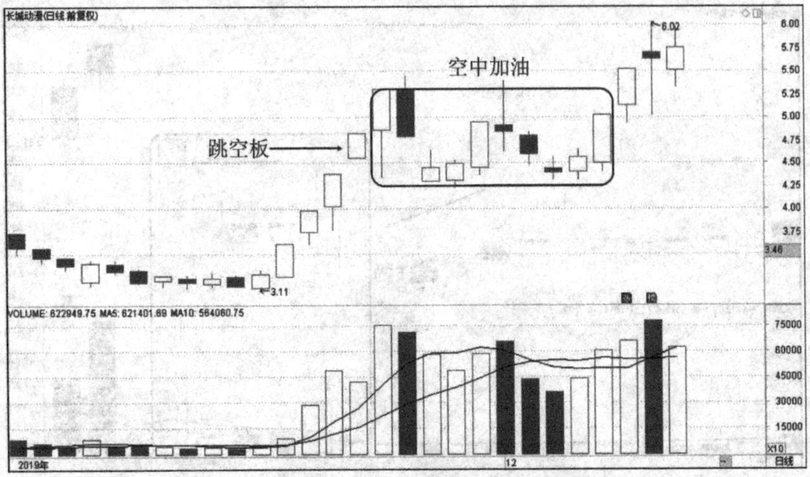

图 8-11 长城动漫 2019 年 11 月至 12 月走势图

但一个涨停板显然不能释放如此明显的利好消息，股价走势反映的是未来，主力深悉这一要旨，并在涨停板平台处进行了大力度的加仓，股价走势呈强势震荡不回落状，这就是“空中加油”平台区。它也为该股随后成为黑马股埋下了伏笔。若我们了解市场主力常用的这种加仓手法、拉升方式，就可以在这个“空中加油”平台区与主力同时操作，随后耐心持有，享受主力的拉升成果。

8.9 不放量收复前期跌停区

8.9.1 形态及市场含义解读

个股虽然发布了利好消息（往往是资产注入、股权转让等较为重大的利好消息），但是因停牌时间长、停牌期间股市下跌空间大，往往会在复牌时被市场忽略其利好消息，从而出现跌停板补跌价格走势。

这种走势往往也会使得主力资金备受煎熬。随着股市的回暖，利好消息逐渐释放，若主力资金未在低位斩仓出局，则股价收复失地进而再创新高的概率还是较大的。在实盘中，若股价能够以不放量的方式自跌停后的低点开始震荡上扬、收复失地，则说明主力持筹数量较多，未在低位区出货。随后这类股票在市场回暖的背景下，有望在主力的参与下实现价格的大幅上涨并释放利好消息所带来的上涨效应。

8.9.2 案例：*ST 安凯

图 8-12 为*ST 安凯 2019 年 4 月至 11 月走势图，该股出现了连续跌停板的价格走势，但从整个日 K 线图来看，股价此前稳健震荡上扬、走势独立，主力参与迹象明显。因此，在连续跌停补跌之后，我们应密切关注主力的市场行为。

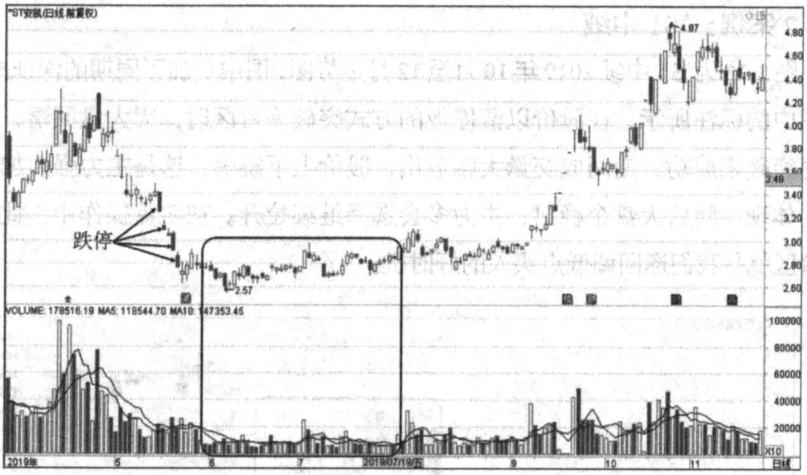

图 8-12 *ST 安凯 2019 年 4 月至 11 月走势图

如图 8-12 中的标注所示，股价在震荡回升、收复跌停板失地时，伴有明显的缩量，这说明主力仍在积极参与且持筹数量较多。在实盘操作中，我们可以跟随主力适当参与。但是，对于这类业绩不明确、受消息面影响较大的股票，我们应控制好持仓比例，以保护资金的安全。

8.10 启动前的逆市放量震荡平台

8.10.1 形态及市场含义解读

启动前的逆市放量震荡平台形态是指股价在突破启动过程中，受到大盘系统性下跌的影响。在突破位置点，上下宽幅震荡、伴有量能放出，震荡期间伴有涨停板出现。

这种盘面形态是个股独立性较强的标志，强势的放量震荡平台区是主力在其中积极拉升、但遇到市场抛压的标志，主力也因大盘的回落而使得自己持筹数量增多、持仓成本升高。在这种形态中，震荡平台区的放量一定要很充分，量能要远大于前期均量，只有这种量能效果才能显示出主力的强力加仓行为。

这样，一旦大盘企稳，主力为了资金安全，多会强势拉升，从而使得股价快速脱离其成本区域。而这个放量震荡平台区也就是我们买入的好时机。

8.10.2 案例：*ST 中绒

图 8-13 为*ST 中绒 2019 年 10 月至 12 月走势图，图中叠加了同期的深证成指，如图中的标注所示，在股价以涨停板的方式突破平台区时，因大盘回落，股价加速突破未成功，期间成交量大幅放出，股价上下震荡，这是主力强力加仓行为的体现。随后大盘企稳时，主力多会选择继续拉升。在实盘操作中，此震荡平台区就是我们逢回调低点买入的好时机。

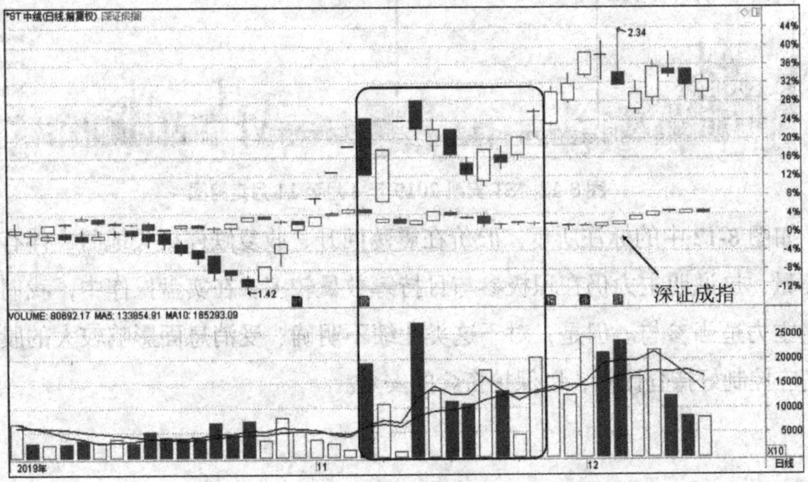

图 8-13 *ST 中绒 2019 年 10 月至 12 月走势图

8.11 涨停震荡平台温和放量区

8.11.1 形态及市场含义解读

在深幅下跌后的低点或当股价突破低点平台时，先是出现了一个涨停板，随后，股价以这个涨停板价位作为支撑，持续地横向震荡。在震荡过程中，股价上下波动较为明显，成交量温和放大，整个震荡区的持续时间较长。

这种量价形态可以被视作主力资金缓慢吸筹的市场行为。一个涨停板引发了市场分歧，在随后的震荡走势中，股价重心缓缓上移，说明买盘资金入场积极，一旦主力完成了吸筹，股价就会加速脱离这个震荡区，打开上升空间。

8.11.2 案例：海特高新

图8-14为海特高新2018年11月至2019年4月走势图，股价在中短线深幅下跌之后，开始企稳。先是以一个涨停板进行拉升、引发多空分歧，随后的温和式放量震荡走势则是主力入场吸筹的表现。在实盘操作中，在识别出这种盘面形态后，我们可以在股价震荡回落的时候买入，既可以避免短线被套，又可以耐心等主力拉升、股价突破上行。

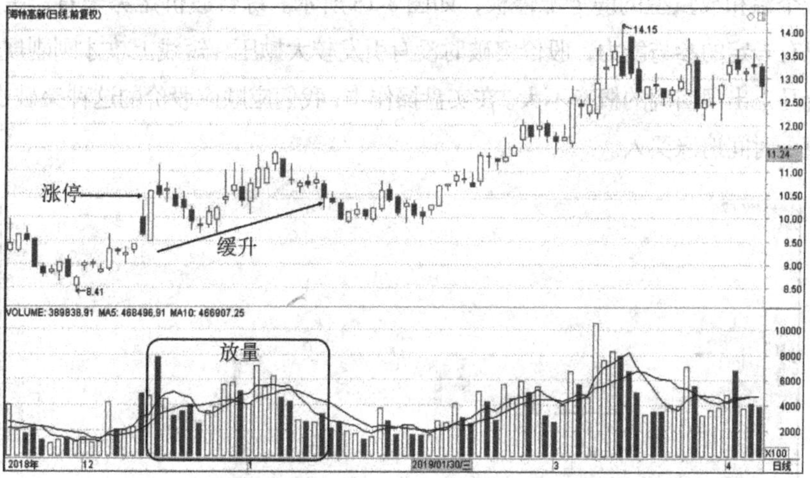

图8-14 海特高新2018年11月至2019年4月走势图

8.12 弱势板小量突破低位震荡区

8.12.1 形态及市场含义解读

弱势型的涨停板是指股价在涨停板附近反复震荡，并没有牢牢封板，也没有反复封板。在这个盘中高点、接近涨停板的位置点，多空换手频繁，至尾盘阶段，股价才上封涨停板并以涨停板报收。

当股价以弱势型的涨停板向上突破低位震荡区时，由于获利浮筹较多，且股价长时间不上封涨停板，因此势必会加强投资者的抛售意愿，从而出现较大幅度的放量。但是，若股价以这种涨停方式突破时，量能仅是小幅度放出，略高于前期的均量水平，则表明已有主力参与其中，市场浮筹不多、获利抛压轻。结合股价刚刚突破低位震荡区、上升空间已完全打开的情形来看，个股有望成为中短线翻倍黑马股，在实盘操作中，我们应在第一时间追涨买入。

8.12.2 案例：达安基因

图 8-15 为达安基因 2019 年 7 月至 10 月走势图，股价的中线跌幅较大，短期内处于低位震荡区间。股价于 2019 年 8 月 19 日以涨停板突破低位震荡区，这是一个温和放量型的弱势涨停板，如图 8-16 所示。综合股价走势来看，主力此时已有一定的参与能力，股价突破时没有引发较大抛压，短线上攻才刚刚展开，股价马上出现回调的概率不大。在实盘操作中，我们应顺应股价的这种突破走势，在第一时间追涨买入。

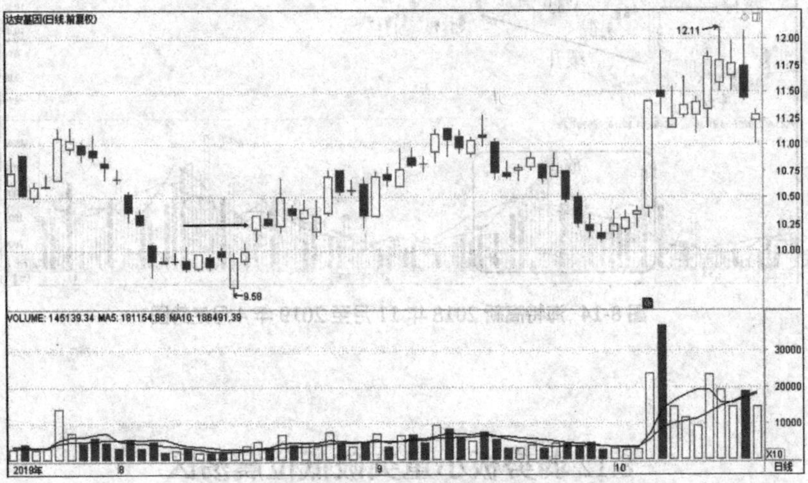

图 8-15 达安基因 2019 年 7 月至 10 月走势图

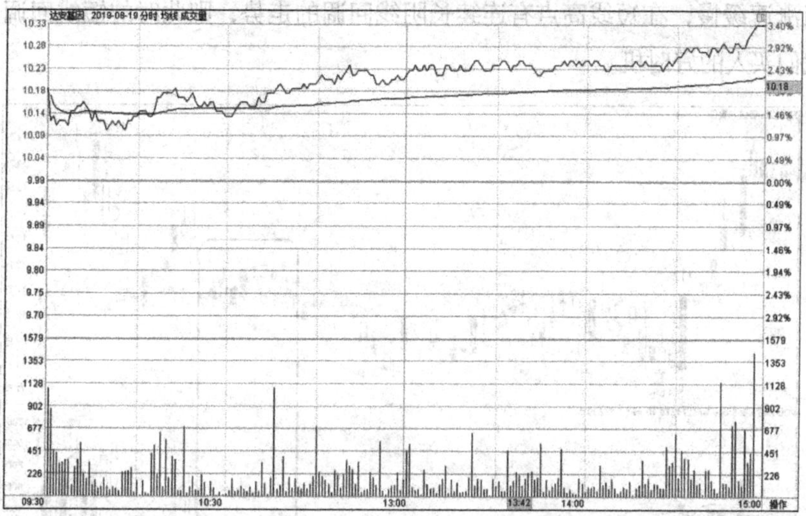

图 8-16 达安基因 2019 年 8 月 19 日分时图

8.13 平量式突破震荡区

8.13.1 形态及市场含义解读

平量式突破震荡区形态是指股价在低位区出现了持续一段时间的横向震荡走势，随后，股价开始向上突破，在突破过程中，成交量未见明显放大，与之前震荡时的均量水平相当，这就是所谓的“平量”。

平量式突破可以被看作是主力持筹数量较多、参与能力较强的标志。由于股价刚刚突破低位震荡区，在强势主力的积极参与下，股价随后的上升空间值得期待，个股有成为翻倍黑马股的潜质。在实盘操作中，我们可以在股价平量突破后的第一时间追涨买入，也可以再观察一段时间，等股价短线出现回调时，再择机买入。

8.13.2 案例：威海广泰

图 8-17 为威海广泰 2019 年 4 月至 8 月走势图，股价在突破低位震荡区时，呈“平量”状态，这是主力持筹数量多的标志。若出现了一波上扬持续时间较

长但涨速缓慢，在短线高点有连续长阴线回调的走势，则此时的短线回调点就是我们买入的好时机。

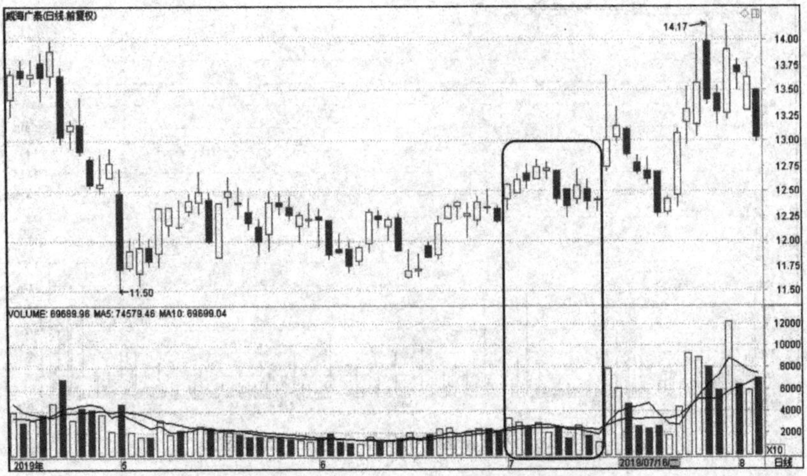

图 8-17 威海广泰 2019 年 4 月至 8 月走势图